国家中等职业教育改革发展示范学校特色教材 · 高星级饭店运营与管理

# 餐厅服务与管理

肖 赅 主 编

中国财富出版社

**图书在版编目（CIP）数据**

餐厅服务与管理/肖赅主编．—北京：中国财富出版社，2015.1

（国家中等职业教育改革发展示范学校特色教材．高星级饭店运营与管理）

ISBN 978 - 7 - 5047 - 5315 - 1

Ⅰ.①餐…　Ⅱ.①肖…　Ⅲ.①餐馆—商业服务—中等专业学校—教材 ②餐馆—经济管理—中等专业学校—教材　Ⅳ.①F719.3

中国版本图书馆 CIP 数据核字（2014）第 179795 号

| | | | |
|---|---|---|---|
| **策划编辑** | 寇俊玲 | **责任印制** | 方朋远 |
| **责任编辑** | 齐惠民　谷秀莉 | **责任校对** | 梁　凡 |

| | | | |
|---|---|---|---|
| **出版发行** | 中国财富出版社 | | |
| **社　　址** | 北京市丰台区南四环西路 188 号 5 区 20 楼 | **邮政编码** | 100070 |
| **电　　话** | 010 - 52227568（发行部） | 010 - 52227588 转 307（总编室） | |
| | 010 - 68589540（读者服务部） | 010 - 52227588 转 305（质检部） | |
| **网　　址** | http://www.cfpress.com.cn | | |
| **经　　销** | 新华书店 | | |
| **印　　刷** | 北京京都六环印刷厂 | | |
| **书　　号** | ISBN 978 - 7 - 5047 - 5315 - 1/F · 2207 | | |
| **开　　本** | 787mm×1092mm　1/16 | **版　　次** | 2015 年 1 月第 1 版 |
| **印　　张** | 18.5 | **印　　次** | 2015 年 1 月第 1 次印刷 |
| **字　　数** | 462 千字 | **定　　价** | 36.00 元 |

# 前　言

　　餐厅服务与管理是中等职业学校高星级饭店运营与管理专业的一门专业核心课程，也是培养高星级饭店基层服务人员与管理人员的必需的技能课程。本书从高星级饭店餐饮各岗位的任务和职业能力分析入手，以各岗位实际工作任务为引领，以岗位职业能力为依据，以餐饮部的工作过程为主线，结合初、中、高级餐厅服务员职业资格证书的考核要求，将餐厅服务与管理划分为职业素养能力、餐厅基础知识、餐厅服务基本技能、餐厅服务流程、餐厅拓展技能5个模块19个项目。通过本课程的学习和按实习教学基本要求安排学生到饭店实习，学生能具备中级餐厅服务员及餐厅基层管理人员所必需的基础知识和基本技能，熟悉餐厅服务工作流程，具有娴熟的对客服务技能，热爱并胜任餐厅服务及基层管理工作。本书旨在提高学生餐厅服务与管理知识和技能的同时，培养学生的综合职业能力，满足学生职业生涯发展的需要。

　　本书的特点：以培养学生在工作过程中所需的职业素养和职业能力为主，遵循认知规律，以模块的形式编写教材，与职业资格鉴定相衔接，增强了教学内容的实用性；贯彻以技能实训为主线、相关理论知识为支撑的编写思路，切实落实"管用、够用、适用"的教学指导思想；在内容设置上，通过基础知识的讲解示范、服务小贴士的拓展、技能操作的要领要求以及温馨提示、考核标准、具体的案例鉴赏、分析、讨论，能使学生在掌握餐厅工作的流程和技巧的同时，培养和提高其工作实践中常见各类问题的实际解决能力；在教材最后的附录部分增加了餐厅英语、经典案例、实训考核模拟题、餐厅服务员国家职业标准、星级标准对餐饮的要求等前沿知识，紧跟餐饮行业的发展步伐。

　　参与本书编写工作的人员有湖南省商业技师学院酒店管理专业教师禤彩梅（模块一、模块二）湖南省商业技师学院酒店管理专业教师肖赊（模块三、模块四）湖南省商业技师学院酒店管理专业教师黄萦（模块五）湖南省商业技师学院酒店管理专业教师盛嘉（附录1～5）。

　　本书编写过程中得到了企业专家、学院领导和同事的指导和帮助，在此一并向他们表示感谢。由于编写者水平有限，加之时间仓促，不足和错漏之处在所难免，望专家和读者不吝赐教，提出宝贵的意见和建议，以便修订时予以完善。

编　者

2014 年 5 月

# 目 录

# 模块一 职业素养能力

## 项目一 酒店意识认知

美国乔治西尔亚饭店这样评价饭店："一所最佳的饭店，最吸引人的绝不是它的楼体设计、造型和陈设，也不是它的客房床具和餐厅的美味佳肴，而是那些精心、细心，使客人有一种舒适、安全和宾至如归之感的服务人员。这是最佳饭店的秘密，这个秘密会使饭店成为同行中的强者并享有盛名。"

酒店意识是酒店从业人员对其职责、义务、规范、标准、要求的认识，是酒店从业人员时刻保持客人在其心中的敏感意识。

### 一、服务意识

#### （一）服务意识的定义及宗旨

1. 服务意识的定义

服务意识是指饭店全体员工，在同一切与饭店利益有关的人和组织的交往中，所体现出来的为其提供主动、热情、周到服务的欲望和意识。

2. 服务意识宗旨

（1）主动。第一，主动去做好自己的工作；第二，主动去帮助别人，帮助同事；第三，对企业有意义的事情主动去想、主动去做。

（2）热情但不要过度。"三轻一快"：操作轻、走路轻、说话轻、服务快。

（3）周到。

（4）耐心。

#### （二）服务意识的知识要点

（1）我们的收入来自客人的消费，客人是我们的衣食父母。

（2）客人不是慈善家，他（她）需要我们提供舒适、完善的服务。

（3）客人的需求和饭店制定的服务标准是我们提供服务的基本依据。

（4）我们要以自己的优良行为去感化客人，而不要被社会上的传统陋习所同化。

（5）宁可自己辛苦麻烦一点，也要给客人提供方便、创造欢乐。

（6）尽管你有很好的口才，但客人并不是你争议的对象。

#### （三）服务意识的内涵

西方酒店认为服务就是 SERVICE，但其每个字母都有着丰富的含义。

1. S——smile（微笑）

服务人员应对每位宾客提供微笑服务。"没有面带微笑，就不能说有完整的工作着装"。微笑告诉顾客他们来对了地方，并且处在友好的环境里。"真诚的微笑来自传递内心

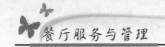

真实感觉的眼睛"。

2. E——excellent（出色）

服务人员将每一服务程序、每一微小服务工作都做得很出色。

3. R——ready（准备好）

服务人员应随时准备好为客人服务。细小的事情也可以赢得巨大的竞争优势。对细节的注意，体现了一种吸引并留住顾客的职业态度。

4. V——viewing（看待）

服务人员应将每位客人都看作需要提供优质服务的贵宾。

5. I——inviting（邀请）

服务人员在每一次接待服务结束时，都应显示出诚意和敬意，邀请宾客的再次光临。

6. C——creating（创造）

每位服务人员均应想方设法地精心创造出使宾客能享受其热情服务的氛围。酒店从业人员在对客服务中，必须发扬用心极致的服务精神，做到尽心、精心。所谓尽心，就是要求竭尽全力，尽自己所能；所谓精心，就是要求超前思维，一丝不苟，精益求精，追求尽善尽美。

7. E——eye（眼光）

每位服务人员都应始终以热情友好的眼光关注顾客，适应客人心理，预测客人要求并及时提供有效的服务。通过眼神接触，你可以表达你愿意为他们提供服务的信息。用眼神交流能让你和顾客之间产生一种默契，传递你进一步交流的兴趣。研究交流的专家贝尔特·得克（Bert Decker）说："眼神交流的含义可以用3个'I'表示，即亲切、敌意、投入（Intimacy，Intimidation，Involvement）。"关注客人，关注客人的需要，这是人性化的服务方式。注意服务过程中的情感交流，使客人感到服务人员的每一个微笑、每一次问候、每一次服务都是发自肺腑的，真正体现一种独特的人文关怀。

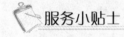 **服务小贴士**

**【宾客角度】**

Safe 安全　Ease 舒适　Recreative 娱乐、休闲　Value 价值　Impartial 公平　Characteristic 特色　Esteem 尊重

**【饭店角度】**

Sanitary 卫生　Economy 节约　Rapid 快捷　Veracity 诚实　Impassioned 热情　Canvass 招徕　Excelsior 精品

## 二、质量意识

服务质量是指酒店为宾客提供的服务适合和满足宾客需要的程度，或者说，是指服务能够满足宾客需求特性的总和。酒店服务质量的内容，就总体内容来讲，有"硬件"和"软件"之分；就基本内容来讲，大致包括以下8个方面。

**（一）优良的服务态度**

服务态度是指酒店各岗位的服务人员对待各类宾客所持的情绪反映。它是全心全意为

宾客服务的思想在语言、表情、行为等方面的具体表现。服务态度是反映服务质量的基础，优质的服务是从优良的服务态度开始的。优良的服务态度的主要表现：主动热情；尽职尽责；耐心周到；文明礼貌。

### （二）完好的服务设备

服务设备是指酒店用来接待服务的设备设施。它直接反映酒店服务质量的物质技术水平。一般包括房屋建筑、机器设备、交通工具、冷暖空调、电器设备、卫生设备、通信设备、各类家具和室内装饰等。对酒店的服务设备，要加强管理，精心保养，使之始终处于完好、正常的状态，随时随地保证对客人服务的需要。

### （三）完善的服务项目

酒店是一个向宾客提供食、宿、行、游、购、娱的综合性服务行业，这就决定了它的服务项目不能单一化，而应多样化。提供服务项目的多少，是酒店的等级、规模、经营能力的体现。

现代酒店的服务项目，大体可以分为两类：一类是在服务过程中有明确、具体的规定，围绕主体业务所设立的服务项目，称之为基本服务项目，如住宿、用餐、购物、娱乐等；另一类是由宾客提出但并不是每个宾客都有需求的服务项目，称之附加服务项目。在某种程度上，具有个性化的附加服务项目比基本服务项目更能吸引宾客，能给顾客留下难忘的印象。

### （四）灵活的服务方式

服务方式是指酒店在热情、周到的为宾客服务时所采用的形式和方法。其核心是如何给宾客提供各种方便。服务的方式有许多，如微笑服务，个性化服务，细微化服务，定制化服务，无差距、零缺陷服务，情感化服务，无 NO 服务，超值服务等。

每个酒店的设施设备不同、员工素质不同、星级高低不等、接待对象不一样，所选择的服务方式也是有差别的，但一些共性的服务则是每家酒店都应提供的，如微笑服务、礼貌服务等。

### （五）娴熟的服务技能

服务技能是指服务人员在接待服务工作中应该掌握和具备的基本功。服务人员的操作技能娴熟与否，从一个侧面反映出其业务素质的高低和服务质量的好坏，娴熟的服务技能是提高服务水平、保证服务质量的技术前提。

### （六）科学的服务程序

服务程序是构成酒店服务质量的重要内容之一。实践证明，娴熟的服务技能，加上科学的操作程序，是优质服务的基本保证。酒店的服务程序是根据客人的要求和习惯，经过科学的归纳，编制出来的规范化作业程序。按程序工作就能保证服务质量；随心所欲，不按照规程办事就会给工作造成被动，从而影响工作效率，招致客人投诉。

### （七）快速服务效率

服务效率是服务工作的时间概念，也是向宾客提供某种服务的时限。它不仅体现出服务人员的业务素质，也体现了酒店的管理效率，尤其在当今社会"时间就是金钱"的时间价值观念下，服务效率高不仅能够为客人节省时间，而且能够为客人带来效率。

### （八）专业化的员工

这是人们常常忽略的关系到服务质量的重要内容。没有专业化的员工，其他服务设备、服务项目都谈不上完好，服务技能也不可能娴熟。因此，专业化的员工是服务质量的根本保证。

综上所述，酒店经营的关键是服务质量，服务质量的优劣直接关系到酒店的声誉及酒店的社会效益和经济效益。酒店从上到下都要重视服务质量。

 服务小贴士

❀宾客怕东西被偷。

❀宾客怕遇到火灾。

❀宾客怕被别人伤害。

❀宾客的疑心很重，不允许别人动他的东西。

❀宾客有洁癖。

❀宾客最讨厌看到别人随地吐痰等行为。

❀宾客讨厌看到别人有不雅观的小动作。

❀宾客是上帝，员工见到宾客不打招呼宾客会感到很不满意。

❀宾客看不惯员工傲慢的神态。

❀员工看到宾客不让路，宾客也会不高兴。

❀宾客怕别人浪费他的时间。

❀拖拉的作风，宾客最讨厌。

❀宾客是一个没有耐心的人。

❀别把宾客的电话接来转去。

❀宾客不喜欢在用餐时别人看着他。

❀宾客不喜欢别人对其衣着等投来奇异眼光。

❀宾客睡觉时，一有声音就睡不着。

## 三、制度意识

没有规矩，不成方圆。一流的服务、一流的效益要以科学、严格的制度为前提。酒店制度是为实现酒店的共同目标，反映酒店各方面共同要求，由酒店各方共同认可而达成的行为规范协议。

酒店的规章制度具有引导作用、制约作用、激励作用。制度是酒店内部的"宪法"，具有严肃性、群众性、强制性、规范性等特点，每一位员工都必须自觉遵守、认真执行。

## 四、团队意识

团队意识指整体配合意识，包括团队的目标、团队的角色、团队的关系、团队的运作过程4个方面。怎样树立团队意识呢？

### （一）培养员工的团队情感

培养员工对团队的归属感，热爱团队。只有热爱才会发自内心地去维护团队，团队情感是凝聚团队员工的无形纽带。

### （二）树立员工共同的目标和利益

团队要重视每个员工的利益，协调好员工之间的利益关系，协调好员工与团队的利益关系，尽量使每个员工的目标和利益与团队的目标和利益一致，使团队成为维护和实现大家利益的共同体。为了共同的目标大家走到一起来，就要齐心协力为实现团队的目标而努力工作。

### （三）扩大参与，加强沟通

要相信下属，发挥大家的智慧和力量为企业献计献策。要为管理者与员工之间、员工之间、管理者之间的相互沟通和交流积极创造条件。在团队中形成上下之间、员工之间诚挚沟通、相互信任、相互合作的良好氛围。

### （四）树立团队精神

在工作中既要注意个人能力的发挥，又要注重整体配合，使大家意识到个人失败就是团队的损失。大家时时处处都要有大局观念，以团队利益为重，团结协作，共同前进。

除了以上 4 个意识外，酒店意识还有成本意识、时间意识、品牌意识等。

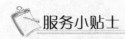 服务小贴士

**【对外推广意识】**

酒店每位员工的形象都代表着酒店的形象，推广酒店员工的形象就是推广酒店的形象，酒店就像一块广告牌，酒店各个工作场所就是广告空间，酒店每位员工在其中穿梭，就是将酒店的形象描绘在上面。住店宾客随时看到酒店每位员工这一块广告牌上的形象，是酒店每位员工的事情。

**【对内协调合作意识】**

酒店要求每位员工都有合作精神，要放弃本位主义，一切都是为了工作，这是很简单的道理，反对任何人将工作复杂化。凡是故意阻碍工作顺利开展的做法都必须受到严厉的惩罚。

## 五、最受宾客欢迎的服务方式

### （一）个性化服务

个性化服务强调针对性，就是根据不同宾客不同的需求和特点提供有针对性的服务。个性化还强调灵活性，就是在服务的过程中要能够随机应变，投其所好，满足不同宾客随时变化的个性需求。宾客的需求不同且变化多端，服务也应随需而变。要真正做到"个性化"服务，关键在于服务人员要用"心"地对待宾客，从"细""小"做起。个性化服务并不神秘而高深，它是一种心领神会、深入细致、恰到好处、和谐舒适地满足宾客个性需求的针对性的服务，实际上是"把特别的爱奉献给特别的您"的服务。

## 案 例

某酒店对个性化服务要求很高。例如，在某位领导入住前，客房部了解到宾客不喜欢百合，喜食苹果和香蕉，于是立即通知相关部门调整派送鲜花和水果的品种；某宾客因为

腰有病不能睡软床，对干燥的气候不适应，于是客房员工提前为他安排好了木板床，并在房间里放置了加湿器；因为知道日本某商客的爱好，每次这位宾客入住，房间里就已经摆好了他喜欢的茶具和茶叶，使宾客有一种到家的感觉；某先生是足坛王子贝克汉姆的忠实粉丝，酒店不但把每一期的《足球报》买来放到他的房间里，而且在他的房间里准备了贝克汉姆的海报。另外，酒店还为长住客营造家的氛围，逢年过节会在他们的房间里布置一些节日气氛很浓的装饰品，如年画、拉花、中国结、圣诞树等，为宾客带要来节日的喜悦和祝福。

**（二）细微化服务**

服务无止境，细节决定成败。细节出口碑，细节出真情，细节出效益。

细节是酒店常胜的砝码，是酒店服务的魅力所在。优质的服务关键是细节，最受宾客欢迎的也是细节。

细节是镜子，映照出酒店员工职业素质的高低；细节是试金石，检验出酒店对客服务的水准；细节是砝码，掂量出酒店的成功与否。

**案　例**

我们酒店入住一位客人，第二天外出时，他将一件掉了纽扣的衣服放在房间里。当他晚上回房时，发现衣服被整齐地摆放好了，更令他惊喜的是衣服上的纽扣已经重新针上并和原来一样。原来，楼层服务人员在整理房间时发现客人衬衣上少了一个纽扣，便在没有任何监督和要求之下，主动选了一个相同的纽扣钉上了。这位客人非常感动，就给我写了一封感谢信，要求我们酒店表扬这位服务人员，因为这位服务人员的细心和主动体现了酒店的细微化服务宗旨，使客人感到温暖，感到在酒店消费不仅物有所值而且物超所值。

**案　例**

### 感恩"父亲节"

我们可能都很熟悉情人节、母亲节，但是往往忽略了甚至不知道有"父亲节"，而一向以"严父"形象出现的父亲更是很难得到一份浪漫温馨的节日礼物。在某一年的"父亲节"，某酒店推出了"感恩父亲"的系列活动：一页幽默的贺卡、一支美丽的玫瑰、一张可爱的笑脸、一句真情的祝福，把天下所有儿女对父亲最深的爱表达出来。这让所有的父亲十分惊喜，一个劲儿地说："真是没想到，还是第一次经历，谢谢，真是太谢谢你们了！"

**（三）人性化服务**

人性化服务，就是酒店不仅仅要满足顾客物质上的需求，而且在服务的全过程中，强调情感的投入，强调用心、用情去为顾客服务。它要求把宾客当作亲人、朋友，用真诚、关爱、微笑与宾客进行情感交流。人性化服务要求在对宾客服务中不但要做到服务规范，更要在言语、神情、行动等方面协调一致，设身处地为宾客着想。

 案 例

送给住店宾客的水果，如果就只是放在一个大盘子里，往桌上一放就算完事了，实在谈不上有什么情感的投入。如果换成放一小盘水果，以保持盘中一定数量为准，从所食用和所剩水果上仔细观察宾客的喜好，讲究补充的艺术，则能显出服务的用心。例如，盘中有苹果、荔枝、香蕉，宾客爱吃香蕉，苹果和荔枝都没动，那第二天在补充水果的时候，如果还是按照三种水果原来的数量比例补充，有没有错？没错。宾客会有什么反应？可能没什么反应，也就是说没有不满意，也没有满意。但是，如果第二天你在补充水果的时候，注意到宾客爱吃香蕉，因此撤换掉一些苹果和荔枝，增加一些香蕉，那就不仅仅是在物质上使宾客得到满足了，而是让宾客在吃香蕉的时候能感受到你带给他的真诚、体贴！

**（四）超值化服务**

超值化服务就是打破常规、标新立异、别出心裁，为宾客创造出"前所未有"、意想不到的美好感觉和经历，提供给超越宾客的心理期待、超越常规的全方位服务。

 案 例

**超值服务传真情**

正值晚餐时间，在酒店的西餐厅里，几位琴师正在演奏，美妙的乐曲使宾客沉浸在一种温馨的氛围中。服务人员小陈正在巡台，偶尔听到了坐在餐厅角落里的两位客人的交谈。一位小姐对坐在对面的先生说："我最喜欢的曲子是《爱相随》，如果用钢琴弹奏再加上小提琴协奏，效果棒极了。"小陈听到后，随即走到琴师面前，请他们演奏一曲《爱相随》。即刻琴声响起，一曲优美的《爱相随》飘荡在餐厅里。小陈看见那两位客人惊奇地抬起头，露出惊喜的笑容。小陈微笑着走到他们身旁，俯下身来轻声向客人说道："这首《爱相随》送给小姐，祝二位今晚开心！"两位客人听后连连道谢。

服务中要把握服务时机，提供恰到好处的服务。在这个案例中，宾客原本只是有个美好的愿望，却意外得以实现，这份惊喜随之就化为对服务人员感激，双方都获得了愉快的经历，这就是服务的魅力，体现了酒店的"超值服务"。

**（五）恰到好处的服务**

服务要恰当，如果服务做得不到位，自然不是优质的服务；但如果服务做得过了，也会让宾客感觉不自在，这也不是优质的服务。

 分析思考

餐中服务如撤换骨碟、上菜等该如何把握服务的时机？
门童拉车门服务如何做才能恰到好处？

## 分析思考

**【服务从我开始，到我为止】**

如果你是酒店的门童，有位外宾向你问路，而你不知道，这时你会怎么办？下面有几种方法，你会选择哪一种？

方法一：你会告诉宾客你也不知道，请他去问大堂副理。

方法二：你会告诉宾客你不知道，但酒店总台备有交通地图，他可以去索取一份。

方法三：你告诉宾客你不知道，请他稍等，你打电话给大堂副理，请他过来向宾客说明。

方法四：你马上请同事替岗，请宾客稍等，然后去向熟悉路况的人问清楚，回来告诉宾客。

方法五：你马上请同事替岗，请宾客稍等，然后去总台拿一张英文版的交通地图，送给宾客。

"服务从我开始，到我为止"除了意味着要帮助宾客解决问题外，还意味着要找到解决问题的最好的方法，这种方法应该能让宾客感觉最快捷、最简单、最具体明确、最受到尊重，同时，我们应该主动地把自己当作实现宾客需求的第一责任人，自觉地想办法，力争在第一时间内给宾客以满足。

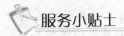

## 服务小贴士

**【一切工作，宾客为先】**

虽然酒店的岗位分工不同，岗位职责不同，员工的工作内容不同，服务技能也各有差异，但是有一点却是相同的，那就是"宾客至上"的服务理念和"一切以宾客为先"的服务精神。我们要竭尽所能地帮助宾客解决困难，满足宾客的需求，并随时为宾客提供满意的服务。事实上，人非圣贤，孰能无过，宾客也不总是对的。但是，作为一名酒店管理者，要换位思考，以宾客为先，真诚、热情地为宾客做好每一项服务工作，赢得宾客的认同，进而培养其成为忠诚宾客。

## 案例

小贾是酒店的一名老员工，在酒店工作的两年多时间里，他经历了许多的喜怒哀乐，其中，一件小事始终影响着他。那时，他还只是酒店的一名实习生，一天早晨，一名客人睡眼惺忪地来到餐厅用早茶，小贾热情地问候接待、拉椅让座之后，顺带问道："请问，先生您想喝点什么？我们这里有……""给我来一杯绿茶吧。""好的，请您稍等。"小贾利索地为客人泡好了绿茶，可是，当他把绿茶端给客人时，那位客人却很生气地说："我要的是咖啡，你给我端茶来做什么？怕我没钱给你吗？"小贾心一慌，愣了片刻，觉得很委屈，不过很快便注意到这位客人的面前不知何时又坐了一位女士，正奇怪地看着自己。小贾立刻满脸歉意地不停道歉说："对不起，先生，是我不小心上错了，请您见谅，我马上给您换行吗?"这位客人听后,点头一笑,小贾接着问道:"这位漂亮的女士想喝点什么呢?""也来一杯咖啡吧。""好的,请两位稍等。"小贾迅速撤下绿茶,煮好两杯咖啡为客人送去。早茶结束后,小贾又将两位客人送到餐厅门口,离开前那位客人突然转身对小贾说了声"谢谢"。此时,小贾心中所有的不愉快都烟消云散了,他的脸上荡漾着甜甜的笑容。

很多时候,客人提出的要求也许是不合理的,而我们要为宾客提供的服务可能也不属于我们的工作内容。如果没有做,宾客也不会觉得不满意,但是一旦我们努力去做了,所产生的效果却是无法比拟的。酒店业发展到现在,优质服务的内涵已发生了巨大的变化,仅仅靠做好常规服务,使宾客对酒店产生认同感,已经变得非常困难了。

 思考题

### 一、简答题

1. 西方酒店业认为服务就是 SERVICE(本意亦是服务),而每个字母也都有着丰富的含义,请对每个字母的含义做出具体解释。

2. 衡量酒店服务质量的标准是什么?

3. 礼仪、礼貌就是酒店从业人员通过一定的语言、行为和程式向客人表示的欢迎、尊重、热情和感谢。请阐述礼仪、礼貌的具体表现。

4. 服务态度是指服务人员在对服务工作认识和理解基础上对顾客的情感和行为倾向。优良的服务态度要求服务人员在为客人服务时要做到哪些方面?

5. 在服务中,热情耐心的具体体现是什么?

6. 为什么以恰当的词语与客人搭话、交谈、服务、道别很重要?

7. 为什么服务人员应该特别注意讲话时的语气、语调?

8. 为什么酒店员工要重视电话的接听服务?

9. 为什么说服务没小事?作为服务工作者应该怎样做?

10. 员工之间为什么必须加强协作?作为服务工作者应该怎样做?

11. 酒店员工如何通过具体的行动去树立酒店的良好形象?

12. 为什么服务人员要有较强的应变能力?

13. 如果你在工作中情绪欠佳,你将如何调整?

14. 淡季或空闲时服务人员应该注意些什么?可以做些什么?

### 二、案例分析题

#### "麻烦"的客人

因工作需要,刘先生准备在某饭店长住一年,该饭店没有单人间,刘先生就租用了一间标准间。一周后,刘先生觉得自己一个人住在标准间挺不舒服,床太小,两张床又占地方,就向客房部黄经理提出能否给他换张大床,黄经理认为客人的要求是合理的,就专门购置了大床,满足了刘先生的需求。

又一周后,刘先生找到黄经理,提出能否给他的房间多加一个衣柜,因为刘先生一年四季的衣服在壁橱里根本放不下,于是,黄经理就与刘先生商量:"您可以把衣服寄放在

饭店洗衣房的布草间里吗?"刘先生不同意,他说:"每次穿衣时都要与你们联系,岂不麻烦死啦!"黄经理认为刘先生说得有道理,就给他专门添置了衣柜。

再一周后,刘先生又找到黄经理,要求长借一块烫衣板和一只熨斗,他说:"每次我刚借来熨斗,你们的服务人员就来催问我什么时候还,我总想在自己最方便的时候烫衣服。"黄经理想了想,对刘先生说:"我会通知服务人员满足您的要求。"

刘先生离开后,黄经理就在嘟囔:"这么麻烦的客人,还不如不接!"

【问题讨论】

1. 是刘先生麻烦,还是黄经理没做好?为什么?

2. 如果你是饭店服务人员,你会怎么做?

3. 我们在工作中应该如何满足顾客的需求?

### 给客人一个惊喜

住在酒店 1306 房的 Mattin 先生已住了两天,他每天早出晚归,房间的衣服总是扔得到处都是。服务人员小袁做卫生时都会不厌其烦地帮他把衣服整理好,放在衣柜内。

小袁发现房间里的茶杯每天都原封不动地放在那里。通过向中班服务人员打听后,小袁得知客人每次送茶都不喝,但是他每天都会买一瓶矿泉水。第三天上午,1306 房来了一个朋友,小袁想他朋友可能和他一样不喜欢喝袋装茶叶,于是抱着试试看的心理用散装茶叶为他们泡了两杯茶送进房。

过了不久,小袁看见客人和朋友出去了。为了弄明白,她马上进房去查看,发现两个茶杯都空空如也,原来他们爱喝散装茶。于是,小袁高兴地在常客卡上记录了这一条,并且又为他泡了一杯茶,用英语给客人留了一张条:"It's the tea for you! Wish you like it!"下午,Mattin 和他的朋友大汗淋漓地从电梯里面出来,手里抱着一个篮球,老远就冲小袁说 "Hello",小袁连忙跑过去。客人把球放在服务台,小袁接过球一看,黑糊糊的。客人用手比画着指着酒店的布草房,"Take it in workroom!" "Yes,yes!" "这么脏,还是洗一下吧?"小袁自言自语道。于是,小袁便将球拿到消毒间用刷子刷干净了。第二天下午,客人又出去打球,当他从小袁手中接过干净如新的篮球时,他竖起了大拇指,并且在昨天的那张留言下写着 "Thank you…"。

【问题讨论】

1. 此案例给你什么启示?

2. 我们在工作过程中如何让顾客满意?

3. 老顾客会给饭店带来哪些好处?

# 项目二 职业素养和职业能力

## 一、职业素养

### (一)工作态度端正

态度决定一切。工作态度认真与否,是衡量餐厅服务人员基本素质的重要标准。

"客人坐着我站着，客人吃着我看着，客人玩着我干着"，这是餐饮服务行业特有的服务特性，只有认识到这一点，才能端正工作态度，更好地为客人服务。

（1）及时向上级或同事准确地报告工作或传递信息。

（2）对餐厅工作有全面、正确的认识。

（3）责任心强。

（4）有服从性。

（5）遇事冷静，心态平和。

### （二）服务意识强

服务意识是指饭店全体员工在与一切与饭店利益相关的人或组织的交往中所体现出来的为其提供热情、周到、主动的服务的欲望和意识。它不仅表现在酒店内，也表现在酒店外。强化服务意识就是要强化服务工作的理念意识。意识必须由理念来引领、支撑和强化。

（1）宾客至上，服务第一。

（2）来者都是客，一视同仁。

（3）正确的服务观念。

（4）服务工作的指导方针。

（5）树立强烈的质量意识。

### （三）知识面广

良好的文化素养和广博的社会知识，不仅是做好服务工作的需要，而且有利于服务人员形成高雅的气质，培养广泛的兴趣和坚忍不拔的意志。总的来说，服务人员需有以下方面的知识。

（1）菜肴知识。

（2）烹饪知识。

（3）酒水知识。

（4）食品营养卫生知识。

（5）服务心理学知识。

（6）电器设备使用与维护保养常识。

（7）民族与饮食习惯知识。

（8）外语会话知识。

（9）计算机知识。

（10）音乐欣赏知识。

（11）美学知识。

（12）文史知识。

### （四）身体素质好

服务人员"日行百里不出门"，站立、行走、对客服务、托盘等都要求有一定的腿力、臂力和腰力，良好的身体素质是做好服务工作的保证。

《食品卫生法》第二十六条规定：凡患有痢疾、伤寒、病毒性肝炎等消化道传染病、活动性肺结核、化脓性或渗出性皮肤病以及其他有碍食品卫生的病症的，不得参加接触直接入口食品的工作。餐饮服务人员必须参加每年一次的卫生防疫部门的体检，体检合格证当年有效。

服务人员身体素质好要求做到以下方面。

(1) 身体素质好。

(2) 精神饱满。

(3) 有连续站立 8 小时服务的基本功。

**(五) 仪表端庄，着装规范**

仪表端庄是每个社会人都应具有的基本素质，是人与人交往的良好的通行证。与客人频繁接触的餐厅服务人员，更要有端庄的仪表。服务人员仪表端庄大方、和蔼可亲，会给客人留下良好的第一印象。

**(六) 注重礼仪**

酒店礼仪具有很强的凝聚情感的作用。酒店礼仪的重要功能是对人际关系的调解。在现代生活中，人们的相互关系错综复杂，在平静中会突然发生冲突，甚至出现极端行为。酒店礼仪有利于促使冲突双方保持冷静，缓解已经激化的矛盾。如果人们都能够自觉主动地遵守礼仪规范，按照礼仪规范约束自己，就容易使人际间的感情得以沟通，建立起相互尊重、彼此信任、友好合作的关系，进而有利于各种事业的发展。所以，酒店礼仪是酒店形象、文化、员工修养素质的综合体现，我们只有做好应有的礼仪才能将酒店行业在形象塑造、文化表达上提升到一个满意的地位。

(1) 注意礼貌用语。

(2) 懂得常用社交礼节。

## 二、职业能力

**(一) 语言能力**

(1) 使用友好的语言和能使客人愉快的语调，服务过程就会显得有生机。

(2) 使用迎宾敬语、问候敬语、称呼敬语、电话敬语、服务敬语、道别敬语，提供规范化服务。

(3) 能够用英语或其他外语进行服务，并解决服务中的一些基本问题。

(4) 善于用简单明了的语言来表达服务用意，并进行主人和客人之间的沟通和交流。

**(二) 自我控制能力**

作为一名餐厅服务人员，自我控制能力是必备的能力之一。面对不同个性客人的不同情况，要处理繁杂的接待业务和不同客人的要求，就必须要有平和的心态。此外，有较好的自我控制能力，能让你与同事和睦相处，共同营造轻松的工作坏境。

(1) 有较强的自我控制能力，能在短时间内调整自己的不良情绪。

(2) 面对压力有调整心态的能力，能以最佳的状态为客人服务。

(3) 对客人的过激言行，能以平和的心态和语言平息或化解矛盾。

**(三) 人际交往能力**

一名合格的餐厅服务人员，必须具备正常的和同事、领导交往的能力。因为和同事、领导的协调合作，是做好工作的基本保证。

（1）能和领导、同事以及客人处理好各种关系。

（2）尊重领导和同事，尊重客人。

（3）能遵守各种管理制度和规定。

（4）有和其他同级业务部门相互协调的能力。

（5）有能及时和领导、同事沟通信息的能力。

**（四）推销能力**

餐厅服务人员在前台接触不同层次的客人，因为客人的文化层面不同，在和他们的接触中，餐厅服务人员推销能力的高低，直接和客人入住率有着密切的联系。

（1）有委婉推销客房的能力。

（2）有灵活多变的推销技巧。

（3）有敏锐多变的推销语言。

**（五）记忆能力**

记忆能力是餐厅服务人员必备的能力。它要求餐厅服务人员能记住曾来餐厅就餐的客人的姓名或单位，使客人有亲切感和被尊敬的感觉。

（1）对就餐客人的姓名和兴趣、爱好能很快记住。

（2）能记住回头客的个性化需求。

**（六）预测与判断能力**

具备预测与判断能力能使餐厅服务人员的服务先于客人需求提出之前提供，能恰到好处的为客人提供超前服务。这需要餐厅服务人员在工作中仔细观察、反复思考、认真过滤和优化整合之后，得出一个正确的判断。

（1）有对客人服务的预测能力，能提前为满足客人的需求做好准备。

（2）能在观察客人需求的基础上，具有较强的判断能力，给客人以最佳的服务。

（3）能根据客人眼神、表情和言谈在短时间内正确判断出客人的身份、文化层面和地位，预测出可提供的服务项目，从而为客人提供最佳的服务。

▶▶ **实　训**

# 实训一　形体训练

## 一、站姿实训

**（一）步骤**

1. 第一步

面向镜子，抬起头部，下颌微收，眼睛平视，面带微笑，颌微微后缩，但要避免出现双下巴。

2. 第二步

挺起胸脯，挺直脊椎骨，保持脖子同脊椎骨在一条直线上。

3. 第三步

双肩放松，两臂自然下垂，女性的双手成虎口交叉（右手在左手上）状，置于胸前或者小腹部；男性则将双手放在裤线两边或者将双手置于身后。

4．第四步

收腹提臀，微微上翘，整体与肩膀平行（感觉肚脐向内缩，臀部两侧向内夹紧）。

5．第五步

双膝并拢，脚尖微张，膝部直而放松，小腿尽量向后靠。

6．第六步

两腿分开站立，两脚成"V"字形（60°角）。男性可双腿分开，宽度不超过肩宽；女性双脚可成"丁"字形，将重心放在一个脚上，以体现女性柔美姿态。

男女规范站姿

**（二）应达到的标准**

1．总体效果——站如松

站立的时候，腰要挺直，胸要打开，肩要平，腹要收紧，背不能驼，两臂自然落下，脚平行打开与肩同宽，两眼目视前方，下巴微缩。这样身体就形成一条健美的曲线，人看上去既很精神，也很有风度。

2．标准站姿要点

抬头、挺胸、含颚、夹肩、收腹、提臀，双臂自然下垂。

3．五点一线

即脚跟、小腿、臀部、肩胛骨、头在一条线上。

**（三）操作要点及注意事项**

（1）女性穿礼服或旗袍的时候，绝对不能双脚并列，而是要让两脚前后距离5厘米左右，以一只脚为重心。

（2）女性穿高跟鞋时，以左脚为重心，脚尖与垂直线成45°角，右脚脚尖向前，脚跟紧连着左脚，选择这个站姿，曲线相当优美。

（3）在餐厅站立服务的时候，严禁靠墙或者身体倚着服务台站立，也不能将手放在衣服的口袋里。

（4）如果站立太久，可以换成稍息的姿势，即一脚向侧面方向跨出半步，让体重放在一侧下肢，让另一侧下肢稍微休息，两侧交替。站立不应太久，应适当进行原地活动，特别是腰背部活动，以解除腰背部肌肉疲劳。

**（四）练习**

1. 贴壁练习

（1）背靠墙而立，让脚跟、小腿肚、臀部、肩膀、后脑和墙接触。

（2）在头上顶 3 本书，让书的一边和墙接触，走动离开墙，为了不让书掉落，你会本能地挺直脖子、下巴后收、胸脯挺起。

（3）每次维持 20～30 分钟，每天练习。

2. 收腹练习

（1）收腹训练可以使你的体形由凸腹"d"形转为时髦的"5"形。常练习，不但有助于仪态美，而且有助于身材的优美，能使腹部的肌肉紧缩而不会出现过多的脂肪。

（2）俯卧在地板上，手心平贴地板，下巴搁在手背上，脚背和小腿平贴在地板上，膝盖向前拉，腰部弓起，收缩腹间的肌肉，然后膝盖向后缩，使身体平贴在地板上，再重复以上动作。

（3）躺下来，双臂左右伸开，双腿伸直平贴墙上，开始走路，两脚尽可能往墙上的高处踩，仰卧在地板上，双臂垂向两边。双腿并拢伸直，然后膝盖弯向腹间，与腹间接触，再将腿伸直，徐徐落在地板上。

（4）仰卧在地板上，双腿并拢，双臂伸直，上身慢慢抬起，双手触脚背，然后上半身徐徐下落，仍然平躺在地板上。

3. 挺胸练习

（1）两边腋下各夹一本杂志，抬头、挺胸、手臂用力，维持 10 分钟。

（2）双臂夹紧，集中力量，指尖向上，双手合并于胸前。

（3）双手用力向前伸直，指尖朝前。

（4）胸部挺直，双肩自然下垂，由 10 分钟增加到 20 分钟，再延长到 1 小时左右。

**（五）错误站姿**

（1）东倒西歪。

（2）耸肩勾背。

（3）双手乱放。

（4）做小动作。

## 二、坐姿训练

**（一）操作步骤**

1. 第一步

入座时，走到座位前，转身，一脚向后撤半步，从容地慢慢坐下。

2. 第二步

双肩放松，上身挺直，腰部挺直不弯。

3. 第三步

头、下颌微收，舌抵下颚，鼻尖对肚脐。

4. 第四步

男性双手可分搭于左右两腿侧上方或者椅子把手上；女性双手搭放在双腿中间，左手放在右手上。

5. 第五步

稍微调整和挪动自己位置，至少坐满椅子的 2/3 或者端坐中央，使身体重心居中。

6. 第六步

全身放松，思想安定、集中，姿态自然、美观。

左斜放交叉式坐姿　　　　右斜放交叉式坐姿　　　　双脚交叠式坐姿

**（二）应达到标准**

1. 总体效果——坐如钟

正确的姿势是面带笑容，双目平视，神态自然，上半身挺直，两肩放松，下巴向内收，脖子挺直，胸部挺直，双膝并拢，双手自然地放于双膝或椅子扶手上。

2. 标准坐姿要点

抬头、挺胸、含颚、夹肩、收腹、提臀，双臂自然下垂。从侧面看，耳、肩、髋、膝与踝应在一条垂线上。

**（三）操作要点及注意事项**

1. 坐姿要求

（1）入座时，略轻而缓，不失朝气，走到座位前面转身，右脚后退半步，左脚跟上，然后轻稳地坐下。

（2）女子入座时，穿裙子的要用手把裙子向前拢一下。坐下后上身正直，头正目平，嘴巴微闭，脸带微笑，腰背稍靠椅背。两手交叉放在两腿上，有扶手时可双手轻搭于扶手或一搭一放。两脚自然，小腿与地面基本垂直，两脚自然平落地面。两膝间的距离，男子以松开一拳为宜，女子则以不分开为好。

（3）坐时要根据凳面的高低及有无扶手与靠背，注意两手、两腿、两脚的正确摆法。

另外，还有些坐姿也是可以的，如"S"形坐姿，上体与腿同时转向一侧，面向对方，形成一个优美的"S"形坐姿，这种坐法适于侧面交谈；"脚恋式"坐姿，两腿膝部交叉，一脚内收与前腿膝下交叉，两脚一前一后着地，双手稍微交叉于腿上。

（4）无论哪一种坐姿，都要自然放松，面带微笑。但切忌下列几种坐姿：二郎腿坐姿、搁腿坐姿、分腿坐姿、"O"形腿坐姿。

**2. 注意事项**

（1）不要坐满椅子。可就座的服务人员，无论是坐在椅子上还是沙发上，最好都不要坐满，只坐椅子的一半或2/3。注意，不要坐在椅子边上。坐在餐桌旁时，膝盖不要顶着桌子，更不要双脚高于桌面。站立的时候，右脚先向后收半步，然后站起，向前走一步，再转身走出房间。

（2）切忌两膝盖分得太开。男子坐下可膝盖分开，女子坐下则须双膝并拢。但无论男女，无论何种坐姿，都切忌两膝盖分得太开、两脚成八字，这一点对女性尤为不雅。女性可以采取小腿交叉的坐姿，但不要向前直伸。切忌将小腿架到另一条大腿上，或将一条腿搁在椅子上，这是很粗俗的。

（3）切忌脚尖朝天。最好不要随意跷二郎腿，因为东南亚一些国家忌讳坐着时跷二郎腿。即使跷二郎腿，也不可跷得太高，脚尖朝天。跷脚坐时，脚尖朝天，在泰国会被认为是有意将别人踩在脚下，认为是盛气凌人，是一种侮辱性举止。

（4）不可抖脚。坐着时，腿部不可上下抖动、左右摇晃。在社交过程中，腿部动作经常不自觉地露出人的潜在意识，如小幅度地抖动腿部，频繁地交换架腿的姿势，用脚尖或脚跟拍打地面，脚踝紧紧交叠等动作，都是人紧张不安、焦燥、不耐烦情绪的反映。

（5）双手自然放好。手可相交自然放在大腿上，或轻搭在沙发扶手上，但手心应向下。手不要随心所欲地到处乱摸。有的人有边说话边挠痒的习惯，有的人喜欢将裤腿捋到膝盖以上，这些都要绝对避免。

**（四）不良坐姿**

**1. 二郎腿跷出病**

长期持续不变的坐位工作，特别是跷二郎腿工作，会给颈、背部造成持续的负荷，使背部肌肉、韧带长时间受到过度牵拉而受损，从而引起原因不明的腰痛，但只要保持良好的坐姿，过一段时间，就会恢复正常，不会有什么问题。此外，跷着二郎腿久坐，由于双腿互相挤压，还会妨碍腿部血液循环，久而久之，会造成腿部静脉曲张，严重者会导致腿部血液回流不畅、青筋暴突、溃疡、静脉炎、出血和其他疾病。

**2. 舒服坐姿未必好**

并不是自己感到舒服的坐姿就是好坐姿。正确的坐姿应是上身挺直、收腹、下颌微收，两下肢并拢。如有可能，应使膝关节略高于髋部。如坐在有靠背的椅子上，则应在上述姿势的基础上尽量将腰背紧贴椅背，这样腰骶部的肌肉就不易疲劳。久坐之后应活动一下，松弛下肢肌肉。另外，腰椎间盘突出症患者不宜坐低于20厘米的矮凳，而应尽量坐有靠背的椅子，因为这样可以承担躯体的部分重量，减少腰背劳损的程度。

## 三、走姿训练

### (一) 操作步骤

**1. 第一步**

侧向镜子站立。

**2. 第二步**

抬头、挺胸、收腹，微收下巴，眼睛平视前方。

**3. 第三步**

从左脚开始迈步，脚尖向着正前方，身体稍微向前倾，身体重心落于右脚上。

**4. 第四步**

左脚跟先落地，脚掌紧跟落地，身体重心前移。

**5. 第五步**

左脚完全落地的时候，右脚接着抬起一半，身体重心落在脚上。

**6. 第六步**

两臂自然下垂，两手配合微微向身后甩，节奏快慢适当。

**7. 第七步**

重复上述步骤，两脚之间相距约一脚到一脚半，步法稳健，步履轻盈，要有节奏感，充满自信，不拖泥带水，身体有向上拉长的感觉。

### (二) 应达到标准

**1. 总体效果——行如风**

正确的走姿能体现一种动态美，能表明一个人的风度和韵味，更能显示出青春活力和魅力。正确的走姿应从容、平稳、走直线，身体直立，收腹直腰，两眼平视前方，双臂在身体两侧放松，自然地摆动，脚尖微向外或向正前方伸出，跨步均匀，步履自然，有节奏感。

**2. 标准走姿要点**

抬头、挺胸、含颚、夹肩、收腹、提臀，双臂自然下垂。

**3. 注意男女步态风格有别**

男步稍大，步法应矫健、有力、潇洒、豪迈，展示阳刚之美；女步应略小，步法应轻捷、含蓄、娴雅、飘逸，体现阴柔之美。

### (三) 操作要点及注意事项

行走时要走得大方得体、灵活，给客人以一种动态美。训练行走，可在练习空手走后练习手端托盘（上放适量物品）行走，直至熟练、正确、自然。

**1. 行走重心控制**

(1) 行走时，身体的重心向前倾 $3°\sim5°$，抬头，肩部放松，上身正直，收腹，挺胸，眼睛平视前方，面带微笑，手臂伸直放松，手指自然微弯，两臂自然地前后摆动，摆动幅度为 35 厘米左右，双臂外开不要超过 $30°$。

(2) 行走时，重心落在双脚掌的前部，腹部和以臀部要上提，同时抬腿，伸直膝盖，全脚掌着地，后脚跟离地时，要以脚尖用力蹬地，脚尖应指向前方，不要左歪或右偏，形成八字脚。

2. 步速适中

步速适中，以 1 分钟为单位，男服务人员应走 110 步，女服务人员应走 120 步。较好的步速能反映出服务人员积极的工作态度，是客人乐于看到的。

（1）步幅。步幅对餐饮服务人员来说一般不要求过大。步幅过大，人体前倾的角度必然加大，服务人员经常手捧物品来往，较易发生意外。同时，步幅过大再加上较快的步速，容易让人产生"风风火火"的感觉。因此，男服务人员的步幅以 40 厘米左右为宜，女服务人员的步幅以 35 厘米左右为宜。

（2）挺胸。挺胸时，绝不是把胸部硬挺起来，而是从腰部开始，通过脊骨到颈骨尽量上伸。这样就自然会显出一个平坦的小腹和比较丰满的胸部。

（3）并肩或多人行走。两人并肩行走时，不要用手搭肩；多人一起行走时，不要横着一排，也不要有意无意地排成队形。

（4）靠右侧行。服务人员在餐厅行走，一般靠右侧。与客人同走时，应让客先行（咨客引座及接待员除外）；遇通道比较狭窄有客人从对面走来时，服务人员应主动停下来靠在边上，让客人通过，切不可背对客人。

（5）超越客人时。遇有急事或手提重物需超越行走在前的客人时，应彬彬有礼地征得客人的同意，并表示歉意。

（6）步法要灵活。走路步法灵活，"眼观六路"（并不指东张西望）。要注意停让转侧，勿发生碰撞，做到收发自如。如托有物品时，急停要顺手前伸再收回以缓冲惯性，不使物品脱离托盘前飞。

（7）保持好心情。走路姿势与心情有关。心理学家认为，低垂着头，双肩晃动和驼背，会表示此人精神不振、消极自卑。因此，要培养自己对事业和对生活的信心和乐趣，这样走起路来才会精神百倍且富有活力。

**（四）错误走姿**

1. 踢着走

有些人似乎怕地上的脏水或脏东西弄脏鞋或裤子，因此养成了一种踢着走的习惯。踢着走的时候身体向前倾斜，走路时只要脚尖踢到地面，膝盖就一弯，脚跟就往上提，腰部很少用力。踢着走容易使整条腿都变粗。

2. 压脚走

与踢着走类似，但是这种压脚走的方式是双脚着地的时间比较长。走的时候身体重量会整个压在脚尖上，然后再抬起来。长此以往，腿肚的肌肉会越来越发达，有可能会形成讨厌的萝卜腿。

3. 内八字走法

很多日本女人都是内八字走法，长久下来会形成"O"形腿。

4. 外八字走法

外八字走法会使膝盖向外，令人感觉没气质，腿形也会变丑，甚至导致"O"形腿。

5. 踮脚尖法

踮着脚尖走的人，其本意是使步法更美妙，但由于过于在脚尖上用力，使膝盖因为脚

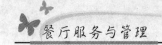

尖用力的关系而过于着力于腿肚，很容易形成萝卜腿。

## 四、其他形体训练

### （一）鞠躬

**1. 第一步**

以站姿为预备，自然站好。

**2. 第二步**

男士可将相搭的双手渐渐分开，贴着两大腿下滑，直至手指尖触至膝盖上沿，同时，上半身由腰部起倾斜，头、背与腿成 $90°\sim120°$ 的弓形（切忌只低头不弯腰，或只弯腰不低头）；女士可将两手交叉于腹部，其他动作同男士。之后略作停顿，以示对对方真诚的敬意。

**3. 第三步**

慢慢直起上身，表示对对方连绵不断的敬意，同时手沿裤沿线上提，恢复原来的站姿。

### （二）微笑

**1. 第一步**

对镜子摆好姿势，像婴儿咿呀学语时那样，说"E"。让嘴两端朝后缩，微张双唇。

**2. 第二步**

轻轻浅笑，减弱"E"的程度，这时可感觉到颧骨被拉向斜后上方。

**3. 第三步**

相同的动作反复几次，直到感觉自然为止。

当你在微笑的时候，你的眼睛也要"微笑"，否则，给人的感觉是"皮笑肉不笑"。此外，还要注意与语言的结合，例如，微笑着说"早上好""您好""欢迎光临"等到礼貌用语，不要只笑不说，也不能只说不笑。

### （三）体态语言

手势是最有表现力的一种体态语言，它是餐饮服务人员向客人作介绍、指示方向等时常用的一种形体语言，要求正规、得体、适度、手掌向上。

**1. 引导手势**

引导，即为客人指示前进的方向，也即指路。引导客人时，服务人员应首先轻声地对客人说"您好"，然后采用"直臂式"手势，即将左手或右手提至齐胸高度，五指伸直并拢，掌心向上，以肘部为轴，朝欲指示的方向伸出前臂。在指示方向时，身体要侧向客人，目光要兼顾客人和所指方向，直到客人表示清楚后再放下手臂。

**2. "请坐"手势**

接待客人并请其入座时，左手或右手应屈臂由前抬起，以肘关节为轴，前臂由上向下摆动，使手臂向下成一斜线，表示请客人入座。如遇重要客人，还应用双手扶椅背将椅子拉出，将椅子放到合适的位置，协助其入座。

**3. "介绍"手势**

为他人做介绍时手势动作应文雅。无论介绍哪一方，都应手心朝上，手背朝下，四指并拢，拇指张开，手掌基本上抬至肩的高度，并指向被介绍的一方，面带微笑。在正式场合，不可以用手指指点点或去拍打被介绍一方的肩和背。

# 实训二 化妆技能训练

## 一、工具和用品准备

### (一) 化妆用品

1. 底妆部分

(1) 化妆工具：海绵扑、粉底、粉刷、小毛巾等。

(2) 化妆品：肤色修改液、粉底霜、粉条、粉饼、散粉等。

2. 眼妆部分

(1) 化妆工具：大小眼影扫、睫毛夹等。

(2) 化妆品：眼影粉、眼线笔、眼线液、睫毛膏等。

3. 眉妆部分

(1) 化妆工具：斜角刷、眉刷、眉钳、剃眉刀、小剪刀等。

(2) 化妆品：眉笔、眉粉等。

4. 唇妆部分

(1) 化妆工具：唇刷等。

(2) 化妆品：唇线笔、润唇膏、唇彩、口红等。

5. 腮红部分

(1) 化妆工具：大腮红刷等。

(2) 化妆品：腮红等。

### (二) 操作步骤

1. 化妆步骤

妆前准备—粉底—眉妆—眼妆（眼影、眼线、眼毛）—唇妆—腮红—整理用清洁工具。

2. 妆前准备

(1) 第一步，洗净双手并擦干。

(2) 第二步，将面部用清水洗后，保持微湿状态。

(3) 第三步，选择适合自己皮肤特点的洁面用品。将洁面乳或洗面奶在手心中搓揉开，然后均匀地抹在整个面部，尤其是 T 形区。

(4) 第四步，1～2 分钟后，将面部洗面剂清洗干净。洗脸的重点是要用温水，双手掬水拍打在脸上，利用溅起的水花彻底冲掉脸上的泡沫。除了鼻子以外，脸部其他地方皆可轻轻地洗，鼻子周围要直接用手去抚摩才洗得干净。

(5) 第五步，洗脸后不要马上用毛巾擦脸，先用双手拍脸，然后用毛巾吸干水分。不要用摩擦的方式，而是用毛巾轻压脸部。

(6) 第六步，妆前护肤。用爽肤水轻拍全脸，再抹上护肤液，最后涂上隔离保护霜使肌肤表面滋润并形成薄膜，有效隔离紫外线及化妆品粉垢。

**3. 粉底部分**

（1）第一步，选择与自己肤色接近的粉底液，将粉底倒在手背上，用八分干两分湿的海绵蘸上粉底后，再慢慢由上往下在全脸、耳朵及脖子上均匀涂抹。步骤：从脸颊内侧涂到脸颊外侧—眼睑部位的涂抹—鼻下—唇部四周—下巴（另一边亦相同）—额头部分由下往上朝发际方向涂抹—用海绵修饰发际及下颚边缘—最后以海绵轻拍整个脸部。

（2）第二步，抹上粉底液后，再依两颊、额头、鼻子、下巴的顺序用粉扑扑上粉，轻拍各部位，量要均匀，令妆容持久、不易脱落。

（3）第三步，用修面刷（必须用大刷）刷均匀，特别是额头、发际，浓淡不匀会使整个面部失调。

（4）第四步，眉部可用刷清一下，刷掉多余的粉底霜和粉。

（5）第五步，扑完粉后，要上下仔细瞧瞧，看看是否完整无遗。

**4. 眉妆部分**

（1）第一步，眉毛太粗或太乱的人应先对眉形加以整修。

（2）第二步，画眉前先用小眉刷由眉头到眉梢、由下往上对眉毛进行梳理。

（3）第三步，用眉刷蘸灰色眼影，涂在眉上，可以形成自然的眉形。

（4）第四步，选择与发色相近或稍浅颜色的眉笔。用眉笔的笔尖顺着眉毛生长的方向逐笔描画，画眉时动作要轻，力度要一致，通过笔画的疏密来控制眉色的深浅。眉头和眉峰处至眉梢外下降，眉形自然变细。注意色彩均匀，眉头最浅，眉尾最深，但由深至浅不要有明显的痕迹，这样眉毛才能自然、立体。眉毛淡者宜先涂淡淡的棕色眼影，再用眉笔描绘。

（5）第五步，画完眉后，用螺旋形的眉刷或是斜角眉刷沿眉形将描画的颜色充分融合在一起。

（6）第六步，最后刷上适量的睫毛膏，以增强立体感。

**5. 眼妆部分**

（1）眼影妆饰步骤如下。

①第一步，用刷子蘸上眼影后，先在手背上刷掉多余的眼影，然后再将其涂在上眼睑上。

②第二步，选用比自己的肤色暗2到3度的眼影，用稍小的眼影刷蘸上眼影，从内眼角向眼尾方向均匀涂抹（靠近眼睫毛处）。

③第三步，选用比肤色亮的颜色或白色，用稍大的眼影刷从眼尾向内眼角方向涂抹。

④第四步，为了使眼睛更富有立体感，可以在上眼睑涂上白色眼影。

⑤第五步，最后用刷子刷匀。

（2）眼线妆饰步骤如下。

①第一步，初学者最好用眼线笔画眼线，也可使用眼线液，但要格外小心地画，必须慢慢地沿着睫毛根侧描画。

②第二步，画下眼线时，可用左手轻轻地按住下眼睑，右手握笔，慢慢地从睫毛边侧画起。

③第三步，将重点放在眼角上，水平式或微翘式都无所谓。眼线画完后，将外眼角重复涂上棕色或茶色眼影，这样会让你更加明艳动人。

（3）睫毛妆饰步骤如下。

①第一步，先用睫毛刷刷出清晰的睫毛层次。将脸部稍稍抬起，用干净的睫毛夹顺势夹住睫毛，稍稍用力来两三下，使平直的睫毛夹得微微向上翘起。

②第二步，将睫毛夹卷后涂上睫毛膏。先涂上睫毛，而且需从睫毛根涂起，再涂下睫毛，用眉梳梳除多余的睫毛膏，切忌用手。

6. 唇妆

（1）第一步，涂上唇部专用的美容液或者润唇膏打底，为唇部肌肤做最基本的保护。

（2）第二步，用唇线笔勾画唇线，先画上嘴唇的轮廓，由嘴唇中央往上以弧线画出唇峰，再向嘴角延伸，左右两边的唇线必须对称。接着画下嘴唇线，张开嘴画嘴角轮廓，上下嘴唇间的连接应自然、清晰。

（3）第三步，拉直下巴，嘴角稍微抿紧，做出微笑状，用唇刷蘸取唇膏或直接用唇膏由唇部中心向嘴角开始涂抹，均匀地涂满整个嘴唇，不能越出唇线。

（4）第四步，用面巾纸吸走多余色彩，再重复涂抹唇膏。

（5）第五步，加上唇彩以增添唇部的色泽。

7. 腮红部分

（1）第一步，确定腮红的基本范围。首先做微笑状态，从下眼线处空出一个食指的宽度，找出颧骨的位置，此为上限；其次，以眼球为中心向下找垂直线，与鼻端平行线正交，此为下限。上、下限之间与耳垂、太阳穴两点形成的扇形区域即腮红的基本范围。

（2）第二步，用大胭脂刷均匀蘸些胭脂，以打圈方式沿着下限位置向太阳穴方向刷。

（3）第三步，扑上干粉，可修饰过量的腮红，同时能锁定状容，或者用棉片抹去过量的胭脂。

8. 化妆结束

（1）第一步，检查化妆的整体效果，并进行必要的补充。

（2）第二步，清洁化妆工具。

## 二、卸妆步骤

卸妆应该有顺序，否则会造成二次污染。卸妆的基本步骤应该按照局部卸妆、整体卸妆、洗脸的顺序进行。

### （一）局部卸妆

1. 眼部卸妆

（1）第一步，将少量卸妆液倒在化妆棉片上。

（2）第二步，闭上眼睛，将蘸了卸妆液的化妆棉片轻敷在眼睑、睫毛上10～20秒。

（3）第三步，左手放在眉毛上方，固定皮肤。小心地用面纸从上往下擦拭眼影。不要用力，以免擦出皱纹来。

（4）第四步，用棉片按照眼皮的肌理，右眼顺时针、左眼逆时针的方向清洁，然后卸除睫毛膏。卸除睫毛膏时要由睫毛根部往梢部卸除，如果是防水型睫毛膏，可以使用水油混合的卸妆液。

（5）第五步，用蘸上卸妆液的棉花棒擦掉眼线和残留的睫毛膏。

2. 眉部卸妆

用蘸有卸妆液的棉签轻轻擦拭。

3. 唇部卸妆

（1）第一步，用蘸有卸妆液的纸巾轻轻揉擦嘴唇。

（2）第二步，用蘸有卸妆液的化妆棉由嘴角开始往内擦拭，上下唇分开各擦两三次，直到化妆棉上没有唇膏颜色，注意，勿使口红擦到唇外。唇部肌肤和眼部肌肤同样的纤细，一定要先用左手固定嘴角后再擦拭。

**（二）整体卸妆**

（1）第一步，取适量的卸妆乳，用化妆棉或指尖均匀地涂于脸部、颈部，以打圈的方式轻柔按摩。容易生皱纹的部位，要用手指轻轻揉擦。鼻子以螺旋状由外而内轻抚，卸除脖子的粉底时要由下而上清洁。

（2）第二步，用面巾纸或化妆棉拭净，直到面巾纸或化妆棉上没有粉底颜色。

（3）第三步，对折面巾纸，置于脸部吸取油污。

## 三、洗脸

参照化妆中的洗脸步骤。洗完脸后，涂上适量营养霜或适合自己皮肤的润肤品。

## 四、操作要点及注意事项

（1）紧贴肌肤的粉底可使出色的彩妆更完美。方法很简单，你只要先把微湿的化妆海绵放到冰箱里，几分钟后，把冰凉的海绵拍在抹好粉底的肌肤上，你就会觉得肌肤格外清爽，彩妆也显得特别清新。

（2）如果你总觉得拿着眉笔的手不听使唤，画不出令人满意的眉毛。不妨做个新尝试：用眉笔在手臂上涂上颜色，用眉扫蘸上颜色，然后均匀地扫在眉毛上，你会惊喜地得到更为自然柔和的化妆效果。

（3）描画细致的眼线对你来说可能是一大难题，其实也不难，你要做的是先把手肘放在一个固定的地方，比如你的化妆台，在桌上平放一块小镜子，让双眼朝下望向镜子，这时就可以放心地描画眼线了。

（4）眼睛是心灵之窗，大而明亮的双眸往往会给人留下深刻的印象，你可以尝试用白色的眼线笔来描画下眼线，这能使一双眼睛显得更大更有神采。

（5）配戴眼镜会影响你的化妆效果，如果你戴的是近视眼镜，则镜片会放大双眼和化妆效果，这时你适合选择偏暗哑的眼部色彩；配戴远视眼镜会使双眼显得细小，适宜选用明亮的色彩。另外，层次分明的眼影和工整的眉形可以有效地修饰面容。

（6）化妆完毕，从离开面部一手臂的距离处往脸上喷上水喷雾，这样妆容可以更加持久。

## 实训三 礼貌用语训练

餐厅服务工作中常用的礼貌用语归纳起来主要有以下几种：

| 类别 | 举例说明 |
|------|----------|
| 招呼用语 | 要求：说话亲切，礼貌待人，热情招呼，谈吐自然<br>(1) 好！(2) 您早！(3) 早晨好。(4) 请。(5) 请问。(6) 请坐。(7) 请稍等。(8) 请原谅。(9) 请您走好。(10) 请多关照。(11) 请多多指教。(12) 请教一下。(13) 没关系。(14) 对不起。(15) 不要紧。(16) 别客气。(17) 您贵姓？(18) 打扰您了。(19) 谢谢。(20) 晚上好。(21) 晚安。(22) 再见。(23) 欢迎您再来。 |
| 称呼用语 | 要求：笑脸相迎，亲切称谓，落落大方，宾客如归<br>(1) 先生。(2) 夫人。(3) 太太。(4) 小姐。(5) 经理。(6) 部长。(7) 局长。(8) 主任。(9) 科长。 |
| 征询应答用语 | 要求：热情有礼，认真负责，洗耳恭听，解客之难 (1) 您有什么事情？(2) 我能为您做点什么？(3) 您有别的事吗？(4) 这会打扰您吗？(5) 您需要××吗？(6) 您喜欢××吗？(7) 您能够××吗？(8) 请您讲慢一点。(9) 请您再重复一遍好吗？(10) 好的。(11) 是的。(12) 我明白了。(13) 这是我应该做的。(14) 我马上去办。(15) 不，一点都不麻烦。(16) 非常感谢！(17) 谢谢您的好意。 |
| 道歉语 | 要求：态度诚恳，语言温和，虚心倾听，谋求谅解<br>(1) 实在对不起。(2) 这是我的过错。(3) 打扰您了。(4) 是我工作马虎了，一定改正。(5) 这完全是我工作上的失误。(6) 真不好意思，让您受累了。(7) 非常抱歉，刚才是我说错了。(8) 刚才的谈话请您能谅解。(9) 是我搞错了，向您道歉。(10) 说话不当，使得您不愉快，请谅解。(11) 这事我也不太清楚，等我问清楚，再告诉您。(12) 您提的意见很好，我们一定采纳改进工作。 |

## 实训四 服饰技能训练

### 一、着装知识讲解

#### （一）男士着装艺术

男士着装体现魅力有两个要点：一是颜色；二是款式。

男士整体着装从上至下不能超过 3 种颜色，这样从线条整体上看会更流畅、更典雅、否则会显得杂乱而没有整体感。

男士穿戴不是必须很时尚或很流行，但一定要简洁大方、颜色沉稳，上衣和裤子的搭配一定要合理。例如，休闲服装一定要与休闲类的服饰来搭配，正装也要讲究整体的统一，而不能混着来组合。

男士的身高和胖瘦并不影响自己着装的品味和风格。只要搭配得当，就可以掩饰自己的不足，体现自己的风格。

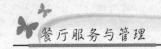

1. 身材粗壮男子的着装注意事项

身材粗壮的男子最适合单排扣上装，但尺寸要合身，可以稍小些，这样能突出胸部的厚实，但要注意掩饰腹部，注意随时扣上纽扣。应选用深色衣料，避免用浅色衣料。使用背带代替皮带可以使裤子保持自然，腰部不显突出，且不会使裤腰滑落。尖长领的直条纹衬衫是最合适的，但要系领带，这样别人才不会注意到你的腰围。

2. 身材矮小男子的着装注意事项

身材矮小的男士可穿间隔不太大的深底细条纹西装，这样看起来高些。不应穿对比鲜明的上衣和裤子。上装的长度稍微短一些可以使腿部显得长一点，上装宜选用长翻领和插袋。穿直条纹尖领衬衫，再系一条色彩鲜艳的普通领带，打一个基本款式的活结。最好穿裤线不明显的裤子。皮鞋跟应厚一些，以增加高度。

3. 身材高瘦型男子的着装注意事项

身材高瘦型男士所穿西装的花色不宜选用细条纹，否则会突出身材的缺点，格子图案是最佳选择。上装和裤子颜色应对比鲜明，这要比穿整套西装好，双排扣宽领的款式更为合适。宽领衬衫配一条适中的丝质宽领带，最好是三角形或垂直小图案，再加一件翻领背心，可以使体形更显厚实。裤子应有明显的褶线和折脚，使用宽皮带和厚底鞋，以增添敦实感。

男士们常出的错误是一年四季穿白棉袜，即使是西装革履地出席正规场合。这个习惯要靠大力宣传国际通用的规范来改变。男袜分成两大类：深色的西装袜和浅色的纯棉休闲袜。浅色的纯棉休闲袜只能用来配休闲服和便鞋；深色的西装袜有黑、褐、灰、藏蓝色的，一般用来搭配正装。

## （二）女士着装

女士们的着装亮丽、丰富。得体的穿着，不仅可以显得更加美丽，还可以体现出一个现代文明人良好的修养和独到的品位。

1. 着装的 TOP 原则

"TOP" 是 3 个英语单词的缩写，它们分别代表时间（Time）、场合（Occasion）和地点（Place），即着装应该与当时的时间、所处的场合和地点相协调。

（1）时间原则。不同时段的着装规则对女士尤其重要。女士的着装要随时间而变换。白天工作时，女士应穿着正式套装，以体现专业性；晚上出席鸡尾酒会时则需多加一些修饰，如换一双高跟鞋，戴上有光泽的佩饰，围一条漂亮的丝巾等。此外，服装的选择还要适合季节气候特点，与潮流大势同步。

（2）场合原则。衣着要与场合协调。与顾客会谈、参加正式会议等，衣着应庄重考究；听音乐会或看芭蕾舞，则应按惯例着正装；出席正式宴会时，则应穿中国的传统旗袍或西方的长裙晚礼服；而在朋友聚会、郊游等场合，着装应轻便舒适。

（3）地点原则。在自己家里接待客人，可以穿着舒适但整洁的休闲服；如果是去公司或单位拜访，则穿职业套装会显得更专业；外出时要顾及当地的传统和风俗习惯，如去教堂或寺庙等场所，不能穿过露或过短的服装。

2. 职业女性着装四讲究

（1）整洁平整。服装并非一定要高档华贵，但须保持清洁，并熨烫平整，这样穿起来就能大方得体，显得精神焕发。整洁并不完全是为了自己，更是尊重他人的需要，这是良好仪态的第一要务。

（2）色彩技巧。不同色彩会给人不同的感受，如深色或冷色调的服装让人产生视觉上的收缩感，显得庄重严肃；浅色或暖色调的服装则会有扩张感，使人显得轻松活泼。因此，可以根据不同需要进行选择和搭配。

（3）配套齐全。除了主体衣服之外，鞋袜手套等的搭配也要多加考究。如袜子以透明近似肤色或与服装颜色协调为好，带有大花纹的袜子不能登大雅之堂。正式、庄重的场合不宜穿凉鞋或靴子，黑色皮鞋是适用最广的，可以和任何服装相配。

（4）饰物点缀。巧妙地佩戴饰品能够起到画龙点睛的作用，能给女士们增添色彩。但是，佩戴的饰品不宜过多，否则会分散对方的注意力。佩戴饰品时，应尽量选择同一色系，而且要与整体服饰搭配统一起来。

## 二、饰物

### （一）公文包或手提小包

在多数场合，携带公文包比手提小包能体现出更正式的感觉，而且包不能塞得太满。你个子较矮小，包则不宜过大，否则会极不协调。

### （二）帽子

帽子应与全身搭配相配。一般有面纱的松软宽边的法式帽子在生意场上易使人心烦。

### （三）首饰

首饰应当小巧且不引人注目。

### （四）眼镜

眼镜会使一些人外表增色，也可能使一些人显得不协调。尽量选择适合自己的镜框，式样宜新。

### （五）丝巾

一条漂亮的围巾有画龙点睛的妙用。例如，丝巾飘逸清秀的特点最能烘托出女性的美。选择围巾时一定要注意与衣服的协调搭配。如花色围巾可配素色衣服，素色围巾则适合搭配艳丽的服装。

## 三、发式

### （一）高额角、低额角

高额角，发梢应向下梳，做刘海或波浪，让你的头发遮盖一部分前额；若是低额角，则发梢应尽量离开前额往上梳，刘海必须要短，绝不能低于发线，以免使额头看起来更低。

### （二）宽额角、窄额角

宽额角，发梢应从两边向中间梳，用波浪遮掩住太宽的额角。对窄额角的年轻女士来说，情况正好相反，头发应沿两边向后梳，如果你做了刘海，则发卷切不能伸延至太阳穴前。

### （三）高颧骨、低颧骨

高颧骨，两鬓的头发应往前梳，超过耳线，盖住颧骨，刘海不妨略长些，但不可梳中分式。至于低颧骨的年轻女士，两边的头发则应往后梳，不要遮耳线，两鬓可以做发卷，从中间分开更好。

### （四）大鼻子、小鼻子

大鼻子，头发应梳高或向后梳，避免中分，因为中分会使鼻子显得更大，最好不要蓄刘海。小鼻子的年轻女士头发绝不要往上梳，应让刘海下垂，遮住发线，刘海也不可留得过长。

### （五）突下巴、缩下巴

突下巴，两边及额前的头发都应该向上梳，让发线显露出来，脑后头发微微往上梳。缩下巴，额前和两鬓的头发都应向前梳，宜盖住刘海和波浪，脑后头发要低而丰满。

### （六）粗短颈子、细长颈子

粗短颈子。头发四面向上梳，应蓄短发，不要让头发遮盖住发线。细长颈子，头发要向后梳，避免选择较短的发式。

男女规范形象

礼仪训练考核标准

| 项目 | 细节要求 | 满分 | 扣分 | 得分 |
|---|---|---|---|---|
| 头发<br>（1分） | 男士：后不盖领、侧不盖耳、干净整齐 | 1 | | |
| | 女士：后不垂肩、前不盖眼、干净整齐 | 1 | | |
| 面部<br>（1分） | 男士：胡子刮净 | 1 | | |
| | 女士：淡妆 | 1 | | |

续表

| 项目 | 细节要求 | 满分 | 扣分 | 得分 |
|---|---|---|---|---|
| 手及指甲<br>（1分） | 1. 干净 | 0.5 | | |
| | 2. 指甲修剪整齐，不涂指甲油 | 0.5 | | |
| 服装<br>（衣裤）<br>（2.5分） | 1. 专业设计，美观大方 | 1 | | |
| | 2. 合体（不松不紧） | 0.5 | | |
| | 3. 干净、无污渍、熨烫平整 | 0.5 | | |
| | 4. 无破损、无卷起、扣子扣好 | 0.5 | | |
| 鞋袜<br>（1.5分） | 1. 黑鞋 | 0.5 | | |
| | 2. 男深女浅（袜） | 0.5 | | |
| | 3. 无破损、不皱 | 0.5 | | |
| 饰物<br>（1分） | 1. 不戴饰物 | 0.5 | | |
| | 2. 徽章（左胸选手牌） | 0.5 | | |
| 形体、礼<br>貌（2分） | 1. 形象良好，表情自然 | 1 | | |
| | 2. 举止礼貌，无不良习惯及小动作 | 1 | | |
| 总计 | | | | |

### 一、简答题

1. 标准站姿、坐姿、走姿的基本要求和效果是什么？

2. 旗袍是中国的国粹之一，能体现出女士的曲线美，那是否每个女士都能穿？为什么？

3. 一个完整的化妆过程包括几个部分？你认为哪些步骤最重要？联系自己经历说明理由。

4. 化妆的四大要素是什么？

5. 餐厅从业人员的职业素养主要体现在哪些方面？

6. 假设3个月后的今天或两年后的今天，星级饭店人事总监要在我们同学中招聘工作人员，那他会聘用什么样的人呢？

7. 请你谈谈做一名合格的餐厅服务人员应具备的条件。结合实际说说你哪些方面已具备了，哪些方面还比较欠缺，将如何改进。

### 二、案例分析题

1. 有一个偏远山区的小姑娘到城市打工，由于没有什么特殊技能，于是她选择了餐馆服务人员这个职业。在常人看来，这是一个不需要什么技能的职业，只要招待好客人就可以了，许多人已经从事这个职业多年了，但很少有人会认真投入这个工作，因为这看起

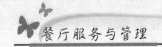

来实在没有什么需要投入的。

这个小姑娘恰恰相反，她一开始就表现出了极大的耐心，并且彻底将自己投入到工作之中。经过一段工作锻炼以后，她不但能熟悉常来的客人，而且掌握了他们的口味，只要客人光顾，她总是千方百计地使他们高兴而来满意而归。不但赢得顾客的交口称赞，也为饭店增加了收益——她总是能够使顾客多点一两道菜，并且在别的服务人员只照顾一桌客人的时候她能够独自招待几桌的客人。就在老板逐渐认识到其才能，准备提拔她做店内主管的时候，她却婉言谢绝了这个任命。原来，一位投资餐饮业的顾客看中了她的才干，准备投资与她合作，资金完全由对方投入，她只是负责管理和员工培训，并且郑重承诺：她将获得新店25％的股份。

现在，这个小姑娘已经成为一家大型餐饮企业的老板。

【问题讨论】

根据案例你能分析"做"与"会做"的不同吗？

2. 在希尔顿大酒店长期流传着这样的一个故事：两个年轻大学毕业生杰克和汤姆应聘到希尔顿，起初他们对终于有了光明的前途而感到非常兴奋，但是很快两人发现酒店并不是很重视他们，因为他们被安排去打扫楼道卫生。上班第一天，杰克和汤姆都很踊跃，积极工作，尽量表现自己。然而这样一过就是两个月，杰克和汤姆继续在打扫卫生。在这期间，杰克一直在不断地埋怨酒店和经理，也懒得勤快干活了，整日总是踩着点来上班，到下班时间他就赶紧冲出酒店回家休息。汤姆却仍然一如既往地认真工作，也很少发牢骚，他把这些当成是对自己的锻炼和考验。每天他吹着口哨，很早地就来到了希尔顿酒店，准备好一天的工作；晚上下班时，他比谁走得都晚。他想作为一个新员工应该多做一些工作，把工作做到位再休息。终于，第三个月过去了，杰克忍不住了，辞职了。接着又过了一个月，汤姆被叫到经理房间，经理任命他做客房部主管。

许多人上班时总是喜欢迟到、早退，要么在办公室与人闲聊，要么借出差之际游山玩水……可能他们并没有因此被开除或扣减工资，看似占到了便宜，但他们会得到一个不好的名声，因此也就很难有晋升的机会。如果你一直努力工作，一直进步，你就会有一个良好的、非常完美的人生记录，这会使你在公司甚至整个行业拥有一个好名声，而良好的声誉必将陪伴你一生。

【问题讨论】

请分析"敬业态度"对一个人成功的影响。

# 项目三 餐厅主要的岗位职责及素养能力要求

## 一、餐厅领班

### （一）职业道德

有良好的服务意识和责任感，对工作认真负责，团队协作，以身作则，爱护财物，对客人讲究礼貌，态度热情，服务周到，助人为乐。

**（二）岗位职责**

在餐厅经理领导下，带领班组服务人员做好餐厅服务工作。

（1）班前检查服务人员的仪容仪表。

（2）了解用餐人数及要求，督促服务人员做好清洁卫生工作和餐具、酒具的准备工作。

（3）随时注意餐厅动态，要在现场进行指挥，遇有重要客人或重要宴会，要亲自上台服务，以确保服务的高水准。

（4）如遇宴会、请客、包席，要熟悉接待的餐别（中、西餐）人数、标准、进餐时间、上菜规则、上菜程序、选用的饮料酒水、加菜及收费标准等内容。

（5）加强与客人的沟通，了解客人对饭菜的意见，并及时向餐厅经理反映。

（6）定期清点餐厅设施及餐具，有问题及时向餐厅经理汇报。

（7）做好本班的考勤记录，注意服务人员的表现，填写好工作记录。

**（三）知识要求**

（1）熟悉餐厅的服务接待流程，具备一定的餐厅管理知识，熟悉餐厅服务程序，并有一定的烹饪知识，了解各种菜肴的名称和特点，了解餐具、酒具、布件的使用方法和保养知识。

（2）了解服务心理、营养卫生等知识，了解主要客源国旅游者的饮食习惯和爱好，掌握餐饮推销技巧。

（3）熟悉食品卫生法，了解饭店的各项规章制度。

**（四）能力要求**

（1）有娴熟的技术操作能力，能胜任餐厅的各种接待服务工作，动作迅速，姿态优美，准确自如。

（2）有一定的应变能力，遇事头脑冷静，反应敏捷，处事果断，能应付不同客人的不同要求。

（3）有一定的协调能力，能处理好本班服务人员之间及与其他班组间的关系。

（4）具有一定的组织管理能力，能灵活自如地指挥本班服务人员有条不紊地进行服务。

（5）具有一定的语言和文字表达能力，能写本班工作总结、报告，在班会上能即席发言。

（6）具有一定的外语水平，能用外语进行接待服务会话。

## 二、餐厅迎宾员

**（一）职业道德**

热爱本职工作，有较强的服务意识，仪表端庄，面带微笑，礼貌待客，不卑不亢，观察敏锐，体贴入微，助人为乐，宾客至上。

**（二）岗位职责**

（1）掌握餐厅当天的餐桌安排情况，并接受零星客人的电话预订，保存餐厅客人订餐单。

（2）热情、友好、礼貌地欢迎和问候客人，将客人引领到适当就餐位置，帮助拉椅让座。

（3）熟记常客及重要客人的姓名，编写就餐客人的资料。

（4）参加餐前准备和餐后整理工作，统计当班就餐人数。

**（三）知识要求**

（1）熟悉餐厅服务程序及迎接服务的技能技巧。了解饭店菜肴、饮料、酒水的品种、风味、价格知识。懂得外事礼节、礼貌，了解饭店各部门的服务设施、项目及营业时间。

（2）了解服务心理，了解食品营养卫生常识，了解一般美容知识，保持仪容美观。了解主要客源国客人的宗教信仰、生活习惯、饮食爱好等。

（3）了解基本法律知识，懂食品卫生法，了解饭店的有关规章制度。

**（四）能力要求**

（1）有较强的迎接服务能力，能迅速引领、安排客人在合适的地方入座，能较快地记住客人及其就餐特点。

（2）有一定的应变能力，能妥善处理引领过程中出现的问题，能让客人高兴而来，满意而归。

（3）具有一定的语言和文字表达能力，能写工作记录，讲话口齿清楚。能用流利的外语为客人服务。

## 三、餐厅服务人员

**（一）职业道德**

宾客至上，优质服务，有较强的服务意识：待客礼貌、热情、周到，助人为乐，不卑不亢，仪表端庄，讲究卫生，爱护财务，自尊自爱，不图小利。

**（二）岗位职责**

（1）负责开餐前的准备工作，布置餐厅和餐桌，摆台及补充各种物品。

（2）熟悉各种服务方式，随时密切注视客人的各种需求，尽量使客人满意。

（3）为客人提供拉椅入座、送毛巾、上茶、递菜单、介绍菜单及饮料等服务项目，做好进餐前的准备工作。

（4）接受点菜、点酒，按操作程序做好服务工作。

（5）随时注意查看菜肴和酒水质量，防止为客人提供不合标准的菜肴和酒水。

（6）负责客人就餐后的清洁整理工作。

（7）负责及时补充餐具柜内的各种餐具器具，以备使用。

**（三）知识要求**

（1）掌握餐厅服务的基本知识和技能，了解食品、饮料烹饪、营养卫生知识，掌握本饭店所经营菜肴的特点及一般的烹饪方法，了解餐厅的各种服务设施和服务项目，熟悉餐厅各种器具、布件的使用方法和保养知识。

（2）了解主要客源国旅游者的生活习惯和用餐特点，熟悉各种结账手续。

（3）懂得食品卫生法及饭店的各项规章制度。

**（四）能力要求**

（1）有熟练的技术操作能力，能按操作程序独立完成餐厅的接待服务工作。

（2）具有一定的应变能力，能妥善处理服务过程中出现的一般性问题。

（3）有一定的语言文字表达能力，口齿清楚，讲话流利，能迅速准确书写菜单。

（4）能熟练地运用外语为客人服务，帮助客人介绍菜肴。

## 四、宴会预订员

### （一）职业道德

有一定事业心和责任感，待客礼貌热情，讲究质量信誉，秉公办事。

### （二）岗位职责

（1）负责接待各种形式的预订宴会业务。

（2）主动介绍饭店的餐厅经营特色及风味菜肴，积极进行推销。

（3）认真填写宴会预订单，作到"六知"、"三了解"，即知国籍、知人数、知时间、知身份、知标准、知接待单位，了解客人风俗习惯、生活特点、用餐禁忌。

（4）根据宴会预订单，通知厨师长、宴会部经理。

（5）建立宴会档案，记录重要客人、大型活动及一般宴会的日期、人数、规格、消费水平等。

（6）与客人和客户保持良好关系，尽量争取客源。

### （三）知识要求

（1）掌握各种宴会的标准及价格，了解酒水、菜肴的知识，懂得饭店餐厅管理、服务销售、成本核算方面的基本知识。

（2）了解服务心理、公共关系方面的常识，了解主要客源国旅游者的风俗习惯、饮食爱好。

（3）了解经济合同法、食品卫生法和有关涉外法规。

### （四）能力要求

（1）有一定社交推销能力，能与社会各界建立广泛的业务联系，争取回头客。

（2）有一定的语言表达能力，能用生动、确切的语言表达业务过程中的事情。

（3）有一定的应变能力，能应付不同客人的不同需求，处事冷静。

（4）有能用一门外语流畅地同客人进行业务交流、书写宴会订单的能力。

## 五、擦银工

岗位职责主要如下。

（1）保证餐饮部使用的金、银餐具和铜器清洁光亮。

（2）负责每天擦洗扒房的各种烹饪设备。

（3）正确使用清洁银器所用的各种化学用品。

（4）掌握正确的操作程序，精心维护，控制银餐具的损耗率，发现问题立即汇报。

## 六、洗碗工

岗位职责主要如下。

（1）保持工作场所清洁、卫生。

（2）上、下班均需检查洗碗机是否正常，清洁、擦干机器设备。

（3）按规定的操作程序及时清洁餐具，避免脏餐具积压，保持洗涤质量。

（4）正确使用和控制各种清洁剂和化学用品。

（5）完成上级所布置的其他各项工作。

## 七、杂役

岗位职责主要如下。

（1）定时清除或更换各处垃圾桶，及时清理所有的纸盒、空瓶等可回收物。

（2）按规定的时间清扫指定的区域，保持卫生。

（3）帮助收集和储存各种经营设备，将其摆放在指定的库房。

（4）为大型宴会活动准备场地，搬运物品。

（5）完成上级所布置的其他临时工作。

 思考题

**简答题**

1. 餐厅服务人员的职业有哪些？

2. 请你谈谈迎宾员的重要性。

# 模块二　餐厅基础知识

## 项目一　认识餐厅及餐厅服务

餐厅是为客人提供用餐的公共场所。饭店餐饮部作为饭店唯一生产实物产品的部门，集生产加工、销售服务于一身。各饭店通常根据自身规模、经营特点、地理位置而设有各种不同类型的餐厅，以满足顾客的不同需求。

餐厅类型不同，因而各餐厅的销售方式、服务程序、经营风格也各有不同。

就餐场所有中餐厅、西餐厅、咖啡厅、自助餐厅、大宴会厅、特色餐厅及各类酒吧之分。

### 一、中餐厅 (Chinese Restaurant)

中餐厅是主要就餐场所，主营粤、川、苏、鲁、浙、湘、徽、闽、京、沪等菜系，向宾客提供不同规格、档次的餐饮服务。中餐厅除了向宾客提供中式菜点外，其环境气氛和服务方式也均能体现中华名族文化和历史传统特色。

### 二、西餐厅 (Western Restaurant)

西餐厅大都以经营法、意、德、美、俄式菜系为主，同时兼容并蓄、博采众长，可以说是西方饮食文明的一个缩影，其中又以高档法式餐厅（习惯称作扒房）最为典型。扒房以法式大餐为菜品核心，美食佳酿，相映生辉，烹饪技术高超精湛，擅长客前烹制，以渲染美食气氛。

### 三、咖啡厅 (Coffee Shop)

咖啡厅是小型的西餐厅，在国外称为简便餐厅，主要经营咖啡、酒类饮料，甜点点心、小吃、时尚美食等。咖啡厅营业时间长，一般为 18～24 小时，服务快捷，并以适中的价格面向大众经营。

### 四、自助餐厅 (Buffet Restaurant)

我国四星级、五星级饭店一般都设有自助餐厅，一日三餐以经营自助餐为主、零点为辅，这类自助餐厅台通常是固定的，装饰精美，极具艺术渲染力，配以调光射灯，使菜点更具美感和质感，从而增进人的食欲。自助餐厅中、西菜点丰富，装盘注重装饰，盛器注重个性，摆放注重层次。烤肉等大菜的服务常配有值台厨师，帮助宾客烹制、切割、装盘。

自助餐厅也是饭店举办美食节的主要场所，在周日常办香槟午餐（Sunday champagne

brunch)。

## 五、大宴会厅 (Ballroom) 和多功能厅 (Function Hall/Multi-Function Room)

大宴会厅和多功能厅是宴会部的重要组成部分,是宴会部经营活动的重要场所。通常以一个大厅为主,周围还有若干不同风格的小厅与之相通或相对独立,一般可用隐蔽式的活动板墙,根据客户的要求调节其大小。这一类宴会厅是多功能的,活动舞台、视听同步翻译、会议设备、灯光音响设备等应有尽有,为宴会部经营各种大型餐饮活动、会议、展览、文娱演出等提供了良好的条件。

## 六、特色餐厅 (Specialty Restaurant)

特色餐厅是餐饮文化发展、传播到一定阶段的产物,它具有鲜明的地域、宗教、历史、文化等人文特征,对餐饮文化或是继承,或是发展,或是创新,或是反思,代表了目前菜肴制作水平和餐饮企业经营的较高水准。

## 七、各类酒吧 (Bar)

酒吧是餐厅服务中必不可少的重要组成部分,是专门向客人提供酒水服务和休闲娱乐和场所。常见的酒吧如下。

### (一) 大堂吧

通常设在饭店前厅部较显眼的地方,可作为客人办理入住或退房手续时稍事休息的地方,也是客人约会本地客人、朋友见面或洽谈生意的场所,还可以作为客人欣赏酒店风景的良好场所。

### (二) 夜总会酒吧

由于夜总会属于客人休闲消遣的重要场所,此类酒吧主要向客人提供各类酒水、饮料、小吃等食物。有时还会有调酒师进行高难度的花式调酒表演,为客人助兴。

### (三) 泳池吧

泳池吧是设立于酒店泳池旁的小酒吧,主要向客人提供饮品和小吃,通常不提供含酒精饮料。

### (四) 客房迷你吧

一种较为特殊的酒吧形式。通常是将一部分酒水饮料放置在客人房间内的吧台或冰箱内,由客人自由取用,由客房服务人员每天进行消费统计,并计入客人总账。

### (五) 餐厅酒吧

最常见的酒吧形式,根据客人需要随时为客人提供各类酒水服务。

### (六) 宴会酒吧

通常是酒店在举行大型宴会、酒会时临时设置的酒吧,形式变化多样,注重与宴会主题气氛的融洽。

 思考题

**简答题**

1. 中、西餐厅有何区别？
2. 调查本地有名的餐饮机构有哪些类型的餐厅。
3. 特色餐厅为什么越来越受欢迎？

# 项目二  就餐的类别及服务项目

## 一、就餐类别

### （一）零点

零点是指客人随到随点随烹，按实际消费结账，自行付款的一种就餐形式。

### （二）自助餐

自助餐是由宾客自己动手，在事先布置好的餐台上任意选菜，自行取回到座位享用、自我服务的一种用餐形式。

### （三）宴会

1. 中西餐宴会

一般比较正式，参加宴会者有固定的座位，宾主按身份排位就座，并根据事先确定的菜单和规范的程序提供相应的服务。

2. 冷餐酒会

冷餐酒会是以自助餐的形式举行的宴会，一般不排席位，但可设桌、椅，宾客自由入座站立进餐，必要时可设贵宾区。菜肴以冷菜为主，可辅以热菜或烧烤菜，食品可中菜、西菜或中西菜结合，菜肴提前陈列在自助餐台上，供宾客自取，宾客可自由活动，多次取食。可设专门的酒水台，也可由服务人员托盘运送。冷餐会可在室内、室外或花园举行。因其形式灵活，多为政府部门或企业界举行人数众多的盛大庆祝会、欢迎会、开业典礼等活动时所用。

3. 鸡尾酒会

具有欧美传统的集会交往形式。宴会以酒水为主，略备三明治、点心、小串烧、炸薯片等小吃，宾客用牙签取用。形式灵活，一般不设座位，没有主宾席，宾客可以随意走动，广泛接触交谈，酒水和小吃由服务人员用托盘送呈，或部分置于小桌上。举办时间灵活，可在中午、下午、晚上单独举行，也可在正式宴会前举行，还可结合举办记者招待会、新闻发布会、签字礼品等活动。请柬往往注明活动持续时间，宾客可在其间任何时候到达或离开，来去自由，但若迟到又早退，会被视为无礼。

4. 茶话会

茶话会是一种经济简便、轻松活泼的宴会形式，设固定座位，以茶水、茶点为主，略备风味小吃和水果等。

## 二、餐饮服务项目

### (一) 常规服务

(1) 中餐（含早餐、正餐、宴会等）服务。

(2) 西餐（含早餐、正餐、宴会等）服务。

(3) 自助餐（含早餐、正餐、宴会等）服务。

(4) 会议服务。

(5) 酒吧服务。

### (二) 特殊 (特色) 服务

(1) 客房送餐（Room Service）。

(2) 外卖服务（Outside Catering）。

(3) 主题活动（Theme Parties）。

 思考题

**简答题**

1. 你所了解的餐饮服务项目有哪些？分别有何特点？

2. 在日常生活中，就餐类别有哪些？

3. 请你策划一个美食节活动。

# 项目三　餐厅设施设备

## 一、餐厅主要设施设备

### (一) 餐桌

餐桌的基本形状主要有正方形、长方形和圆形。餐桌的大小要合理，以留给美味就餐者不小于 75 厘米的边长为宜。

中餐宴会常用圆桌，有些大型宴会的主桌常用长方形桌。西餐宴会常用正方形桌、长方形桌、椭圆形桌、圆桌等，也可根据客人的需要拼设异形台，如"一"字台、"U"字台、"T"字台、"工"字台等。

圆桌大体分为两种：一种是整体圆桌，另一种是分体圆桌。整体圆桌的桌面与桌架固定在一起，可以折叠。摆设花台，宜用直径 240 厘米的桌面；国宴主席台，宜用直径 300 厘米的桌面。这种大型宴会的桌面都是由两块或四块小桌面拼接而成，也可用圆桌面与相吻合的 1/4 圆弧形桌面拼接而成。

许多餐厅现在专用设计或购置多功能组合餐桌，可分可合。分可以各自为阵，合则有多用途形式（如用于自助餐、冷餐会、鸡尾酒会、展示台型设计等）。

所有餐桌的高度均应该为 72～76 厘米，不可过高或过低。

**(二) 餐椅**

选择座椅取决于餐厅室内装饰及经营方式的需要，可采用多种类型的椅子；也可采用带弹簧的窗口凳；还可以以长条高靠椅与小型的长方形餐桌相配套，组合一些如同火车座位一样相对分离的"单元"。

**1. 木椅**

可分为一般木制座椅和硬木制座椅。木制座椅的做工要相对精细和考究，可用雕花和贝壳镶嵌作为饰物。硬木椅一般要有精美的坐垫，以示庄严和豪华。

**2. 钢木结构椅**

主要框架为电镀钢管或铝合金管，它的特点是重量轻、结实，可摺叠在一起，所需存放面积较小，便于搬动。

**3. 扶手椅**

带扶手的餐椅一般用于档次高的西餐厅。扶手椅的体积要比木椅宽大些，后靠背宽，弧度略大些，比木椅舒适。

**4. 藤椅**

在南方使用较多，特点是不怕潮湿，但怕风吹和干燥。藤椅多为扶手椅，一般放置在中餐厅或茶室，夏季使用给人以凉爽的感觉。

**5. 儿童椅**

为方便带儿童的宾客前来用餐，中、西式餐厅一般都配有专门供儿童使用的桌椅。儿童餐椅座高为 65 厘米左右，座宽、座深都比普通餐椅小，但是必须带扶手和栏杆，以免儿童跌落。

### 🗒 服务小贴士

餐椅腿应垂直于地面，而不是外伸成八字形，以便于服务人员在两个椅子之间走动，而不必考虑下面是否有羁绊。

椅子腿之间的跨度至少要达到 45 厘米，以确保其稳当。

**(三) 沙发**

沙发是休息时不可缺少的家具，根据休息室的不同等级和豪华程度选用。有单人沙发、双人沙发和组合沙发之分，单人沙发使用较多，让人觉得舒适、轻松。

**(四) 茶几**

茶几是与沙发配套的家具。一般有木制的和不锈钢支架、玻璃面的两种。在休息室内供宾客摆放饮料、茶具、烟灰缸等用。有正方形、长方形、圆形和椭圆形等之分。

## 二、餐厅客用餐具

**(一) 常用玻璃杯具**

在中西餐服务中可以见到各式各样的玻璃杯具，你留意过它们的特征吗？

为什么很多玻璃杯都有细细的杯脚？

为什么酒杯都是透明的？

为什么酒杯的表面十分平滑?

为什么很多酒杯的上部呈锥状?

酒杯一般由玻璃或水晶制成,这样可以充分展现酒的真实色彩。杯面应该平滑,菱角会产生折射,改变酒(尤指红葡萄酒)的颜色。

通常,酒杯的上部呈锥状,以便尽可能保留酒的香味,杯中酒不要超过一半,使酒表面积最大,摇晃酒杯时能散发出更浓的酒香。

很多玻璃杯都有细细的杯脚,既方便饮酒者的把握,又能避免体温传导到酒中,影响酒的品质。

下面介绍一下不同酒杯的不同用处。

(1)红葡萄酒杯(Red Wine):主要用于盛载红葡萄酒和用其做成的鸡尾酒。

(2)白葡萄酒杯(White Wine):比红葡萄酒杯略小,主要用于盛载白葡萄酒和用其做成的鸡尾酒。

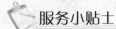服务小贴士

红葡萄酒的口感和香味更为醇厚,较大的酒杯易于散发酒的香味。使白葡萄酒得到最佳口感的温度通常比红葡萄酒要低,较小的杯子可使人们在酒的温度升高前喝光杯中的酒。

波尔多葡萄酒杯稍大,杯口的锥度较小,可以留住大部分甚至全部的酒香。

勃艮第葡萄酒杯是另一种风格较为传统的酒杯,它的经典特征是类似于气球的形状。这种杯子相对于波尔多葡萄酒杯要浅一些,杯子的直径也更长一些,更易于散发这种产于法国勃艮地区的葡萄酒的浓郁的香气。

(3)郁金香形香槟酒杯(Tulip):最适合盛装香槟的是笛形的酒杯,它就像一枝纤长的郁金香,瘦而细的杯身减少了酒和空气的接触,使气泡蕴积、酒味醇浓。

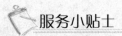服务小贴士

在餐厅也有用浅碟形香槟酒杯的。但实际上这可能是最糟糕的设计,因为使它香槟酒大面积暴露在空气中,使气泡迅速逃逸,走了气的酒喝起来会毫无趣味。

(4)鸡尾酒杯(Cocktail):鸡尾酒专用酒杯。

(5)白兰地杯(Brandy):用于盛载白兰地酒。

(6)雪利酒杯(Sherry):主要用于盛载雪利酒。

(7)普通啤酒杯(Standard):盛载啤酒之用。

(8)带柄啤酒杯(Mug):主要用于盛载生啤酒。

(9)吉格杯(Jigger):多用于烈性酒的纯饮,故又称烈酒纯饮杯。

(10)古典杯(Old Fashioned):多用于盛载加冰块的烈性酒和古典鸡尾酒。

(11)甜酒杯(Pony):多用来盛载利口酒和甜酒。

(12)滤酒杯(Decanter):主要用于酒和澄清,也作为追水杯使用。

(13)坦布勒杯(Tumbler):多用于盛载长饮酒或软饮料。

（14）海波杯（Highball）：多用于盛载长饮酒或软饮料。

（15）高杯（Tall）：以盛载软饮料为主。

（16）果汁杯（Juice）：主要供盛载果汁之用。

（17）果冻杯（Sherbet）：多用于盛载冰淇淋和果冻。

（18）高脚水杯（Goblet）：多用于豪华西餐厅，主要用于盛载矿泉水或冰水。

### （二）中餐厅常用陶瓷器皿

主要包括各种款式、大小不一的碟子、盘子、煲、砂锅、碗、汤勺、酱油壶、醋壶、筷架、茶壶等。

### （三）西餐厅常用餐具

1. 陶瓷器皿

（1）主菜盘：也称大餐盘，是直径为 24 厘米的圆形平盘。用于盛装主菜，如牛、羊、猪肉，鱼贝类，禽类以及野味，也可作汤盘的垫盘。

（2）汤盘：直径为 20 厘米的圆形窝盘。用于盛装浓汤以及流汁食物。使用时，下面需垫一垫盘。

（3）汤盅：用于盛装冷汤或麦片粥，有时和汤盘通用，用时下面垫一甜点盘。

（4）开胃品盘：又称中餐盘，直径为 20 厘米的圆形平盘，用于盛装开胃品。

（5）甜点盘：也称小餐盘，是直径为 18 厘米的圆形平盘，用于盛装各种甜品糕点、水果、奶酪，或用作儿童用餐盘。

（6）面包盘：直径为 15 厘米的圆形平盘，用于搁放客用面包以及架放黄油刀。

（7）黄油碟：直径为 6 厘米的小圆碟，用于盛装黄油。

（8）咖啡杯和咖啡碟：也称夜杯和茶碟。西餐中常用同一种杯盛装咖啡、茶或可可。

（9）浓咖啡杯以及碟：一种小号的咖啡杯，盛装用压力咖啡壶煮出的浓咖啡。

（10）咖啡壶：咖啡分按杯出售和按壶出售两种。如客人点一壶咖啡，需上咖啡壶。

（11）茶壶：西餐多饮袋装浓茶，一般茶壶和咖啡壶通用。

（12）奶盅：盛装奶油和鲜奶，跟配咖啡。

（13）糖缸：用于盛装方糖，跟配咖啡以及红茶。

（14）蛋盅：用于盛装鸡蛋，分带碟和不带碟的两种。不带碟的盅需在下面垫一茶碟，以便装鸡蛋壳。

（15）胡椒瓶及盐瓶：用于盛装胡椒粉及细盐。

（16）沙司船盆：用于盛装调味沙司。

此外，黄油盅、烟灰缸、花瓶也是西餐中常用的陶瓷器皿。

2. 金属餐具

（1）正餐刀：又称大食叉，与正餐叉搭配用于吃各种主菜。

（2）头盘刀：吃开胃菜用的刀。

（3）甜品刀：吃甜品用，与甜点叉搭配使用。

（4）鱼刀：吃鱼类菜肴的专用餐刀，与鱼叉搭配使用。

（5）牛排刀：刀身细长、刀刃有齿，与正餐叉搭配用于吃牛、羊排。

（6）甜品水果刀：用于吃水果。

（7）黄油刀：用于吃面包时涂抹黄油、果酱等。

（8）西柚勺：早餐吃水果用。

（9）清汤勺：用于喝清汤。

（10）甜品勺：用于食用甜品，或作为儿童餐匙。

（11）茶勺：西餐喝红茶时用于搅拌。

（12）咖啡勺：喝咖啡时用于搅拌。

（13）正餐叉：与正餐刀配合使用。

（14）鱼叉：比正餐叉略小、叉齿薄而尖，用于吃鱼类菜肴以及其他盘菜品。

（15）甜点叉：又称小餐叉或色拉叉。用于吃除主菜和鱼类菜肴以外的菜肴，如开胃品，色拉、甜点、水果、奶酪等，也作儿童用餐叉。

以上所列属于西餐厅必备餐具。

（16）海鲜叉：又有三齿，用于食用海鲜或甜点。

（17）蛋糕叉：最小的叉，用于午茶时食用蛋糕。

（18）蟹叉：食用蟹类的专用叉，与蟹刀搭配使用。

（19）牡蛎叉：食用牡蛎的专用叉。

（20）龙虾叉：食用龙虾的专用叉，与鱼刀或龙虾签配合使用。

（21）蜗牛叉：食用蜗牛的专用叉，与蜗牛夹配合使用，注意摆台时，左夹右叉。

（22）龙虾签：食用龙虾的专用签，用于挑出龙虾柑内的肉。

（23）牦牛夹：食用牦牛的专用夹。

（24）芦笋夹：食用芦笋的专用夹。

（25）玉米棒饼：用于插入玉米棒两端，以免客人食用玉米棒时弄脏手。

以上所列为西餐厅特色菜肴专用餐具。

3. 服务用具

（1）服务叉：用于派菜，与服务勺配合使用。

（2）服务勺：服务时派菜，与服务叉配合使用。

（3）冰夹：夹冰块用的夹子。

（4）开瓶器：用于开启啤酒以及汽水瓶。

（5）开塞器：用于开启葡萄酒瓶瓶塞。

（6）服务刀：服务人员可随身携带的专用开瓶工具。

（7）香槟桶及酒桶架：服务时盛装并冰镇香槟酒、白葡萄酒、玫瑰红葡萄酒等。

（8）酒蓝：服务时盛装红葡萄酒。

（9）托盘：托盘是餐厅服务中用作传送菜点、酒水、餐具、账单等的工具。

（10）大银盘：用于餐厅分菜或自助餐陈列菜点。

（11）菜盘盖：用于上热菜时保温，另一目的是揭盖时给客人一个惊喜，以烘托餐厅气氛。注意，菜盘盖应在一桌客人的菜上齐后同时揭盖。

（12）蜡烛架：用于插放蜡烛的架子，多在西餐厅。

（13）保温锅：冷餐会中用于盛放热菜。

### 三、餐厅布草件

#### （一）台布

台布有各种颜色和图案，但传统、正式的台布是白色的，常见的还有乳黄色的、粉红色的、淡橙色的等。对于主题性餐饮活动，台布的颜色和风格的选择可以多样化，不必拘泥于固定的形式。

台布的大小应与餐桌相配，正方形台四边垂下部分的长度以 20～30 厘米为宜。

#### （二）装饰布

装饰布是指斜着铺盖在正式台布上的附加布巾，其规格一般为 100 厘米×100 厘米或大小台布面相适应。

由正方形桌面拼接而成的长方形桌，必须加铺首尾相连的数块装饰布。圆桌装饰布规格和台布规格相当，覆盖整个台面，铺设角度与台布相错或四边平均下垂贴于桌裙前。

装饰布的颜色宜与台布的颜色形成鲜明的对比。使用大红色、绿色、咖啡色装饰布，除可装饰、美化台面及烘托餐厅气氛外，还能保持台面的清洁。花台布必须配以色彩、图案、风格相协调的装饰布。

#### （三）餐巾和围嘴

餐巾和围嘴是餐桌上的保洁布用品。

1. 餐巾

其大小规格不尽相同，边长 50～65 厘米见方的餐巾最为适宜，规格比这小的餐巾则称为鸡尾酒布。餐巾的颜色可根据餐厅和台布布置装饰的主色调选用。传统、正规的口布是白色的，丝光提花口布则能突出宴会的规格和档次。

2. 围嘴

围嘴是在西餐服务中，客人进食龙虾、意式面条、烧烤、铁板烧等菜肴时，由服务人员协助客人系在胸前的保洁布巾，以防汁酱、油污污染衣物。围嘴颜色较艳丽，应与餐桌台布、装饰布餐布等协调一致。

#### （四）台布垫

台布垫又称台呢，一般用法兰绒制作，铺设在台布下面，可使桌面显得柔软，放置杯盘不会发出声响，另外，还可延长台布的使用寿命，减轻银器等贵重器皿直接与台面的碰撞和摩擦。

#### （五）桌裙

高档豪华宴会的餐桌、宴会酒吧、服务桌、展示台等，必须围设桌裙。桌裙款式风格各异，裙褶主要有 3 种类型，即波浪形、手风琴褶形和盒形。较为华贵的桌裙还附加有不同类型的装饰布件（如印花边或短帷幔）。

桌裙及其布件属于高档布件，由于桌裙较长，为避免折皱和发霉，在不使用时，应取下并沿桌裙边缘整齐小心地以一定的宽度折拢，然后用专用的桌裙架挂在通风处。

#### （六）其他布件

1. "十"字形台布

常见于咖啡厅，其规格一般为 30 厘米×140 厘米，便于撤换，在桌面上通常以"十"

字形铺设。

2. 托盘垫巾

根据托盘的规格和大小，由房务部（或客房部）洗衣房用报废的布件缝制。该类垫布还可铺垫在餐具柜和工作台上，通常在中央部位绣有店徽，以区别于其他布件。

3. 服务布巾

用于擦拭杯具、金属餐具和餐酒服务等。服务布巾绝对不能用餐巾代替。

4. 椅套

与台饰布件相互对应，相互映衬。也广泛使用在各类高档典雅的中西宴会餐椅的布置和装饰中，颜色以乳黄色、红色等为主。

## 四、餐厅设备用具的维护保养

### （一）木器类家具的保养要求

餐厅的桌椅不仅使用频率很高，而且因为不同的宴会的需要还常常搬动，因此其是餐厅最容易损坏的物品设备。

木器类家具保养要点如下。

（1）经常检查桌椅的牢固程度，尤其是每一餐开餐前都要认真检查椅子的靠背和椅腿，防止断裂、变形等现象出现。

（2）木器要经常擦拭，注意防水、防热、防潮、防火，避免阳光暴晒，防止水的侵蚀引起受潮变形，平时应该放在通风较好的地方，不要紧靠墙壁。

（3）定期上蜡抛光，这样不仅保持色泽光亮，也能防止干裂，从而延长家具的寿命。

（4）搬动时要轻搬轻放，尽量不要拖地，避免磕磕碰碰。如发现损坏，应及时修理，以免进一步破损。

### （二）金、银器皿的保养要求

镀金、银餐具重在三分使用七分保养。

（1）使用之前要戴干净手套拆包装，不要直接用手去触摸，以防手汗腐蚀金银器。

（2）拆包装或使用后要小心轻放，减少摩擦、碰撞，以免刮花金银器。

（3）清洗时应用温水加少量洗洁精清洗，再用清水洗，洗完后用柔软的干毛巾或柔软棉布擦干，放到干净的地方等下次使用，避免受潮氧化。

（4）清洗时千万不能用粗、硬物擦洗，以免刮花或刮脱镀金和镀银层。不能使用苏打粉之类，以免腐蚀金银器。

（5）使用后如金器出现污渍或指印，应用柔软棉布醮海棠粉轻轻擦拭，去除污渍及指印。

（6）银器长期使用变色时应用少量洗银膏轻轻擦拭，去除氧化层。金器不能使用洗银膏，因为洗银膏中含有的某些成分会脱去金器的镀金层。

（7）金银器要存放在干燥通风没有暖气的地方，尽量减少与潮湿空气、油烟气接触，以保持器皿表面清洁，并用密封的塑料容器分类存放（不能直接接触木制家具）。不经常使用的金银器可以用保鲜膜包起来，但要注意定期保养。

（8）专人保管，随时清点、核对以防丢失。

### （三）不锈钢制品的保养

（1）使用碱性的、氯化碱或不含漂白剂的洗涤剂清洗，不要用钢擦、钢丝刷刷刀。

（2）确保不锈钢制品干净卫生，避免坚硬物附着。擦干后，自然风干，氧气可以保护不锈钢的纯态薄膜。

（3）清洗后立即擦掉含悬浮洗涤剂的残余水分，否则会导致生锈。

### （四）陶瓷和玻璃器皿的保养要求

（1）分类保管，分档洗涤、消毒、存放。

（2）轻拿轻放，避免碰撞。

（3）盛放热水和高温食品时应将陶瓷和玻璃皿升温，以免碎裂。

（4）使用后及时清洗。

### （五）布件和地毯的保养要求

#### 1. 布件

（1）及时清洗，勤于清点，妥善保管。

（2）收拾台面时不要将台布用来包裹残留的食物，不可在台布中留下烟头。

（3）应轮换使用布件。

#### 2. 地毯

（1）每天用吸尘器清理地毯，定期用洗地毯机做彻底清洁。

（2）地毯上有污迹的应及时用肥皂水擦拭干净，油迹可用少许汽油擦拭。

（3）保持地毯干燥通风，存放时要防止虫蛀和发霉。

### （六）电器设备的保养要求

#### 1. 照明设备的正确使用保养

（1）不能用湿手接触电源开关。

（2）要经常检查电源开关是否正常，若不正常将配电板上闸门拉下，或将分电表保险丝插件拔下，切断电源，然后打开开关盖子进行检修。

（3）在清洁时要注意检查灯泡、灯罩是否牢固。

（4）电气设备、照明灯具有问题或隐患，要立即与专业维修人员联系，尽快修复，非专业人员不得擅自动手。

#### 2. 电视机、背投及音响设备的保养

（1）电视机、背投的保养注意事项如下。

①电视机（背投）应安放在通风良好处，距墙壁或其他物品5厘米以上。

②电视机的屏幕要背对窗户放置，避免阳光直射。

③在电视机上不要放置物品，以免掉入机内造成故障。

④机壳及前面操作部分的污迹应用柔软的干布轻轻擦干净。

（2）音响设备的保养注意事项如下。

①卡拉 OK 演唱系统的安装及调试应由专业人员来完成。

②要对各个部分机器的功能有大致了解，对操作开关、旋钮及遥控上的各种按键了解清楚，以便正确使用。

③不可随便拆卸演唱系统的各种接线，出现各种意外情况时，应首先切断电源，然后

请专业人员来检查。

④经常用干净柔软的布巾擦拭机体的正面。

**3. 空调设备的保养**

（1）空调设备要使用专门的电源插座，电源插头要插牢，否则会引起漏电或过度发热。

（2）关闭空调后再重新启动时，应间隔3分钟，因为机内气体没有充分得到平衡重新开机后会使负荷增大，容易烧坏电机。

（3）不要堵塞吸风口和出风口，否则会给空调器增加负担，使性能下降或引起过流保护装置启动，机器停止工作。

（4）不可往空调器上浇水、喷洒油漆和可燃性药物，以免损坏空调器的绝缘材料，引起火灾。

（5）经常打扫空调过滤网，每2～3周清洗一次。

**4. 电冰箱的使用及保养**

（1）电冰箱应放在干燥、通风、阴凉的地方，要远离热源，避免阳光直射。

（2）电源插座要单独使用，电源插头要插牢，使用前测试检查冰箱的各个部位，以防漏电。

（3）不要把带有热气的食品和热水放入冰箱，冰箱内食品、饮料存放不宜过多，使冷气能够充分循环。

（4）要经常保持冰箱内的清洁。

 思考题

**简答题**

1. 餐厅主要的设施设备有哪些？

2. 餐厅的餐用具该如何保养？

# 项目四　餐厅组织结构简介

## 一、小型餐厅组织结构

小餐厅结构应比较简单，分工不宜过细。下图中清洗主管类似大中型饭店管事部主管的职能。

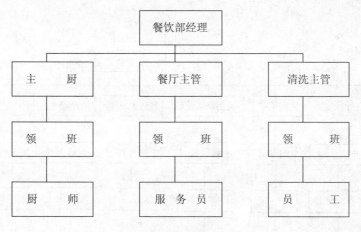

**小型餐厅组织结构**

## 二、中型餐厅组织结构

相对于小型餐厅，中型餐厅分工更加细致，功能也较全面如下图所示。

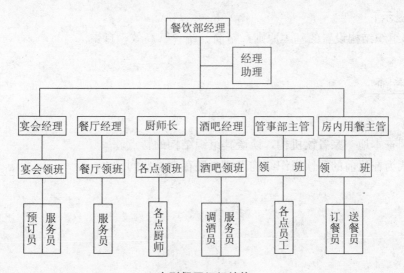

**中型餐厅组织结构**

## 三、大型餐厅组织结构

大型餐厅结构复杂，层次多，分工明确细致。下图中餐饮部的采购主要指鲜活原料、副食品的采购。

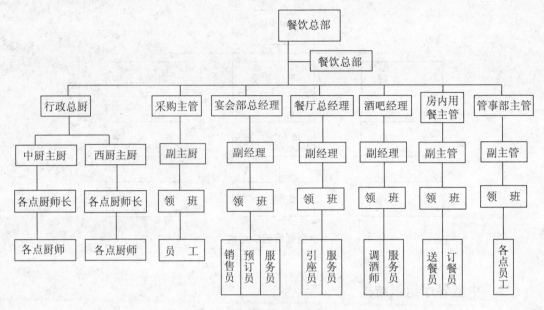

大型餐厅组织结构

[特别提示]

餐饮部组织结构设置的基本原则：精简、统一、高效、自主。

 思考题

简答题

1. 请调查本地一家餐饮机构，谈谈其组织结构的特点。

2. 你认为在目前的餐饮组织结构设置中还存在哪些问题?

# 模块三 餐厅服务基本技能

## 项目一 托盘技能训练

### 一、托盘基础知识

#### （一）定义

托盘是餐厅服务中的主要工具，是传送菜点、酒水、餐具、账单等的好帮手。

托盘操作是作为一名合格餐厅服务人员必须掌握的一项基本技能，是餐厅服务中具有一定艺术欣赏价值的服务活动。

#### （二）种类

餐厅使用的托盘多是塑料、金属或木制品，按其形状主要有圆形、正方形、长方形等数种。

大方盘和中方盘是用于装运菜点、酒水，收运餐具和碗碟等重物的器具。

小方盘和大圆盘一般用于摆台、斟酒、上菜、上饮料等。

中小圆盘也用于上菜、斟酒。

6英寸小银盘主要用于送账单、收款、递送信件等小物品。

根据不同的物品选择不同的托盘装运，有利于餐厅工作的规范化，有利于提高服务质量和服务效率。

镀银托盘　　　　　　　　　铝制托盘　　　　　　　　不锈钢托盘

### 二、托盘操作方法

托盘有轻托和重托两种操作方法。胸前托法又称轻托，所载物品重量一般为5千克，此托法多用于日常餐厅工作中，是最常见和实用的托法；肩上托法又称重托，所载物品重量一般为10千克，此法的优点在于行走时较显高雅。

#### （一）胸前托法（轻托）

（1）左手托盘，左臂弯曲成90°，掌心向上，五指分开。

（2）用手指和掌底托住盘底，掌心不与盘底接触，手掌自然形成凹形，重心压在大拇指根部，使重心点和左手5个指端成为6个力点，利用5个手指的弹性掌握盘面的平衡。切忌用拇指从上方按住盘边，4个手指托住盘底，这种方法不符合操作要求，而且不礼貌。

（3）平托于胸前，略低于胸部，基本保持在第2和第3枚衣扣之间。盘面与左手臂成直角状，利用左手手腕灵活转向。

（4）托盘行走时头要正，上身保持直立，肩膀放松，不要紧张，集中精神，步法稳健。

（5）手臂不要贴近身体，也不要过度僵硬。行进时应该与前方人员保持适当的距离，并注意左右两侧，切忌突然变换行进路线或突然停止。

（6）托盘不越过宾客头顶，随时注意数量、重量、重心的变化，手指作出相应的移动。

**（二）肩上托法（重托）**

（1）左手托盘，左手向上弯曲，手肘离腰部约15厘米。

（2）小臂与身平行，掌心向上，掌略高于肩2厘米。

（3）五指自然张开，大拇指指向左肩，其余4指向左上方分开。

（4）五指和掌根掌握托盘平衡，并使重心落于掌心或掌心稍里侧。

## 三、托盘操作流程

托盘操作分为理盘→装盘→起盘→行走→卸盘五步曲，其具体要求如下表所示。

| 步骤 | 技能要求 | 操作规范 |
|---|---|---|
| 理盘 | 根据货运物品选择托盘<br>垫上垫巾防滑 | 洗净、擦干、保持托盘干净<br>垫巾打湿拧干、平铺拉齐 |
| 装盘 | 根据物品形状、体积、使用先后顺序等进行合理装盘 | 1. 较重、较高的物品放里档，较轻、低矮物品摆外档；流汁菜摆中间，成型菜摆两头或四周<br>2. 先用的物品摆前边、上边，后用的物品摆里边、下边<br>3. 物品重量分布得当 |
| 起盘 | 保持托盘平稳、汤汁不洒、菜肴不变形<br>动作一步到位，干净利落 | 1. 先将盘的一端拖至工作台外，保持托盘的边有15厘米搭在服务台上<br>2. 左手托住托盘底部，掌心位于底部中间，右手握住托盘边<br>3. 如托盘较重，则先屈膝，双腿用力使托盘上升，然后用手掌托住盘底 |
| 行走 | 步法轻盈、稳健，上身挺直，略向前倾<br>视线开阔，动作敏捷<br>精力集中，精神饱满 | 行走时要注意周围情况，能较好控制行走速度<br>行走时两眼目视前方，靠右行走，尽量走直线<br>在通过门时要特别小心，避免发生碰撞 |

续表

| 步骤 | 技能要求 | 操作规范 |
|------|---------|---------|
| 卸盘 | 动作轻缓，托盘平稳<br>保持托盘重心稳定、盘内物品<br>不倾斜、不落地 | 左手托盘要保持平衡，用右手取物品上台或直接递给宾客，有时也可让客人自取<br>当盘内物品减少时，要随着重心的偏离不断进行调整<br>若是重托，必须先将托盘放在服务台或其他空桌上，再徒手端送盘内物品 |

### 服务小贴士

托盘行走时有以下 5 种步法。

一、常步

步履均匀而平缓，快慢适当。适用于餐厅日常服务工作。

二、快步（疾行步）

较之常步步速要快一些，步距要大一些，但应保持适宜的速度，不能表现为奔跑，否则会影响菜形或使菜肴发生泼洒等意外。端送火候菜或急需物品时，在保证菜不变形、汤不洒的前提下，以最快的速度走路。

三、碎步（小快步）

步距小而快地中速行走。运用碎步，可以使上身保持平稳，使汤汁避免溢出。适用于端送汤汁多的菜肴及重托物品。

四、跑楼梯步

身体向前倾，重心前移，用较大的步距，一步跨两个台阶，一步紧跟一步，上升速度快而均匀，巧妙地借用身体和托盘运动的惯性，即快又节省体力。此法适用于托送菜品上楼。

五、垫步（辅助步）

需要侧身通过时，右脚进一步，左脚跟一步。当餐厅员工在狭窄的过道中间穿行或欲将所端物品放于餐台上时应采用垫步。

### ▶▶▶ 实 训

| 实训项目 | 托盘操作技能训练 |
|---------|----------------|
| 实训要求 | 掌握托盘操作方法（胸前托法和肩上托法）<br>掌握托盘操作流程<br>了解托盘行进中不同步法的运用 |
| 实训材料 | 托盘、垫布、砖头、酒瓶、酒杯、汤碗、易拉罐等 |

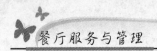

续表

| | |
|---|---|
| 实训内容<br>与步骤 | 胸前托法练习<br>❖每人拿取托盘 1 个，并在托盘内放置 5 千克左右物品<br>❖按胸前托法的要点进行托盘操作练习<br>❖进行 3 分钟、5 分钟、7 分钟托盘站立持久练习<br>❖进行托盘行走练习<br>**肩上托法练习**<br>❖每人拿取托盘 1 个，并在托盘内放置 10 千克左右物品<br>❖按肩上托法的要点进行托盘操作练习<br>❖进行托盘行走练习<br>❖进行托盘操作流程练习<br>❖将各种物品分列摆放在服务操作台上<br>**托盘操作流程练习**<br>❖按托盘操作流程进行理盘、装盘、起盘、行走、卸盘练习<br>❖托盘行进步法练习<br>❖常步：使用平常行进的步法，要步距均匀、快慢适宜<br>❖快步：快步的步幅应稍大，步频稍快，但不能奔跑，要保持汤汁不洒、菜不变形<br>❖碎步：步幅较小，步频较快<br>❖跑步楼梯：步距较大，一步两个台阶，上升速度快而均匀<br>❖垫步：一只脚前，一只脚后，前脚进一步，后脚跟一步 |
| 备注 | 可视情况和物品的不同进行不同场景的练习<br>添加障碍物练习<br>分组练习，每两人一组，分别进行遇客练习、上菜练习等。根据人数多少进行分组，然后进行托盘接力 |

 **温馨提示**

☆要习惯使用托盘。

☆托盘斟酒时，应随时调节托盘重心。

☆不可将托盘越过客人头顶。

☆不能把托盘放在客人的餐桌上。

☆托盘不使用时，服务人员必须按餐厅标准和要求将其放在指定位置，不可到处闲置。

☆服务人员进行托盘服务时，通常用左手操作，有时也视情况右手操作。

☆在托盘行进过程中，服务人员两眼目视前方，另一手自然摆动，或背于背后，或贴与腰际，在行进过程中，遇有客人从对面走来应主动避让，并致以问候。

☆使用托盘进行上菜服务时应事先对客人进行提醒，避免汤汁洒到客人身上。

☆在托盘行进中要始终保持轻松、适度的微笑。

托盘操作考核标准

| 序号 | 配分比例 | | 评分项目 | | 项目分 | 扣分标准 | 实际扣分 |
|---|---|---|---|---|---|---|---|
| 1 | 11% | 仪容仪表仪态 | 着装整齐、清洁、挺括、大方、美观；佩戴工号或标识牌；鞋袜符合规范 | | 3 | 每项不合格扣1分 | |
| | | | 容貌：发型、面部修饰、指甲、首饰 | | 4 | 每项不合格扣1分 | |
| | | | 站位：以标准的站姿站在工作台边，面带微笑 | | 4 | 每项不合格扣2分 | |
| 2 | 6% | 理盘 | 保持托盘干净整洁，无油迹，无水迹 | | 3 | 每项不合格扣1分 | |
| | | | 做好防滑处理（巾角不在托盘外） | | 3 | 不合格扣3分 | |
| | 8% | 装盘 | 物品摆放整齐、美观、合理（高、重摆里档，轻、低摆外档，标签朝外） | | 6 | 每项不合格扣2分 | |
| | | | 酒瓶干净整洁，酒水量合格 | | 2 | 每项不合格扣1分 | |
| | 60% | 托盘 | 起托方法正确 | | 2 | 不合格扣2分 | |
| | | | 端托时，姿势正确。手臂成直角；6个支点受力；托盘不靠腹，不搁腕，手臂不撑腰 | | 9 | 每项不合格扣3分 | |
| | | | 表情自然、动作大方美观：面部保持微笑；上身挺直、头正、肩平、目视前方；收腹，不翘臀 | | 6 | 每项不合格扣2分 | |
| | | | 单手托盘；托盘平稳，物品不歪，不倒，不发出响声；右手后背或自然摆动 | | 43 | 右手扶盘1次扣3分，超过10秒1次扣5～10分，托盘斜或发出磕碰声1次扣2分 | |
| | | | 不允许翻盘 | | | 翻盘打碎物品扣40分；翻盘未打碎物品扣30分 | |
| | 10% | 端托行走 | | 行走步法轻盈 | 4 | 不合格扣4分 | |
| | | | | 遇障碍物避让自如 | 4 | 不合格扣4分 | |
| | | | | 行走中托盘随步法的节奏自然摆动 | 2 | 不合格扣2分 | |
| | 5% | 卸盘 | | 卸盘姿势正确 | 2 | 不合格扣2分 | |
| | | | | 盘内物品不歪、不倒 | 2 | 不合格扣2分 | |
| | | | | 卸盘后物品摆放整齐美观 | 1 | 不合格扣1分 | |
| 3 | | | 规定时间：5分钟 | | | | |

### 思考题

**一、填空题**

1. 托盘是餐厅_____的基本工具，正确使用托盘，可以提高_____，提高_____和规范_____。

2. 常见的托盘有_____、_____、_____和_____等。

3. 轻托一般在客人面前操作，动作要求_____优雅和_____。

4. 装盘时，应根据物品的_____、_____和_____合理安排，以_____和方便为宜。

5. 轻托托盘时，左手_____，掌心_____，小臂与上臂_____，平托略低于_____。

6. 轻托行走时要_____，上身挺直，_____，脚步_____，精力集中。

7. 用轻托方式给客人斟酒时，要随时调节_____，勿使托盘翻倒。

8. 重托托盘时，要做到盘底不_____，盘前不_____，盘后不_____。

9. 重托操作时，掌握好重心后，用_____协助_____向上托起，同时_____向上弯曲臂肘，向_____旋转_____。

**二、不定项选择题**

1. 服务人员要努力学习餐饮基本理论知识，熟练掌握中餐服务基本技能，做到在操作_____的基础上，提供个性化服务。

A. 规范化          B. 标准化

C. 合理化          D. 程序化

2. _____托盘主要用于对客服务，如斟酒、分菜等；_____托盘主要用于递送账单和信件等。

A. 中方，小圆          B. 大圆，中圆

C. 大圆，小圆          D. 中方，中圆

3. 轻托所托重量一般为_____，重托所托重量一般为_____。

A. 5千克 10千克          B. 10千克 20千克

C. 5千克 15千克          D. 10千克 15千克

4. 几种物品同时装盘，应该_____。

A. 贵重物品放在盘的里档          B. 重物、高物放在外档

C. 轻物、低物放在盘的里档          D. 重物、高物放在里档

5. 重托时，_____将托盘移至工作台外，用_____拿住托盘的一边，_____伸开五指拖住盘底。

A. 右手 右手 左手          B. 左手 左手 右手

C. 双手 左手 右手          D. 双手 右手 左手

**三、简答题**

1. 托盘服务有哪些注意事项？

2. 什么是轻托？轻托的端托方法是什么？

3. 在实际端托服务中，如何根据不同物品的端托选择适宜的行走步法？

4. 重托的操作要点有哪些？重托起托的方法是什么？

# 项目二　餐巾折花技能训练

## 一、餐巾折花的基础知识

### （一）餐巾花的定义

餐巾，又名口布、茶巾、茶布、席巾、花巾等，它是宴会酒席及用餐过程中使用的保洁用品。将餐巾折成各种动物、植物形态，插摆在酒具、餐碟中就成了我们通常所说的"餐巾花"或"口布花"。它不但具有卫生保洁的作用，同时也极大地美化了席面，营造了良好的进餐氛围。

餐巾折花是餐厅服务技能之一，亦是餐厅服务人员的一项基本功。

### （二）餐巾花的作用

（1）进餐时防止汤汁油污弄脏客人衣服。

（2）烘托就餐气氛。

（3）用无声的语言传递和表达宾主之间的情谊。

（4）能够标明宾主的座次，体现宴会的规格和档次。

（5）装饰、美化餐台。

### （三）餐巾的种类

（1）全棉和棉麻混纺的正餐餐巾。

（2）化纤餐巾。

（3）纸质餐巾。

（4）维萨（Visa）餐巾。

### （四）餐巾花的种类

（1）按餐巾花的造型外观大致可分为动物、植物和实物造型3种。

（2）按折叠方法和摆放工具不同可分为杯花和盘花两大类。

### （五）餐巾花的选择和应用

（1）根据宴会性质来选择花型。如婚嫁喜庆酒席选择鸳鸯、喜鹊等，祝寿可选择仙鹤、寿桃等。

（2）根据宴会规模来选择花型。大型宴会一般可选用简单、快捷、挺括、美观的花型，且种类不宜过多。小型宴会可在同一桌上使用各种不同的花型，形成既多样又协调的局面。

（3）根据接待环境特点选择花型。开阔高大的厅堂，宜用花、叶、形体高大一些的品种；小型包厢则宜选择小巧玲珑的品种。餐巾的色泽要和台布的色彩席面的格调相协调。

（4）根据菜单内容选择花型。如用荷花作主冷盘的宴会席，应配以花类的折花，营造"百花齐放"的氛围；以鱼翅为主的宴会，则可配以各式鱼虾造型的餐巾花。

（5）根据季节选择花型。春天可选择迎春、春芽等花型；夏天宜选用荷花、玉兰等花型；秋天宜选用枫叶、海棠、秋菊等花型；冬天则可选用梅花、仙人掌等花型。

（6）根据宾客身份、宗教信仰、风俗习惯和爱好选择花型。

（7）根据宾主席位的安排选择花型。宴会主人座位上的餐巾花称为主花，主花要选择美观而醒目的花型，其目的是使宴会的主位更加突出。

（8）根据工作忙闲选择花型。工作较闲、时间充裕，可折叠造型复杂的花型；如顾客较多，时间紧，可折叠造型简单的花型。

### 服务小贴士

**【各类餐巾的特点】**

※全棉和棉麻混纺正餐餐巾的特点是吸水性强、触感好、色彩丰富，但易褪色，不够挺括，每次洗涤需上浆，平均使用寿命为 4～6 个月，规格为边长 50～65 厘米的正方形。

※化纤餐巾价格适中，如的确良，使用寿命较长、色彩丰富、不易褪色，洗后挺括，但触感和吸水性较差。正餐用的餐巾规格为边长 50～60 厘米的正方形，可以反复使用。一次性使用的的确良薄型餐巾规格一般为边长为 35 厘米的。

※纸质餐巾用于快餐厅或团体餐厅中供一次性使用，规格为 35 厘米边长的正方形，成本较低。

※维萨（Visa）餐巾色彩鲜艳丰富、挺括、触感好、方便洗涤、不褪色并经久耐用，可用 2～3 年，但价格较高。

## 二、餐巾折花技法和要领

餐巾花的折叠方法有很多，但无论用哪种方法折哪种花型，都有相同的基本操作技法和要领，归纳起来可分为叠、推、卷、穿、攥、翻、拉、掰、捏 9 种，如下图所示。

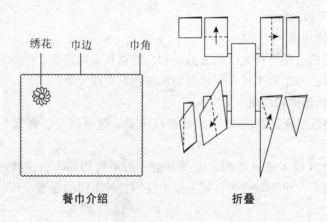

餐巾介绍　　　　　　　折叠

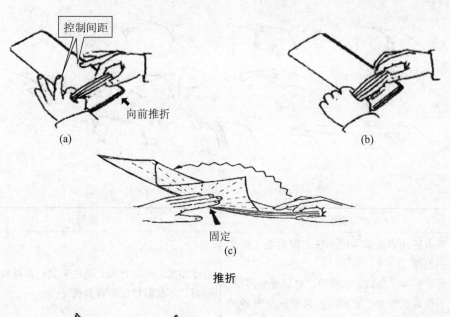

推折

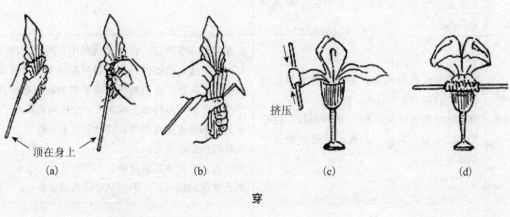

穿

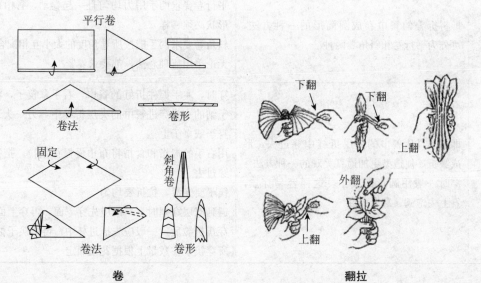

卷                              翻拉

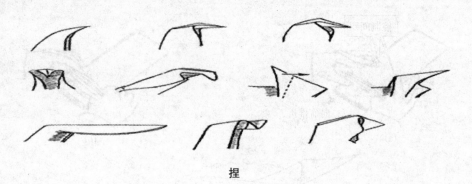

捏

| 技法 | 说明 | 要领 |
|---|---|---|
| 叠 | 餐巾折花中最基本的手法，即推叠、折叠的意思<br>即将餐巾一叠二、二叠四，单层叠成多层，折叠成正方形、矩形、长条、三角等各种几何形状 | 看准角度，一次叠成，避免重复，否则叠巾留下皱痕，不易挺括且影响美观 |
| 折 | 包含折叠、折裥两层意思，这里主要是指折裥，有的地方叫打折、捏褶<br>即将餐巾叠面折成一裥一裥的形状，使花型层次丰富、紧凑、美观，是餐巾折花中的重要技法 | 折裥是用双手拇指、食指紧握餐巾，两个大拇指相对成一线，指面向外，中指控制好下一个折裥的距离，拇指、食指的指面握紧餐巾向前推折到中指处，中指再腾出去控制下一个折裥的距离<br>所折的裥要求距离相等，高低、大小一致<br>操作的台面必须光滑<br>折时拇指、食指紧紧握裥，不能松开<br>两边对称的折裥，一般应从中间向两边折 |
| 卷 | 即将折叠的餐巾卷成圆筒形的一种方法，可分为平行卷和斜角卷两种 | 平行卷要求两手用力均匀且一起卷动，餐巾两边形状必须一样<br>斜角卷要求两手能按所卷角度的大小互相配合<br>无论采用哪种卷法，都要求卷紧 |
| 穿 | 即用工具从餐巾的夹层折缝中穿过去，形成皱折，使造型更加逼真美观的一种方法<br>穿时一般用圆形的筷子，这样容易穿紧，看上去饱满、富有弹性 | 穿时，左手握住折好的餐巾，右手拿筷子，将筷子细的一头穿进餐巾的夹层折缝中，另一头顶在身子或桌上<br>用右手的拇指和食指将布巾慢慢往里拉，把筷子穿过去<br>筷子要光滑，拉折要均匀<br>遇到双层穿裥时，一般应先穿下面，再穿上面<br>穿筷折皱后，一般应先插进杯中，再把筷子抽掉<br>所穿筷子在数量上根据花型而定 |

续表

| 技法 | 说明 | 要领 |
|---|---|---|
| 翻 | 餐巾折制过程中，上下、前后、内外改变部位的翻折，均可称为翻 | 一般都在手中操作<br>要注意保持所折花型不变、不散<br>在翻的过程中要注意翻折顺序，避免混乱 |
| 拉 | 即牵引，是在翻的基础上，为使餐巾造型挺直而使用的一种手法 | 在手中操作<br>双手要配合好，松紧适度<br>在翻拉花卉叶及鸟类翅膀时，要注意大小一致、距离相等、用力均匀，不要用力过猛，否则会损坏花型 |
| 掰 | 一般用于花，如月季花的制作等 | 按餐巾叠好的层次，用右手按顺序一层层掰出花瓣<br>掰时不要用力过大，掰出的层次或褶的大小距离要均匀 |
| 捏 | 主要用于做鸟与其他动物的头 | 用拇指和食指将餐巾巾角的上端拉挺作头颈<br>然后用食指将巾角尖端向里压下，再用中指与拇指将压下的巾角捏紧成造型 |
| 攥 | 为使叠出的餐巾花半成品不易脱落走样而采用的方法 | 用左手钻进餐巾的中部或下部，然后用右手操作其他部位，攥在手中的部分不能松散 |

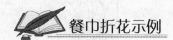
餐巾折花示例

一、牡丹花

(a) 将底边微斜向上对折

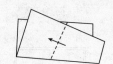
(b) 从右向左对折，使4个巾角重合

(c) 从底角向上均匀捏折

(d) 将两边向下对折

(e) 先将顶端一层层地依次翻开，再打开底座

(f) 放入盘中，整理成型

## 二、卧鸽

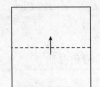

(a) 将底边向上对折，与顶边对齐

(b) 从左向右对折

(c) 将右顶角处的4个巾角依次向后错折，间距1厘米左右

(d) 先将外层巾角两边向中间折，做成鸟头，再将底角折上，压中颈部

(e) 将两边巾角向后折、一巾角插入另一巾角的夹层中

(f) 将3个巾角一起向后折

(g) 放入盘中，折下鸟头，整理成型

## 三、含苞欲放

(a) 将底角向上对折，与顶角对齐

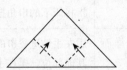

(b) 将底边两角向顶角对折

(c) 从中间处向后折

(d) 将左边向中间折拢

(e) 右边也向中间折，并将巾角插入左边夹层中

(f) 翻开后面两巾角做叶

(g) 放入盘中，整理成型

## 四、金鱼

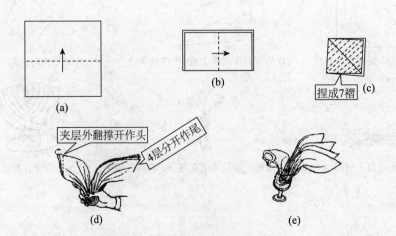

(a)

(b)

捏成7褶 (c)

夹层外翻撑开作头　4层分开作尾 (d)

(e)

## 五、翼尾鸟

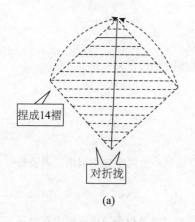

捏成14褶

对折拢

(a)

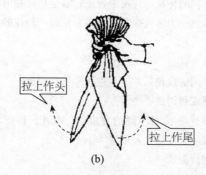

拉上作头

拉上作尾

(b)

(c)

## 六、金钟花

从中间拿起作花蕊

(a)

4角分别拉上作花瓣

(b)

(c)

## ▶▶▶ 实　训

| 实训项目 | 餐巾折花技能训练 |
|---|---|
| 实训要求 | 掌握餐巾折花的 9 种技法<br>掌握 5 种杯花的折叠方法和 5 种盘花的折叠方法<br>了解餐巾花的选择和应用<br>培养良好的审美意识 |
| 实训材料 | 餐巾 10 张、水杯、骨碟、托盘、折花垫盘等 |

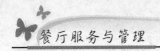

| | |
|---|---|
| 实训内容<br>与步骤 | **杯花的折叠**<br>☆每人取餐巾 5 张<br>☆折叠 5 张不同的杯花，并按中餐正式宴会摆放餐巾花<br>☆从主人开始逐一为客人报花名，并介绍每一种花的应用范围的含义<br>**盘花的折叠**<br>☆每人取餐巾 5 张<br>☆折叠 5 种不同的盘花，并按宾主顺序依次摆放<br>**餐巾花识别及应用训练**<br>☆由一名同学折叠 10 种不同的餐巾花、盘花、杯花，由另一位同学分别报出花名及每一种花所代表的象征意义及用途<br>**餐巾花折叠速度测试**<br>☆按要求分别在指定时间内折出指定的 10 种餐巾花，测试学员折叠速度，要求花型逼真、造型优美，摆放达标 |
| 备注 | 课堂教学完，观看餐巾花折叠教学 VCD，跟着光盘复习餐巾花的折法<br>自由组合，分组进行餐巾折花比赛，评出折花能手<br>指定尽可能包括所有折叠技法的花型 |

 温馨提示

☆操作前要洗手消毒。

☆在干净卫生的托盘或服务桌上操作。

☆操作时不允许用嘴叼、口咬。

☆放花入杯时，要注意卫生，手指不能接触杯口。

☆了解客人对餐巾花款式的禁忌。

### 餐巾折花操作考核标准

| 序号 | 配分<br>比例 | 评分项目 | | 项目<br>分 | 扣分标准 | 实际<br>扣分 | 备注 |
|---|---|---|---|---|---|---|---|
| 1 | 11% | 仪表<br>仪容<br>仪态 | 着装整齐、清洁、挺括、大方、美观；佩戴工号或标识牌；鞋袜符合规范 | 3 | 不合格扣 2 分 | | |
| | | | 容貌：发型、面部修饰、指甲、首饰 | 4 | 不合格扣 1 分 | | |
| | | | 站位：以标准的站姿站在工作台边，面带微笑 | 4 | 不规范扣 2 分 | | |

续表

| 序号 | 配分比例 | 评分项目 | | | 项目分 | 扣分标准 | 实际扣分 | 备注 |
|---|---|---|---|---|---|---|---|---|
| 2 | 13% | 操作卫生与准备工作 | 折叠时不允许用嘴咬、脖子夹、身靠。折花手法卫生 | | 5 | 每花不规范扣0.5分 | | |
| | | | 插杯手法卫生 | | 5 | 每花不规范扣0.5分 | | |
| | | | 做好准备工作：托盘，水杯，筷子 | | 3 | 每项不合格扣1分 | | |
| 3 | 9% | 叠花技巧 | 9种技法齐全：重点是卷、穿、掰、捏 | | 4 | 少一种技法扣1分 | | |
| | | | 各种技法的娴熟程度（主要是推、卷、穿、掰、捏） | | 5 | 每种技法不熟练扣1分 | | |
| 4 | | 造型种类 | 动物5种 | | | 少一种扣5分 | | |
| | | | 植物4种 | | | | | |
| | | | 实物1种 | | | | | |
| 5 | 40% | 花型造型逼真，形象自然，比例合适，美观挺括；花名与花单相符，花名与花型相符 | 动物类 | 20 | | 不相符每花扣4分；不规范每花扣：良1分，中2分，差3分 | | |
| | | | 植物类 | 16 | | | | |
| | | | 实物类 | 4 | | | | |
| 6 | 10% | 餐巾正面朝外 | | | 10 | 每花反面朝外扣1分 | | |
| 7 | 11% | 整体效果 | 突出主花 | | 3 | 主花不突出扣3分 | | |
| | | | 观赏面的摆放 | | 5 | 每花不合格扣0.5分 | | |
| | | | 花型的搭配摆放 | | 3 | 不美观扣3分 | | |
| | | | 插入杯内餐巾的整齐程度 | | 2 | 不整齐扣2分 | | |
| | | | 餐巾花的摆放是否影响服务操作 | | 2 | 影响扣2分 | | |
| 8 | 2% | 折花完毕，举手示意、站位 | | | 2 | 不规范扣2分 | | |
| 备注 | | 规定时间：8分钟 实际完成时间： 分钟 | | | | 每超时1分钟扣4分 | | |

 思考题

**一、填空题**

1. 餐巾，又称＿＿＿＿＿，是客人用餐时的＿＿＿＿＿，其绚丽的色彩、逼真的造型有＿＿＿＿＿、＿＿＿＿＿的作用。

2. 杯花的特点是＿＿＿＿＿、＿＿＿＿＿，盘花的特点是手法＿＿＿＿＿。

3. 餐巾杯又称＿＿＿＿＿，有瓷制的、＿＿＿＿＿、＿＿＿＿＿、骨制的等。

4. 折叠餐巾花时要看准＿＿＿＿＿和＿＿＿＿＿，一次叠成，避免反复，影响造

型_____。

5. 推折是_____时应用的一种手法，分为_____和_____，直褶的两头大小一样，平行用_____法即可；斜褶一头大一头小，形似_____，推折时用_____。

6. 餐巾花的选择和应用，一般应根据餐厅或宴会的_____、_____、_____、_____来宾的宗教信仰、_____等因素来考虑，以取得布置协调美观的效果。

7. 餐巾折花在摆放时应将_____朝向客人，如孔雀开屏、圣诞火鸡等应将_____朝向客人，龙井鱼等应_____，友谊花篮适合放在_____位上。

二、不定项选择题

1. _____通常放置在装饰盘或餐盘上，特点是传统、简洁和雅致。

A. 杯花
B. 盘花
C. 环花
D. 餐巾花

2. _____是最基本的餐巾折花手法，几乎所有折花都会用到。

A. 折叠
B. 推折
C. 卷
D. 翻拉

3. 推折应在干净光滑的台面上，用_____挖制间距，应做到折的间距相等。

A. 食指
B. 大拇指
C. 无名指
D. 中指

4. 在做鸟头时，要求用_____将餐巾巾角的上端拉挺做头颈，然后用_____将巾角尖端向里压下，再用_____将压下的巾角捏紧成造型。

A. 拇指和中指　食指　拇指和食指
B. 拇指和中指　中指　拇指与食指
C. 拇指和食指　中指　拇指与食指
D. 拇指和食指　食指　拇指与中指

5. 宴请法国客人需摆放_____餐巾折花。

A. 百合花
B. 睡莲
C. 樱花
D. 海棠花

三、简答题

1. 餐巾花的选择和应用原则是什么？
2. 婚宴上应该搭配哪些餐巾花？
3. 餐巾花的作用有哪些？
4. 在进行餐巾折花时，有哪些注意事项？

四、案例分析题

### 宴会上的黄菊花

时值隆冬，北京街头已是银装素裹、大风呼啸，行人甚是稀少。可是在市中心外的某大酒店里却张灯结彩，充满热闹景象。今晚这儿有一场盛大宴会，各国在京的大商人将会聚一堂，听取某大公司总经理关于寻找合作伙伴的讲话。会后，客人被请到了大宴会厅。每张桌上都放着一盆大绣球似的黄澄澄的菊花插花，远远望去，甚是可爱。客人按指定的桌位一一坐定，原先拥塞的入口处在引座小姐来回穿梭的引领下很快又恢复了常态。客人们开始了新一轮的谈话。引座小姐发觉，左边有几张桌子前仍有数名客人站着，不知是对不上号还是有别的原因，于是她走上前去了解。原来，那些客人都是法国人，但由于引座小姐不懂法语,只得把翻译请来,交谈后获知,法国人认为黄菊花是不吉利的,因此不肯入座。引座小姐赶紧取走插花,换上红玫瑰花束,客人顿时转愁为喜,乐滋滋地坐下了,引座小姐再三请翻译转达她真诚的歉意。

**【问题讨论】**

1. 宴会一般根据什么来选择餐巾花?
2. 餐饮服务人员应如何看待餐巾折花这一基本功?

# 项目三 摆台技能训练

## 任务一 铺台布

### 一、铺台布基础知识

学会铺台布是餐厅服务人员是最基本的服务技能之一。中西餐餐台的台型不一,因此铺台布的技能方法也有所区别。铺台一般分为 5 个步骤。

**(一)选台布**

根据周围的环境选用合适颜色和质地的台布。

根据桌子形状和大小选择合适规格的台布。

零点餐厅使用较多的是 180 厘米×180 厘米或 220 厘米×220 厘米的正方形台布,宴会厅则较多选用 240 厘米×240 厘米的台布。

**(二)检查台布**

认真细致地检查台布,凡有污迹、破损的要立即更换。

**(三)铺台布**

分为中餐铺台布和西餐铺台布两种。操作标准参见后面的相关内容。

**(四)铺台裙**

铺好台布后,在桌边围上一周台裙,可提高餐厅的规格、档次,使台面美观大方、高雅舒适。

方法:先将台布铺好,再沿顺时针用胶带固定台布,台布的褶要均匀、平整。

注意:用针时针尖向内,以免对客人造成伤害。

**(五)摆转盘**

铺好台布、围好台裙后,应将转盘用双手放在转轴上,然后轻轻转动,检查转盘转动是否灵活。

注意:大型宴会和国宴不用转盘。

 服务小贴士

**【选择合适的台布】**

※140 厘米×140 厘米的台布适用于 90 厘米×90 厘米的方台;

❋160 厘米×160 厘米的台布适用于 100 厘米×100 厘米、110 厘米×110 厘米的方台；
❋180 厘米×180 厘米的台布适用于直径 150 厘米、直径 160 厘米的圆台；
❋200 厘米×200 厘米的台布适用于直径 170 厘米的圆台；
❋220 厘米×220 厘米的台布适用于直径 180 厘米或 200 厘米的圆台；
❋240 厘米×240 厘米的台布适用于直径 220 厘米的圆台；
❋260 厘米×260 厘米的台布适用于直径 240 厘米的圆台。

## 二、中餐铺台操作要领

铺台布的方法有多种，一般中餐宴会用撒网式，中餐三餐圆桌用推拉式，中餐零点用抖铺式。铺台布的工序分三道：抖台布、定位、整平。

### （一）散网式铺台布操作要领

| 实训程序 | 动作要领 | 常见错误 |
| --- | --- | --- |
| 抖台布 | 正身站于主人位<br>双手将台布向餐位两侧拉开 | 拉台布力量不足 |
| 拢台布 | 双手拇指和食指捏台布<br>收拢身前<br>右臂微抬，呈左低右高式 | 右手过于平 |
| 撒台布 | 腰向左转或右转<br>手臂随腰部转动并向侧方挥动<br>双手除捏握台布边角的拇指和食指外，其他手指松开 | |
| 台布定位 | 台布下落时，拇指和食指捏住台布边角<br>调整台布落定的位置 | |
| 放转盘 | 把转盘放在转轴上，转轴处在桌子正中心，用手测试一下转盘是否旋转正常 | |

### （二）推拉式铺台布操作要领

| 实训程序 | 动作要领 | 常见错误 |
| --- | --- | --- |
| 抖台布 | 正身站于主人位<br>双手将台布向餐位两侧拉开 | |
| 拢台布 | 双手拇指和食指捏住台布<br>双手收拢于前，身体朝前微弯 | |
| 推台布 | 双手把台布沿桌面迅速用力推出<br>捏住台布边角不要松开 | 力量不够 |
| 台布定位 | 台布下落时，缓慢把台布拉至桌子边沿靠近身体处<br>调整台布落定的位置 | |
| 放转盘 | 把转盘放在转轴上，转轴处于桌子正中心，用手测试一下转轴转动是否正常 | |

### （三）抖铺式铺台操作要领

| 实训程序 | 动作要领 | 常见错误 |
|---|---|---|
| 抖台布 | 服务人员站在与主人位成90°的左侧或右侧将台布铺于餐台上 | |
| 拢台布 | 将折叠好的台布从中线处打开抓起 | |
| 推台布 | 手腕用劲，将抓起的台布用抖铺式的方法抛向副主人一侧，将台布一次抖开铺在台面上 | 力量不够 |
| 台布定位 | 台布下落时，缓慢把台布拉至桌子边沿靠近身体处调整台布落定的位置 | |
| 放转盘 | 把转盘放在转轴上，转轴处于桌子正中心，用手测试一下转轴转动是否正常 | |

## 三、西餐宴会铺台

一般使用长台，由2～4个服务人员分别站在餐桌两侧，把第一块铺到位，再铺第二块。

正面向上，中线相对，每边下垂部分一致，台布两边压角部分做到均匀、整齐、美观。

**（一）"一"字形合铺操作要领**

（1）服务人员站立于餐台长侧边。

（2）把台布横向打开。

（3）双手捏住台布一侧边，将台布送至餐桌另一侧。

（4）把台布从餐台另一侧向身体一侧慢慢拉开。

（5）台布中股缝要向上，四周下垂部分均等。

（6）铺好的台布平整、无皱褶和凸起。

**（二）较大的"一"字形台或"U"形、"T"形台合铺操作要领**

（1）将几块台布拼铺在一起。

（2）拼铺时两块或多块台布的股缝方向一致。

（3）台布连接边缘要重叠。

（4）台布下垂部分要平行相等。

（5）铺好的台布平整、无皱褶和凸起。

## ►► 实 训

| 实训项目 | 中餐宴会撒网式铺台布技能训练 |
|---|---|
| 实训要求 | 台布中凸缝向上，统一朝向<br>台布平整清洁，四边下垂均匀<br>台布四边平齐于餐椅的座面<br>铺台布的动作要连贯敏捷、轻巧且一次完成<br>营业期间更换台布，台面不可赤裸于客人视线中 |
| 实训材料 | 台布（220厘米×220厘米）及餐桌转盘若干 |
| 实训内容与步骤 | **抖台布**：服务人员站于餐桌主人位置将台布纵向打开，以双手将台布逐渐向两侧拉开<br>**拢台布**：收拢台布，双手拇指和食指捏好台布近身一侧的边角，其余手指将台布收拢于身前，右臂微抬，呈左低右高式<br>**撒台布**：身体微微左侧，当腰部向左扭动，身体恢复正面站姿时，手臂随身体转动向前侧方挥动，双手除捏住台布边角的拇指和食指外其余手指迅速松开，使台布向前铺撒去，像渔民撒网的样子<br>**台布定位**：在台布逐渐下落时，拇指和食指捏握台布近身侧的边角，调整好台布最后的落定位置，使台布四角垂落均匀<br>**放转盘**：台布铺好后，在餐台的中心位置摆放好转盘及餐台装饰物 |

## 温馨提示

☆抖台布：用力不要太大，动作熟练、干净利落、一次到位。

☆定位台布：正面向上，台布中心正对桌子中心位置，舒展平整，四角下垂，台布四角对正桌边。

☆整平：整理以使台布平整美观。

☆站在主人或副主人位置。

# 任务二　中餐摆台

摆台是餐厅服务操作术语，即为宾客就餐摆放餐桌，确定席位，提供必要的就餐用具的操作过程，包括布置餐桌、铺台布、安排席位、准备用具、摆放餐具、美化席面等。摆台是餐厅服务中一项要求较高的基本技能，它摆得好坏直接关系到餐厅的服务质量和餐厅面貌。

中餐摆台一般分为零点摆台和宴会摆台两种，零点摆台以小餐桌为主，宴会摆台一般以大圆桌为主。一张布置妥当的餐桌必须事先准备好各种餐具备品，主要按照餐厅的规格和就餐的需要选择相应的餐具来摆设。

摆台用具主要如下。

（1）餐碟：又称骨盘，主要用途是盛装餐后的骨头和碎屑等，在中式餐台摆台时也起到定位作用。

（2）筷子：以材质分类种类有很多，有木筷、银筷、象牙筷等。

（3）筷架：用来放置筷子，可以有效提高就餐规格，保证筷子更加清洁卫生。有瓷制、塑胶、金属等各种材质，造型各异。

（4）汤匙：一般瓷制小汤匙（调羹）放在汤碗中，金属长把汤匙或者是大瓷汤匙一般用作宴会的公用勺，应该摆放在桌面的架上。

（5）汤碗：专门用来盛汤或者吃带汤汁菜肴的小碗。

（6）味碟：中餐特有的餐具，用来为客人个人盛装调味汁的小瓷碟。

（7）杯子：包括瓷制的茶杯和玻璃制的酒杯等。

（8）转台：适用于多数人就餐的零点餐或者是宴会的桌面，方便客人食用菜品，一般有玻璃的和木质的。

（9）其他：根据不同餐饮企业的要求，桌面上可能还会添加其他东西，如烟灰缸、调味瓶、牙签盅、花瓶、台号、菜单等。

## 一、中餐便餐摆台

中餐便餐摆台多用于零点散客，或者是团体包桌，其餐台常使用小方台或者小圆桌，没有主次之分。客人在进餐前放好各种调味品，按照座位摆好餐具，餐具的多少可以根据当餐的菜单要求而定。

### （一）便餐摆台基础知识

（1）台布铺设要整洁美观，符合餐厅的要求。

（2）餐碟摆放于座位正中，距离桌边1厘米左右，约一指宽。

（3）汤碗与小汤匙应该一起摆在餐盘前1厘米左右的地方。

（4）筷子应该位于餐碟的右侧，距离桌边一指宽。

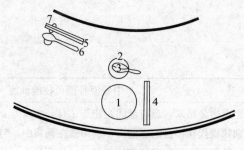

**中餐便餐摆台**
1—餐碟；2—汤碗；3—调羹；4—筷子；5—公筷；6—公用勺；7—筷架

## （二）便餐摆台操作流程

| 步骤 | 技能要求及操作规范 |
|---|---|
| 摆台准备 | 洗净双手，准备各类餐具、玻璃器具、台布、口布或餐巾纸等<br>检查餐具、玻璃器具等是否有损坏、污迹及手印，是否洁净、光亮<br>检查台布、口布是否干净，是否有损坏、褶皱<br>检查调味品及垫碟是否齐全、洁净 |
| 铺台布 | 按圆桌铺台布方法铺好桌布。台布中缝居中，对准主位，四边下垂长短一致，四角与桌脚成直线垂直 |
| 摆桌椅 | 4 人桌，正、副主位方向各摆 2 位。采取十字对称法<br>6 人桌，正、副主位方向各摆 1 位，两边各摆 2 位。采用一字对中，左右对称法<br>8 人桌，正、副主位方向各摆 2 位，两边各摆 2 位。采用十字对中，两两对称法<br>10 人桌，正、副主位方向各摆 3 位，两边各摆 2 位。采用一字对中，左右对称法<br>12 人桌，正、副主位方向各摆 3 位，两边各摆 3 位。采用十字对中，两两相间法 |
| 上转盘 | 8 人以上桌面需摆转盘，并套上转盘布罩。转盘与餐桌同圆心 |
| 摆餐具 | 摆餐碟。餐碟摆在离桌边 1 厘米处，各餐碟之间距离相等<br>汤碗、汤匙。汤碗摆在餐碟前面的左侧，相距 1 厘米；汤匙摆在汤碗上，匙柄向右<br>摆筷子、筷子架。筷子架横摆在餐碟右边，距汤碗 1 厘米；筷子垂直于筷子架横向摆放，筷子靠桌边的一端与桌边线距离 1.5 厘米<br>牙签袋摆在餐碟右边，字面向上<br>水杯摆在汤碗正前方，间距为 1 厘米<br>折好餐巾花摆在餐碟上，餐巾花正面朝向转盘<br>摆烟灰缸、牙签筒、调味架、花瓶、台号牌。花瓶摆在转盘中央，台号牌摆在花瓶边 |

## ▶▶▶ 实 训

| 实训项目 | 中餐便餐摆台技能训练 |
|---|---|
| 实训要求 | 垫盘距桌边 2 厘米，盘与盘间距相等<br>汤碗和味碟摆在垫盘的正前方，汤勺放在汤碗中，勺把朝左<br>摆放 3 种酒杯在汤碗和味碟的正前方，相距均为一指，由大到小，依次摆放餐巾花插在水杯中<br>公用餐具分别放在正、副主人面前，烟灰缸每两人一个<br>摆好菜，摆好餐椅 |

| 实训材料 | 台布及餐用具若干 |
|---|---|
| 实训内容与步骤 | 摆台准备<br>　铺台布<br>　摆餐椅<br>　上转盘<br>　摆餐具<br>（1）摆餐碟<br>（2）摆汤碗、汤匙<br>（3）摆筷子、筷子架<br>（4）水杯摆在汤碗正前方，间距为1厘米<br>（5）折好餐巾花摆在餐碟上，餐巾花正面朝转盘<br>（6）摆烟灰缸、牙签筒、调味架、花瓶、台号牌 |

## 二、中餐宴会摆台

### （一）中餐宴会的座次安排

宴会的座次设计就是根据宴会的性质、主办单位或主人的特殊要求，按照参宴设客的身份，确定其相应的座位。座次安排需符合礼仪规格，尊重风俗习惯，便于席间服务。

在宴会上，席次具体是指同一张餐桌上席位的高低。中餐宴会上席次安排的具体规则有四：其一，面门为主；其二，主宾居右；其三，好事成双；其四，各桌同向。中餐宴会座次安排如下图所示。

中餐宴会通常都有正、副主人、主宾、副主宾及其他陪同人员，各自都有固定的座次安排。

（1）背对着餐厅重点装饰面、面向众席的是上首，主人在此入座，副主人坐在主人对面，主宾坐于主人右侧，副主宾坐于副主人右侧。

（2）主人与主宾双方携带夫人入席的，主宾夫人坐在主人位置的左侧，主人夫人坐在主宾夫人的左侧，其他位次不变。

（3）当客人在餐厅举行高规格的中餐宴会时，餐厅员工要协助客方承办人按位次大小排好座次，或将来宾姓名按位次高低绘制在平面图上，张贴到餐厅入口处，以便引导宾客入席就座。

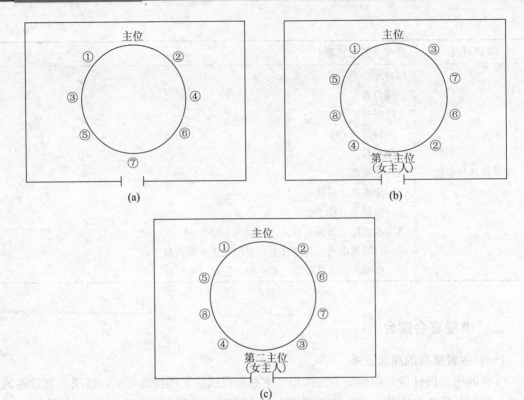

中餐宴会座次安排

### （二）中餐宴会摆台的操作要领及要求

| 步骤 | 方法 | 技能要求 |
|---|---|---|
| 铺台布 | 可采用抖铺式、推拉式与撒网式 | 正面朝上，台布的折缝正对正、副主人，十字点居于桌面正中，台布四角下垂部分与地面之间的距离相等，台布要平整、无皱褶 |
| 花瓶、装饰碟定位 | 可将码好的装饰碟和花瓶置于托盘上，从主人位开始顺时针方向依次摆放 | 花瓶居中，装饰碟距桌边1.5厘米，碟与碟之间距离相等，相对的两个骨碟与台中的花瓶基本成一线。骨碟如有标记，标记应摆在正上方 |
| 小件餐具摆放 | 将骨碟、汤碗、汤勺、调味碟、筷架、长柄汤勺、筷子合理地摆放在托盘内，从主人位开始顺时针方向依次摆放 | • 装饰碟与桌边距离1.5厘米，骨碟置于装饰碟正中<br>• 汤碗位于装饰碟的左上方，碗的边缘与装饰碟边缘相距1厘米。汤勺正摆在汤碗里，勺把朝向左方。8个汤勺放好后成圆形<br>• 调味碟位于装饰碟的右上方，味碟的边缘与装饰碟和汤碗的边缘相距1厘米<br>• 双用筷架摆在装饰碟右方约45°处，长柄汤勺与筷子平行放置，长柄汤勺距装饰碟边缘1厘米，筷子距桌边1.5厘米<br>• 轻拿轻放，不打坏餐具 |

续表

| 步骤 | 方法 | 技能要求 |
|------|------|----------|
| 公用餐具摆放 | （烟灰缸、牙签盅、公用筷勺）从主人位右侧顺时针方向依次上桌 | • 烟灰缸、牙签盅摆在正、副主人右侧，烟灰缸距桌面边缘6厘米，其中一烟缺朝向花瓶，牙签盅摆在烟灰缸上方，距烟灰缸边缘1厘米，看面朝向烟灰缸<br>• 公用筷勺用具。8人桌通常1～2套，分别置于正、副主人正前方，距红葡萄酒杯10厘米。勺筷平行横放在公用筷架上，勺把、筷把一律朝向正、副主人的右边 |
| 两色酒杯摆放 | 从主人位顺时针方向依次上桌 | 葡萄酒杯柱对准装饰碟正中，白酒杯与葡萄酒杯底部间距离1厘米。手不触及酒杯的上部 |
| 餐巾花的折制与摆放 | 折制10朵花卉，从主人位顺时针依次摆放上桌 | • 突出正、副主人的位置<br>• 4种动物、4种植物，交错摆放<br>• 操作卫生、不允许用牙叼咬<br>• 一次叠成，折裥均匀、形象逼真，格调力求新颖<br>• 装杯时，手不可触及酒杯的上部<br>• 摆放时，水杯边缘与葡萄酒杯边缘相距1.5厘米，并与葡萄酒杯、白酒杯成一条直线<br>• 有头的动物造型一般要求头朝右边 |
| 检查餐具、拉椅 | 从主宾位顺时针依次检查每位餐具的摆放并拉椅示意让座 | 椅子前部边缘与圆桌面相距1厘米，椅子中部对准装饰碟中心。拉椅微笑示意，手势规范 |

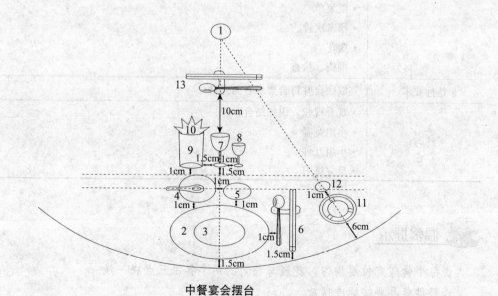

**中餐宴会摆台**

1—花瓶；2—装饰盘；3—骨碟；4—碗、勺；5—味碟；6—筷架、长柄汤勺、筷子；7—葡萄酒杯；
8—白酒杯；9—水杯；10—餐巾；11—烟灰缸；12—牙签盅；13—公用餐具

▶▶▶ 实 训

| 实训项目 | 中餐宴会摆台技能训练 |
|---|---|
| 实训标准 | 距桌边2厘米，盘与盘间距相等<br>骨碟正前方，从大到小，依次摆放水杯、红酒杯、白酒杯，间距约为1厘米<br>垫盘右侧摆放（带勺）筷架，筷架与酒杯在一条直线上，筷子距桌边1厘米<br>垫碟左侧摆放汤碗、汤匙<br>餐具分别放在正、副主人面前，烟灰缸每两人一个<br>花瓶放在桌子中间，摆好餐椅，上好转盘 |
| 实训材料 | 餐桌、台布、骨碟、汤碗、汤匙、汤勺、筷子、筷架、3种酒杯、烟灰缸、转盘、椅子 |
| 实训内容与步骤 | • 摆台准备<br>• 铺台布<br>• 摆骨碟<br>• 摆筷架、筷子<br>• 摆羹匙垫、羹匙<br>• 摆汤碗<br>• 摆酒杯<br>• 摆公用餐具<br>• 摆牙签<br>• 摆烟灰缸<br>• 摆菜单<br>• 摆席次牌<br>• 摆花<br>• 围椅、检查 |
| 达标要求 | 完成摆台并符合要求者为合格 |
| 练习 | • 观看视频，讲练结合<br>• 小组竞赛<br>• 小组互评<br>• 反复练习 |

温馨提示

☆每个骨碟定位要均匀，花瓶与相对的两个餐位三点成一线。

☆每件餐具要按标准摆放。

☆操作时要：轻拿轻放；防止餐具掉地或打烂餐具；注意手法卫生，手指不能触及餐具的进食部分，如碗口、杯口、汤勺口；托盘托送的姿势应正确，托送应灵活自如。

中餐宴会操作考核标准

| 序号 | 配分比例 | 评分项目 | | 项目分 | 扣分标准 | 实际扣分 |
|---|---|---|---|---|---|---|
| 1 | 11% | 仪表仪容仪态 | 着装整齐、清洁、挺括、大方、美观；佩戴工号或标识牌；鞋袜符合规范 | 3 | 每项不合格扣1分 | |
| | | | 容貌：发型、面部修饰、指甲、首饰 | 4 | 每项不合格扣1分 | |
| | | | 站位：以标准的站姿站在工作台边，面带微笑 | 4 | 每项不合格扣2分 | |
| 2 | 6% | 铺台布 | 位置：站在副主人处 | 1 | 不正确扣1分 | |
| | | | 方法：推拉式、撒网式、抖铺式均可 | 2 | 不规范扣2分 | |
| | | | 台布正面朝上，一次成型，骨缝线向正、副主位 | 2 | 每项不合格扣1分 | |
| | | | 台布中线股居中，台布四角下垂均等、平整 | 1 | 不合格扣1分 | |
| 3 | 33% | 摆餐具 | 方法：把餐具整齐地整理在盘内；左手托盘，右手摆放；从主位开始，顺时针方向依次进行 | 3 | 每项不正确扣1分 | |
| | | | 餐盘定位：图案对正，距桌边1厘米，餐盘均匀 | 5 | 每只不合格扣0.5分 | |
| | | | 勺托、勺子、筷架、筷子 | 10 | 每项不合格扣0.5分 | |
| | | | 酒具：摆放规范，间距相等，3杯中心成一线 | 5 | 每套不合格扣0.5分 | |
| | | | 10套餐具摆放配套合理，间距相等，整齐美观 | 10 | 每套不合格扣1分 | |
| 4 | 11% | 摆公用餐具装饰物 | 公用碟、公用筷、公用勺、牙签桶 | 4 | 错位、少件每件扣1分 | |
| | | | 花瓶放在台面中心 | 2 | 每项不合格扣0.5分 | |
| | | | 烟灰缸位置正确 | 5 | 每个不正确扣1分 | |
| 5 | 24% | 操作过程 | 手法卫生、二次消毒 | 10 | 每件不规范扣0.5分 | |
| | | | 餐用具的上台顺序 | 4 | 每托顺序错扣2分 | |
| | | | 操作轻拿轻放、动作优美 | 2 | 每件不规范扣0.5分 | |
| | | | 托盘使用规范，托送自如、灵活 | 8 | 良，扣2分；中，扣4分；及格，扣6分；差，扣8分 | |
| 6 | 6% | 围椅：从主位开始顺时针进行；椅边离桌边1厘米，餐椅正对餐位、距离均匀 | | 6 | 每把错位扣0.5分，未从主位开始扣1分 | |
| 7 | 2% | 摆台结束，举手示意、站位 | | 2 | 不规范扣2分 | |

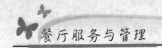

| 序号 | 配分比例 | 评分项目 | 项目分 | 扣分标准 | 实际扣分 |
|---|---|---|---|---|---|
| 8 | 7% | 摆台整体效果 | 7 | 良，扣 2 分；中，扣 4 分；及格，扣 5 分；差，扣 7 分 | |
| 备注 | | 餐具掉地或打坏餐具、少摆一件餐具 | | 分别扣 2 分，且按数量递扣 | |
| | | 规定时间：10 分钟　　实际操作时间：　　分钟 | | 每超时 1 分钟扣 2 分 | |

# 任务三　西餐摆台

西餐一般使用长方台，有时也使用圆台或者四人小方台。西餐就餐方式实行分餐制，摆台按照不同的餐别而做出不同的摆设。正餐的餐具摆设分为零点餐桌摆台和宴会摆台，同时，西餐摆放的方式因服务方式不同也有不同之处。

## 一、西餐餐桌摆放用品

### (一) 台布
颜色以白色为主。

### (二) 餐盘
一般餐厅设计为 12 寸左右，可以作为摆台的基本定位。

### (三) 餐刀
大餐刀 (Dinner Knife) 正餐使用。小餐刀 (Small Knife) 享用前菜和沙拉时用。鱼刀 (Fish Knife) 享用海鲜或者鱼类时使用。牛排刀 (Steak Knife) 前端有小锯齿，享用牛排时使用。

### (四) 餐叉
大餐叉 (Dinner Fork) 正餐时使用。小餐叉 (Small Fork) 享用前菜或者沙拉时使用。鱼叉 (Fish Fork) 享用鱼类或海鲜时使用。水果叉 (Fruit Fork) 享用水果时使用。蛋糕叉 (Cake Fork) 享用蛋糕时使用。生蚝叉 (Oyster Fork) 享用牡蛎时使用。

### (五) 黄油刀 (Butter Knife)
用来将黄油涂抹在面包上的重要工具，常会与面包盘搭配摆设。

### (六) 面包盘 (B. B. Plate)
用来摆放面包，个体较小，一般为 6 寸左右。

### (七) 汤匙 (Soup Spoon)
浓汤匙 (Thick Soup Spoon) 喝浓汤时使用。清汤匙 (Clear Soup Spoon) 喝清汤时使用。甜品匙 (Dessert Spoon) 食用点心和甜品时使用。餐匙 (Table Spoon) 不分清汤和浓汤时使用。

**（八）水杯（Water Goblet）**

用来盛饮用水。

**（九）葡萄酒杯（Wine Glass）**

分为红酒和白酒杯，一般红酒杯略大于白酒杯。

## 二、西餐便餐摆台

西餐便餐一般使用小方台和小圆台，餐具摆放比较简单。

摆放顺序：餐盘放在正中，对准椅位中线（圆台是顺时针方向按人数等距定位摆盘）；口布折花放在餐盘内；餐叉放在餐盘的左边，叉尖向上；餐刀和汤匙放在餐盘上方；面包盘放在餐叉上方或左边，黄油刀横放在餐盘上方，刀口向内；水杯放在餐刀尖的上方，酒杯靠水杯右侧成直线、三角形或者是弧形摆放；烟灰缸放在餐盘正上方；胡椒瓶和盐瓶放置于烟灰缸左侧；牙签盅放在椒盐瓶左侧；花瓶放在烟灰缸的上方；糖缸和奶缸成直线放在烟灰缸的右边。西餐便餐摆台如下图所示。

西餐便餐摆台

饮食文化及习俗差异不同，造就出不同的餐饮服务方式。西餐服务方式按照不同的国家可以分为多种，一般比较流行的服务方式有美式服务、英式服务、法式服务等，不同的服务方式摆台也有差异，下面分别简单介绍一下。

### （一）美式服务摆台

在座位的正前方离桌边约2厘米处摆放餐盘，盘上放餐巾折花；在餐巾左侧摆放餐叉和沙拉叉，叉齿向上，叉柄距桌边2厘米；在餐巾右侧摆放餐刀，刀口向左，接着摆放汤匙，再摆放咖啡匙，刀柄及匙柄距桌边约2厘米；在餐叉前方摆放面包盘；在面包盘上右侧摆放1把黄油刀，刀身与桌边平行；以餐刀刀尖为基准摆放水杯或者酒杯，杯口向下倒扣摆放；摆放糖盅、胡椒瓶、盐瓶或者烟灰缸等。美式服务摆台如下图所示。

美式服务摆台

### (二) 英式服务摆台

在座位的正前方离桌边2厘米处摆放餐盘，盘上放餐巾折花；在餐巾左侧摆放餐叉及鱼叉，叉齿向上，叉柄距桌边2厘米；甜品匙及汤匙，依次摆放在鱼刀右侧，匙柄距离桌边约2厘米；在餐巾左上方摆放面包盘；在面包盘上右侧摆放1把黄油刀，刀身与餐刀平行；水杯及酒杯摆放在汤匙上方，杯口向上。英式服务摆台如下图所示。

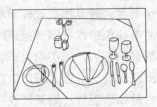

英式服务摆台

### (三) 法式服务摆台

在座位的正前方距离桌边约2厘米处摆放餐盘，餐盘上放置餐巾折花；在餐盘的左侧摆放餐叉和沙拉叉，叉齿向上，叉柄距离桌边约2厘米；在餐盘的右侧摆放餐刀，刀口向左，刀柄距离桌边约2厘米；在餐刀右侧摆放汤匙，匙柄距离桌边约2厘米；将面包盘放在沙拉叉的左侧，盘上右侧摆放1把黄油刀，与餐刀平行；在餐盘正前方摆放甜品匙及点心叉，匙在上方，匙柄向右，叉在下方，叉柄向左；以餐刀刀尖为基准摆放红酒杯，红酒杯的右下方摆放白酒杯，左上方摆放水杯，杯口向上摆放；摆放糖盅、胡椒粉瓶、盐瓶。法式服务摆台如下图所示。

法式服务摆台

## 三、西餐宴会摆台

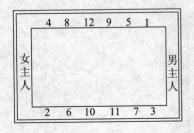
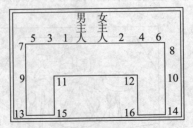

西餐宴会餐台座次安排

### （一）西餐宴会餐具摆设

左手托盘，右手摆放餐具，摆放的顺序：按照顺时针的方向，按照人数等距定位摆盘，将餐巾放在餐盘中或者是将折花插在水杯中。面包盘、黄油盘放在叉尖左上方，黄油刀刀口朝向餐盘内，竖放在餐盘上，在餐盘的左侧放餐叉，餐盘的右侧放置餐刀，在餐刀右边放汤匙，点心刀叉放在餐盘的正上方，酒杯、水杯共3只摆放在餐刀上方。酒杯的摆放方法多种多样，可以摆成直线形、斜线形、三角形或者圆弧形，先用的放在外侧，后用的放在内侧；甜点叉的左上方放盐瓶、胡椒瓶，右上方放烟灰缸。注意：西餐的餐具按照宴会菜单摆放，每道菜应该换一副刀叉，放置时要根据上菜的顺序从外侧到内侧，一般不超过7件（即3叉、3刀、1匙），如果精美的宴席有多道菜，则在上新菜前追加刀叉。摆放餐具后应该仔细核对，查看是否整齐划一。西餐宴会餐具摆设如下图所示。

**西餐宴会餐具摆设**

1—面包盘；2—黄油刀；3—鱼叉；4—餐叉；5—餐盘；6—牛排刀；7—鱼刀；8—清汤匙；

9—生蚝叉；10—餐巾；11—盐瓶和胡椒粉瓶；12—烟灰缸；13—水杯；

14—红酒杯；15—白酒杯；16—甜品匙；17—甜品叉

### （二）西餐宴会摆台操作要领及要求

| 步骤 | 操作要求 |
| --- | --- |
| 确定席位 | • 如是圆桌，席位与中餐宴会席位相同<br>• 如是长台，餐台一侧居中位置为主人位，另一侧居中位置为女主人或副主人位，主人右侧为主宾位，左侧为第三主宾位，副主人右侧为第二主宾位，左侧为第四主宾位，其余宾客位交错类推 |

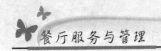

续表

| 步骤 | 操作要求 |
|---|---|
| 准备餐用具 | 根据菜单要求准备餐具，餐具齐全、配套分明、整齐统一、美观实用 |
| 刀叉摆放 | 西餐餐具摆放按照餐盘正中、左叉右刀、刀尖朝上、刀刃朝盘、先外后里的顺序摆放 |
| 装饰盘摆放 | 可用托盘端托，也可用左手垫好口布，口布垫在餐盘盘底，把装饰盘托起，从主人位开始，按顺时针方向用右手将餐盘摆放于餐位正前方，盘内的店徽图案要端正，盘与盘之间距离相等，盘边距桌边2厘米 |
| 口布摆放 | 将餐巾折花放于装饰盘内，将观赏面朝向客人 |
| 面包盘、黄油盘摆放 | 装饰盘左侧10厘米处摆面包盘，面包盘与装饰盘的中心轴取齐，黄油盘摆放在面包盘右上方，相距3厘米处 |
| 餐具摆放 | • 装饰盘左侧按从左至右的顺序依次摆放沙拉叉、鱼叉、主餐叉，各相距0.5厘米，手柄距桌边1厘米，叉尖朝上。鱼叉上方可突出其他餐具1厘米<br>• 装饰盘的右侧按从左到右的顺序依次摆放主餐刀、鱼刀，刀刃向左，刀柄距桌边1厘米。鱼刀上方可突出其他餐具1厘米<br>• 鱼刀右侧0.5厘米处摆放汤匙，勺面向上，汤匙右侧0.5厘米处摆放沙拉刀，刀刃向左<br>• 甜食叉、甜食勺平行摆放在装饰盘的正前方1厘米处，叉在下，叉柄向左，勺在上，勺柄朝右，甜食叉、甜食勺手柄相距1厘米<br>• 黄油刀摆放在面包盘上右1/3处，黄油刀中心与面包盘的中心线吻合 |
| 酒具摆放 | 水杯摆放在主餐刀正前方3厘米处，杯底中心在主餐刀的中心线上，杯底距主餐刀尖2厘米，红葡萄酒杯摆在水杯的右下方，杯底中心与水杯杯底中心的连线与餐台边成45°角，杯壁间距0.5厘米，白葡萄酒杯摆在红葡萄酒杯的右下方，其他标准同上。摆酒具时要拿酒具的杯托或杯底部 |
| 蜡烛台和椒、盐瓶的摆放 | • 西餐宴会如是长台，一般摆两个蜡烛台，蜡烛台摆在台布的鼓缝线上、餐台两端适当的位置上，调味品（左椒右盐）、牙签筒按4人一套的标准摆放在餐台鼓缝线位置上，并等距离摆放数个花瓶，鲜花不要高过客人眼睛位置<br>• 如是圆台，台心位置摆放蜡烛台，椒、盐瓶摆在台布鼓缝线上，按左椒右盐的要求对称摆放，瓶壁相距0.5厘米，瓶底与蜡烛台台底相距2厘米 |
| 烟灰缸、火柴的摆放 | 从主人位和主宾位之间摆放烟灰缸，顺时针方向每两位客人之间摆放一个，烟灰缸的上端与酒具平行。火柴平架在烟灰缸上端，店标向上 |

▶▶▶ **实 训**

| 实训项目 | 西餐宴会摆台 |
| --- | --- |
| 实训要求 | 1. 所有餐具的选择必须与菜肴相匹配<br>2. 餐具确保洁净、完好<br>3. 摆台操作动作要轻盈灵巧<br>4. 餐具摆放合理、有序<br>5. 餐台整体效果美观、大方 |
| 实训材料 | 展示盘，主餐刀，主餐叉，鱼刀，鱼叉，汤叉，甜品叉，甜品刀，色拉刀，色拉叉，面包盘，黄油刀，黄油碟，红葡萄酒杯，水杯，白葡萄酒杯，餐巾插盘若干，烛台，盐瓶，胡椒粉瓶，牙签盅各2个，每张台插花1盘 |
| 实训步骤与操作标准 | 1. 实训准备<br>(1) 准备实训器具<br>(2) 练习轻托、站立<br>2. 实训开始<br>(1) 摆放展示盘、面包盘、口布<br>• 展示盘置放于每个餐位的正中，盘边距桌边2厘米<br>• 面包盘位于展示盘左侧，与展示盘间距5厘米<br>• 口布摆放于展示盘内，右侧向远离客人斜放45°角。展示盘和面包盘必须洁净，无水迹，无指印<br>(2) 依次摆放主刀叉，面包刀<br>• 主刀位于展示盘右侧，刀柄下端距桌边2厘米，刀刃朝向左侧<br>• 主叉位于展示盘左侧，叉柄下端距桌边2厘米<br>• 面包刀摆放于面包盘上，靠左端，刀刃朝向左侧<br>• 餐具必须与桌面垂直<br>• 餐具保持清洁，不允许员工用手直接接触刀面、叉顶端<br>(3) 摆放红、白葡萄酒杯<br>• 红酒杯摆放于主刀上方2厘米处<br>• 白酒杯摆放于红酒杯右下方45°角处，距红酒杯1厘米<br>• 酒杯要洁净，无破损，无水迹，无指印<br>(4) 按照距离主位的远近分别摆放烟灰缸、火柴、盐瓶、胡椒粉瓶、花瓶、烛台<br>• 烛台仅限晚餐摆台时使用<br>• 花瓶位于台面正中<br>• 盐瓶在左，胡椒粉瓶在右<br>• 火柴摆在烟灰缸上，磷面不直接对客人 |

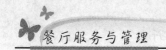 温馨提示

☆按照一底盘、二餐具、三酒水杯、四调料用具、五艺术摆设的程序进行。

☆边摆边检查餐具、酒具，发现不清洁或有破损的要马上更换。

☆摆放在台上的各种餐具要横竖交叉成线，有图案的餐具要将图案方向摆放一致。

☆全台看上去要整齐、大方、舒适。

**西餐宴会操作考核标准**

| 序号 | 配分比例 | 评分项目 | | 项目分 | 扣分标准 | 实际扣分 |
|---|---|---|---|---|---|---|
| 1 | 11% | 仪表仪容仪态 | 着装整齐、清洁、挺括、大方、美观；佩戴工号或标识牌；鞋袜符合规范 | 3 | 每项不合格扣1分 | |
| | | | 容貌：发型、面部修饰、指甲、首饰 | 4 | 每项不合格扣1分 | |
| | | | 站位：以标准的站姿站在工作台边，面带微笑 | 4 | 每项不合格扣2分 | |
| 2 | 5% | 铺台布 | 位置、方法正确；不沾地面，正面、股缝线朝上，中心居中 | 3 | 不正确扣1分<br>每项不规范扣2分 | |
| | | | 四周下垂均等，舒展平整 | 2 | 每项不合格扣1分 | |
| 3 | 39% | 摆餐具 | 方法：把餐用具整齐地整理在盘内；左手托盘，右手摆放；从主人位开始，顺时针方向依次进行 | 3 | 每项不正确扣1分 | |
| | | | 餐盘：图案对正，距桌边2厘米，餐盘均匀 | 3 | 每只不合格扣0.5分 | |
| | | | 餐刀、餐叉距桌边2厘米，各自相距1厘米，垂直摆放；甜点叉、甜点勺按标准依次摆放 | 12 | 每件不合格扣0.5分 | |
| | | | 面包盘：中心线与餐盘在一条直线上，距餐叉1厘米 | 3 | 每盘不合格扣0.5分 | |
| | | | 酒具：摆放规范，间距相等，3杯中心线在一条直线上，与桌边成45°角 | 6 | 每套不合格扣1分 | |
| | | | 6套餐具摆放配套合理，间距相等，整齐美观 | 12 | 每套不合格扣2分 | |
| 4 | 10% | 摆公用具、装饰物 | 烟灰缸、胡椒粉瓶、盐瓶、花插 | 10 | 错位、少件，每件扣2分；每件位置不正确扣1分 | |

续表

| 序号 | 配分比例 | 评分项目 | | 项目分 | 扣分标准 | 实际扣分 |
|---|---|---|---|---|---|---|
| 5 | 20% | 操作过程 | 操作手法卫生 | 6 | 每件不规范扣0.5分 | |
| | | | 餐用具的上台顺序正确 | 4 | 每托顺序错扣2分 | |
| | | | 操作轻拿轻放、动作优美 | 2 | 每件不规范扣0.5分 | |
| | | | 托盘使用规范，托送自如、灵活 | 8 | 良，扣2分；中，扣4分；及格，扣6分；差，扣8分 | |
| 6 | 4% | 围椅：从主位开始顺时针进行；椅边离桌边1厘米，餐椅正对餐位、距离均匀 | | 4 | 每把错位扣0.5分，未从主位开始扣1分 | |
| 7 | 2% | 摆台结束，举手示意、站位 | | 2 | 不规范扣2分 | |
| 8 | 8% | 摆台整体效果 | | 8 | 良，扣2分；中，扣4分；及格，扣6分；差，扣8分 | |
| 备注 | | 餐具掉地或打坏餐具、少摆一件餐具 | | | 分别扣2分，且按数量递扣 | |
| | | 规定时间：10分钟　实际操作时间：　　分钟 | | | 每超时1分钟扣2分 | |

 思考题

**一、填空题**

1. 铺台布有_____、_____和_____3种方法。

2. 铺台布时，站在_____，将椅子拉开铺台布，要求_____向上。

3. 摆转盘时，要求_____，保持干净，_____。

4. 摆骨碟，站在餐位_____，从主人位开始，_____方向摆放，操作时手拿骨碟_____，骨碟距桌边_____。

5. 放筷套的筷子，_____向上，筷子下端距桌边_____，距骨碟_____。

6. 摆红酒杯，酒杯杯底距骨碟_____，保证_____横向成一条直线。

7. 水杯与红酒杯的间距_____，红酒杯与白酒杯的间距_____。

8. 摆台时，8人以上桌面应摆放转盘，要求转盘居中而放，_____、_____。

9. 餐厅摆台时，一般要求台布下垂桌面部分为_____厘米，筷架上方筷长为_____厘米。

10. 餐厅摆台时，花瓶居桌中摆放，在花瓶左（或右）侧一般放_____，朝向餐厅门口。

11. 西式早餐摆台时应遵循右刀左叉的原则，距离桌边_____厘米，刀叉之间相距_____厘米左右。

12. 摆台前必须将双手洗净并_____，并将所需物品准备齐全，发现有_____、污渍或油渍的餐具、用具必须_____。

13. 西餐摆台一般情况摆_____蜡烛台，蜡烛台摆在_____。胡椒瓶、盐瓶要在台中线上按左椒右盐对称摆放，瓶壁相距_____，瓶底与蜡烛台台底相距_____。

## 二、选择题

1. 台布下垂桌面部分应不少于_____厘米。

A. 20            B. 25

C. 30            D. 35

2. 中餐摆台时，筷架上方筷子长一般为_____厘米。

A. 2            B. 3

C. 4            D. 5

3. 中餐宴会摆台时，一般要求味碟离餐碟_____厘米。

A. 0.5            B. 1

C. 1.5            D. 2

4. 中餐摆台时，桌号牌的号码应朝向_____。

A. 主人            B. 窗户

C. 主宾            D. 餐厅门口

## 三、简答题

1. 中餐正餐铺台和早餐铺台的主要区别是什么？
2. 中餐宴会摆台和便餐摆台的主要区别是什么？
3. 中餐宴会最大规格和最小规格的人数各是多少？
4. 中餐宴会铺台中最关键的步骤是什么？
5. 西餐宴会摆台与中餐宴会摆台的主要区别是什么？

## 四、案例分析题

### 一双筷子的风波

张先生邀请合作伙伴一行8人进入某五星级酒店中餐厅就餐。一切服务都有序进行着。服务人员小李依次为客人递巾、送茶、落巾、撤筷。菜肴陆续上桌，小李也主动为每位客人分菜。张先生习惯使用左手，每次夹完菜后，放筷子都很不方便，小李也没有发现这个问题，撤换脏餐具的时候，小李仍然将筷托、筷架、筷子放了客位右侧，张先生有些不高兴地说："你们酒店规定筷子只能放右边的吗？"

【问题讨论】

1. 你觉得小李的问题出在哪里？
2. 你认为可以从哪些方面着手，做到酒店中餐服务"以人为本"？

# 项目四　斟酒技能训练

## 一、酒水温度要求

### （一）冰镇酒的温度要求

白葡萄酒、玫瑰露酒、香槟酒，在斟倒前应冰镇。冰镇的方法有冰箱冰镇和冰桶冰镇两种。

（1）白葡萄酒的最佳饮用温度为 8～12℃。

（2）香槟酒和红葡萄酒的最佳饮用温度为 4～8℃。

（3）啤酒和软饮料的最佳饮用温度为 4～8℃。

| 服务程序 | 工作步骤 |
| --- | --- |
| 准备 | 准备好冰镇酒品及需要的冰桶，并将冰桶架放在餐桌的一侧 |
| 冰镇 | 桶中放入冰块，将酒瓶插入冰块中约 10 分钟，即可达到冰镇效果。如客人有特殊要求，可按客人要求延长或缩短时间<br>服务人员手持酒杯下部，杯中放入冰块，摇转杯子，以降低杯子的温度，并对杯具进行降温处理<br>用冰箱冷藏酒品 |

### （二）温热酒的温度要求

温热的方法有水烫和烧煮两种。水烫即将需要温热的酒先倒入烫酒壶，再在烫酒槽内倒入开水加温；烧煮则是将需加热的酒直接倒入容器烧煮升温。

（1）黄酒和清酒的最佳饮用温度为 60℃。

（2）红葡萄酒、中国白酒、白兰地和大部分利口酒等的最佳饮用温度为 18℃左右。

| 服务程序 | 工作步骤 |
| --- | --- |
| 准备 | 准备暖桶、酒壶和酒品，并将暖桶架放在餐桌的一侧 |
| 加温 | 在暖桶中倒入开水，将酒倒入酒壶，然后放在暖桶中升温<br>加温操作必须当着客人的面进行 |

## 二、示酒

宾客点用的整瓶酒，在开启之前都应让主人先过目一下。示酒的方法如下。

服务者站于主人的右则，左手托瓶底，右手扶瓶颈，酒标面向客人，让其辨认。当客人认可后，才可进行下一步的工作。如果没有得到客人的认同，则去酒窖更换酒品，直到客人满意为止。

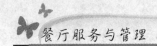

另外，餐厅服务人员在为客人示酒之前，要将酒瓶瓶身、瓶口擦干净，检查一下酒是否过期、变质，是否是客人所需要的那种酒以及酒瓶有没有破裂。

### 三、开瓶

酒水在上餐台斟酒前，首先要将瓶盖或瓶塞打开。普通酒水开启瓶盖比较容易，但葡萄酒和香槟酒的开启应掌握正确的方法。

| 服务程序 | 工作步骤 |
|---|---|
| 准备 | 备好酒钻、毛巾 |
| 开瓶 | • 开瓶时，要尽量减少瓶体的晃动。将瓶放在桌上开启，动作要准确、敏捷、果断。开启软木塞时，万一软木塞有断裂迹象，可将酒瓶倒置，利用内部酒液的压力顶住木塞，然后再旋转酒钻<br>• 开拔瓶塞越轻越好，以防发出突爆声 |
| 检查 | 拔出瓶塞后需检查瓶中酒是否有质量问题，检查的方法主要是嗅辨瓶塞插入瓶内的部分 |
| 擦瓶口、瓶身 | 开启瓶塞以后，用干净的餐巾仔细擦拭瓶口，香槟酒要擦干瓶身。擦拭时，注意不要让瓶口积垢落入酒中 |
| 摆放 | • 开启的酒瓶、酒罐可以留在宾客的餐桌上<br>• 使用暖桶的加温酒水和使用冰桶的冰镇酒水要放在桶架上，摆在餐桌一侧<br>• 用酒篮盛放的酒连同篮子一起放在餐桌上<br>• 随时将空瓶、空罐从餐桌上撤下 |
| 注意事项 | • 开瓶后的封皮、木塞、盖子等杂物可放在小盘子里，操作完毕一起带走，不要留在餐桌上<br>• 开启带汽或者冷藏过的酒罐封口时，常有水汽喷射出来，因此在宾客面前开启时，应将开口对着自己，并用手挡遮，以示礼貌<br>• 香槟酒的瓶塞大部分压进瓶口，有一段帽形物露出瓶外，并用铁丝绕扎固定。开瓶时，在瓶上盖一条餐巾，左手斜拿酒瓶，大拇指紧压塞顶，用右手挪开铁丝，然后握住塞子的帽形物，轻轻转动上拔，靠瓶内的压力和手的力量将瓶塞拔出来。操作时，应尽量避免发生响声，尽量避免晃动，以防酒液溢出 |

### （一）开瓶的基本程序

（1）开塞前应避免酒体的晃动，否则汽酒会造成冲冒现象，陈酒会造成沉淀物窜腾现象。

（2）将酒水瓶揩拭干净，特别是要将塞子屑和瓶口部位擦干净。

（3）检查酒水质量，如发现瓶子破裂或酒水中有悬浮物、浑浊沉淀物等质变现象，应及时调换。

（4）开启的酒瓶酒罐应该留在客人的餐桌上，下面需用衬垫，以免弄脏台布。

（5）开启后的封皮、木塞、盖子等物不要直接放在桌上，应在离开时一并带走。

**（二）葡萄酒开瓶方法**

（1）服务人员先用洁净的餐巾把酒瓶包上。

（2）切掉瓶口部位的锡纸，并揩擦干净。

（3）将开酒钻的螺旋锥转入瓶塞，将瓶塞慢慢拔开，再用餐巾将瓶口擦干净。

（4）在开瓶过程中，动作要轻，以免摇动酒瓶时将瓶底的酒渣泛起，影响酒味。开瓶前，应持瓶向宾客展示。

**（三）香槟酒的开瓶方法**

香槟酒因瓶内有较大的气压，故软木塞的外面套有铁丝帽以防软木塞被弹出。

（1）首先将瓶口的锡纸剥除。

（2）用右手握住瓶身，以45°的倾斜角拿着酒瓶并用大拇指紧压软木塞，右手将瓶颈外面的铁丝圈扭弯，一直到铁丝帽裂开为止，然后将其取掉。同时，用左手紧握软木塞，并转动瓶身，使瓶内的气压逐渐地将软木塞弹挤出来。

（3）转动瓶身时，动作要既轻又慢。开瓶时要转动瓶身而不可直接扭转软塞子，以防将其扭断而难以拔出。

（4）开瓶时瓶口不要朝向宾客，以防在手不能控制的情况下软木塞爆出。

（5）如已溢出酒沫，应将酒瓶成45°斜握。

**（四）烈性酒开瓶方法**

烈性酒的封瓶方式及其开瓶方法有两种。

（1）如果酒瓶是塑料盖或外部包有一层塑料膜，则开瓶时可先用火柴将塑料膜烧溶取下，然后旋转开盖即可。

（2）如果酒瓶是金属盖，瓶盖下部常有一圈断点，开瓶时用力拧盖，使断点断裂，便可开盖。如遇有断点太坚固，难以拧裂的，可先用小刀将断点划裂，然后再旋开盖。

**（五）罐装酒品开罐方法**

一些带汽的饮品常以易拉罐的形式封装。

（1）开启时只要拉起罐顶部的小金属环即可。

（2）服务者在开启易拉罐时，应将开口方向朝外，不能对着客人，并以手握遮，以示礼貌。

（3）开启前要避免摇晃。

## 四、斟酒

**（一）斟酒方式**

斟酒有两种方式，一种是桌斟，另一种是捧斟。桌斟采用得较多。

1. 桌斟

（1）站在客人右侧，右脚迈入两椅之间。

（2）右手握瓶的中身。商标朝向宾客，自然向前伸出。

（3）酒瓶口离杯口1厘米左右。左手握餐巾背于身后。

（4）将酒液匀速倒入酒杯中，快斟满酒时放慢速度，顺时针转动1/4圈，避免漏滴。

2. 捧斟

（1）捧斟多适用于酒会和酒吧服务。

（2）一手握瓶，一手将酒杯捧在手中，站在宾客右侧，然后向杯内斟酒。

（3）斟酒动作应在台面以外的空间进行。

（4）斟酒后将酒杯放置在宾客的右手处。

**（二）斟酒量与斟酒顺序**

1. 斟酒量

（1）中餐在斟倒各种酒水时一律以八分满为宜，以示对宾客的尊重。

（2）西餐斟酒不宜太满，一般红葡萄酒斟至杯的 1/2 处，白葡萄酒斟至杯的 2/3 处为宜。斟香槟酒分两次进行，先斟至杯的 1/3 处，待泡沫平息后再斟至杯的 2/3 处。

2. 斟酒顺序

（1）中餐斟酒顺序。宾客入座后，服务人员及时问客人是否先喝些啤酒、橘子汁、矿泉水等饮料。宴会开始前 10 分钟左右将烈性酒和葡萄酒斟好。顺序：从主宾开始，按男主宾、女主宾、主人的顺序顺时针方向依次进行。如果是两位服务人员同时服务，则一位从主宾开始，另一位从副主宾开始，按顺时针方向依次进行。

（2）西餐宴会的斟酒顺序。西餐宴会用酒较多，几乎每道菜都有一种酒，吃什么菜配什么酒，应先斟酒后上菜。顺序：女主宾、女宾、女主人、男主宾、男宾、男主人。

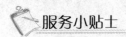 **服务小贴士**

**【西餐斟酒的顺序以上菜的顺序为准】**

❋上开胃盘时应上开胃酒，配专用的开胃酒杯。

❋上汤时要上雪利酒（葡萄酒类），配用雪利酒杯。

❋上鱼时要上酒度较低的白葡萄酒，用白葡萄酒杯并配用冰桶。

❋上副菜时上红葡萄酒，用红葡萄酒杯。冬天饮红葡萄酒，有的客人喜欢用热水烫热（宴会用酒不烫）。陈年质优的红葡萄酒沉淀往往较多，应在斟用前将酒过滤。

❋上主菜时上香槟酒，配用香槟杯。香槟酒是主酒，除主菜跟上香槟酒外，上其他菜肴、点心或讲话、祝酒时，也可跟上香槟酒。斟香槟酒前，应做好冰酒、开酒、清洁等各项准备工作。

❋上甜点时跟上餐后酒，用相应酒杯。

❋上咖啡时跟上利口酒或白兰地，配用利口酒杯或白兰地酒杯。

▶▶ **实 训**

| 实训项目 | 酒水服务技能训练 |
| --- | --- |
| 实训要求 | 了解酒水服务知识、不同酒水的开瓶方法。<br>掌握示酒、斟酒的方法及其要领，并能熟练地进行斟酒操作。<br>掌握斟酒量、斟倒顺序和斟倒注意事项。<br>了解不同酒具的使用方法和用途 |

续表

| 实训项目 | 酒水服务技能训练 |
|---|---|
| 实训材料 | 胶木防滑托盘或金属托盘、垫布、白酒1瓶、红葡萄酒1瓶、白酒杯、红酒杯、水杯、开瓶器等 |
| 实训内容与步骤 | **示酒练习**<br>• 每两人一组进行酒水服务模拟演示<br>• 按示酒的方法要点进行示酒操作<br>**桌斟练习**<br>• 左手托盘，右手斟酒，按顺时针方向绕台分别进行白酒斟倒、红酒斟倒和饮料斟倒练习<br>• 左手背于身后，按顺时针方向绕台进行白酒斟倒、红酒斟倒和饮料斟倒练习<br>• 分别按中餐宴会斟倒顺序和西餐宴会斟倒顺序依次为宾客斟倒白酒，由另一名同学检查是否有误<br>**捧斟练习**<br>按顺时针方向依次进行捧斟练习<br>**酒杯识别练习**<br>• 把中餐常用酒杯（10种为宜）按"一"字形摆放于台面上<br>• 由一名同学提问，另一名同学回答，分别说出酒杯的名称、用途<br>**斟酒标准练习**<br>• 任意选一瓶酒为服务用酒<br>• 将不同的酒具摆放在台面上，依次按斟酒标准斟倒酒水<br>• 由另一名同学按酒杯来检查酒水斟倒标准是否有误 |
| 备注 | • 可进行全套斟酒练习也可以进行单独操作方法练习<br>• 斟酒要求做到酒量适中、酒不外洒<br>• 可采用空瓶装水的方法进行模拟练习以节约成本<br>• 分组进行斟倒，最终评比谁倒得最符合标准、酒洒得最少和斟倒方法最正确 |

 温馨提示

☆为客人斟酒不可太满，瓶口不可碰杯口。

☆斟酒时，酒瓶不可拿得过高，以防酒水溅出杯外。

☆当因操作不慎，将杯子碰倒时，应立即向客人表示歉意，同时在桌子酒水痕迹处铺上干净的餐巾，因此要掌握好酒瓶的倾斜度。

☆啤酒泡沫较多，斟倒时速度要慢，让酒沿杯壁流下，这样可减少泡沫。

☆当客人祝酒讲话时，服务人员要停止一切服务，端正肃立在适当的位置上，不可交头接耳，要注意保证每个客人杯中都有酒水；讲话即将结束时，要向讲话者送上一杯酒，供祝酒之用。

☆主人离位或离桌去祝酒时，服务人员要托着酒跟随在主人身后，以便及时给主人或

其他客人续酒；在宴会进行过程中，看台服务人员要随时注意每位客人的酒杯，见到杯中酒水只剩下 1/3 时，应及时添满。

☆斟酒时应站在客人的后右侧，进行斟酒时切忌左右开弓进行服务。

☆手握酒瓶的姿势。首先要求手握酒瓶中下端，商标朝向宾客，便于宾客看到商标，同时可向宾客说明酒水特点。

☆斟酒时要经常注意瓶内酒量的多少，以控制住酒出瓶口的速度。瓶内酒量的多少不同，酒的出口速度也不同，瓶内酒越少，出口的速度就越快，倒时容易冲出杯外。所以，要掌握好酒瓶的倾斜度，使酒液徐徐注入酒杯。

**徒手斟酒操作考核标准**

| 序号 | 配分比例 | 评分项目 | | | 项目分 | 扣分标准 | 实际扣分 |
|---|---|---|---|---|---|---|---|
| 1 | 11% | 仪容仪表仪态 | 发型、面部修饰、指甲、首饰符合要求 | | 4 | 每项不合格扣 1 分 | |
| | | | 着装整齐、清洁、挺括、笔直，鞋干净、光亮，佩戴胸卡 | | 3 | 每项不合格扣 1 分 | |
| | | | 面带微笑、站位正确 | | 4 | 每项不合格扣 2 分 | |
| 2 | 7% | 斟酒前的准备工作 | 卫生工作：酒瓶、工作台、餐用具 | | 3 | 每项不合格扣 1 分 | |
| | | | 酒品准备：两种酒、摆放、用具 | | 3 | 每项不合格扣 1 分 | |
| | | | 开瓶：开瓶器选择合适，开瓶方法正确 | | 1 | 每项不合格扣 1 分 | |
| 3 | 8% | 斟酒顺序 | 从主宾位开始，顺时针方向进行斟倒 | | 4 | 每项不合格扣 2 分 | |
| | | | 先斟倒红酒，再斟倒白酒 | | 4 | 每项不合格扣 2 分 | |
| 4 | 27% | 斟酒姿势与位置 | 斟酒时的位置：站在两宾客之间，两脚成"丁"字形，侧身站立 | | 3 | 每项不合格扣 1 分 | |
| | | | 握瓶方法：右手握住酒瓶的中下部，酒标朝外 | | 2 | 每项不合格扣 1 分 | |
| | | | 斟酒时的姿势 | 右手斟酒：姿势优美、操作规范 | 5 | 每项不合格扣 0.5 分 | |
| | | | | 左手持小毛巾：每斟完一杯酒需擦拭瓶口，操作规范 | 5 | 每项不合格扣 0.5 分 | |
| | | | 斟酒时，瓶口与杯口相距 1～2 厘米（不能磕碰，发出响声） | | 5 | 每项不合格扣 0.5 分 | |
| | | | 走位步法（3 步） | | 2 | 不正确扣 2 分 | |
| | | | 整体姿态优雅大方 | | 5 | 不自然、优美扣 3～5 分 | |

续表

| 序号 | 配分比例 | 评分项目 | | 项目分 | 扣分标准 | 实际扣分 |
|---|---|---|---|---|---|---|
| 5 | 2% | 斟酒完毕，举手示意、站位 | | 2 | 不规范扣2分 | |
| 6 | 20% | 斟酒量（8分满） | 红葡萄酒 | 10 | 每杯不合格扣1分 | |
| | | | 烈性酒 | 10 | 每杯不合格扣1分 | |
| 7 | 25% | 餐桌滴酒 | | | 滴酒一滴扣0.5分 | |
| 8 | | 餐桌洒酒（注：直径5厘米左右为一摊） | | | 洒酒一摊扣2分 | |
| 备注 | | 打碎餐酒具、酒瓶 | | | 分别扣2分，且按数量递扣 | |
| | | 规定时间：4分钟 实际完成时间： 分钟 | | | 每超时1分钟扣2分 | |

**托盘斟酒操作考核标准**

| 序号 | 配分比例 | 评分项目 | | 项目分 | 扣分标准 | 实际扣分 |
|---|---|---|---|---|---|---|
| 1 | 11% | 仪容仪表仪态 | 发型、面部修饰、指甲、首饰符合要求 | 4 | 每项不合格扣1分 | |
| | | | 着装整齐、清洁、挺括、笔直，鞋干净、光亮，佩戴胸卡 | 3 | 每项不合格扣1分 | |
| | | | 面带微笑，站位正确 | 4 | 每项不合格扣2分 | |
| 2 | 7% | 斟酒前的准备工作 | 卫生工作：酒瓶、工作台、餐用具 | 3 | 每项不合格扣1分 | |
| | | | 酒品准备：两种酒、摆放、用具 | 3 | 每项不合格扣1分 | |
| | | | 开瓶：开瓶器选择合适，开瓶方法正确 | 1 | 每项不合格扣1分 | |
| 3 | 10% | 托盘使用 | 理盘：保持托盘干净整洁 | 1 | 不合格扣1分 | |
| | | | 装盘：物品摆放整齐、美观、合理 | 3 | 每项不合格扣1分 | |
| | | | 托盘：起托方法正确，端托时姿势正确，托盘平稳 | 3 | 每项不合格扣1分 | |
| | | | 托盘行走：行走步法轻盈，遇障碍物避让自如，行走中托盘随步法的节奏自然摆动 | 3 | 每项不合格扣1分 | |
| 4 | 4% | 斟酒顺序 | 从主宾位开始，顺时针方向进行斟倒 | 2 | 每项不合格扣1分 | |
| | | | 先斟倒红酒，再斟倒白酒 | 2 | 每项不合格扣1分 | |

续表

| 序号 | 配分比例 | 评分项目 | | | 项目分 | 扣分标准 | 实际扣分 |
|---|---|---|---|---|---|---|---|
| 5 | 26% | 斟酒姿势与位置 | 斟酒时的位置：站在两宾客之间，两脚成"丁"字形，侧身站立 | | 2 | 每项不合格扣1分 | |
| | | | 握瓶方法：右手握住酒瓶的中下部，酒标朝外 | | 2 | 每项不合格扣1分 | |
| | | | 斟酒时的姿势 | 右手斟酒：姿势优美、操作规范 | 5 | 每项不合格扣0.5分 | |
| | | | | 左手托盘：姿势优美、操作规范 | 5 | 每项不合格扣0.5分 | |
| | | | 斟酒时，瓶口与杯口相距1～2厘米（不能磕碰，发出响声） | | 5 | 每项不合格扣0.5分 | |
| | | | 走位步法（3步） | | 2 | 不正确扣2分 | |
| | | | 整体姿态优雅大方 | | 5 | 不自然、优美扣3～5分 | |
| 6 | 2% | 斟酒完毕，举手示意、站位 | | | 2 | 不规范扣2分 | |
| 7 | 20% | 斟酒量（8分满） | 红葡萄酒 | | 10 | 每杯不合格扣1分 | |
| | | | 烈性酒 | | 10 | 每杯不合格扣1分 | |
| 8 | 20% | 餐桌滴酒 | | | | 滴酒一滴扣0.5分 | |
| 9 | | 餐桌洒酒（注：直径5厘米左右为一摊） | | | | 洒酒一摊扣2分 | |
| 备注 | | 打碎餐酒具、酒瓶 | | | | 分别扣2分，且按数量递扣 | |
| | | 规定时间：4分钟　实际完成时间：　分钟 | | | | 每超时1分钟扣2分 | |

 思考题

### 一、填空题

1. 温白酒是将白酒放入事先准备好的温酒器内加温，酒温一般掌握在_____。

2. 开启香槟酒时，瓶口始终不能_____或_____天花板，以防酒水溅在天花板上。

3. 斟酒时，服务人员应站在客人的_____，_____执瓶，_____为客人斟酒。

### 二、选择题

1. 斟倒香槟酒时，应将酒瓶用餐巾包好，先向杯中注入_____的酒液，待泡沫退去后，再续斟至八成为宜。

A. 1/2　　　　　　　　　　　　　B. 1/3

C. 1/4　　　　　　　　　　　　　D. 1/5

2. 斟酒水的顺序是_____。

A. 先红酒后白酒再啤酒　　　　　　　B. 先啤酒后红酒再白酒

C. 先白酒后红酒再啤酒　　　　　　　D. 先红酒再啤酒后白酒

3. 服务人员向客人示酒时,左手托住瓶底,右手握住瓶口,使瓶口朝上或倾斜_____。

A. 15°　　　　　　　　　　　　　　　B. 30°

C. 45°　　　　　　　　　　　　　　　D. 60°

4. 特殊酒水的开启方法,使用的工具与一般酒水开启工具_____。

A. 相同　　　　　　　　　　　　　　B. 基本相同

C. 有所不同　　　　　　　　　　　　D. 完全不同

5. 香槟酒瓶塞拔出后,酒瓶应保持_____角度,以防酒液溢出。

A. 15°　　　　　　　　　　　　　　　B. 30°

C. 45°　　　　　　　　　　　　　　　D. 60°

6. 香槟酒在开启时,与一般酒水相比,开启_____不同。

A. 时间　　　　　　　　　　　　　　B. 目的

C. 质量　　　　　　　　　　　　　　D. 工具

7. 香槟酒开启时,一般左手斜拿_____处。

A. 瓶口　　　　　　　　　　　　　　B. 瓶上 1/3 处

C. 瓶颈　　　　　　　　　　　　　　D. 瓶下 1/3 处

8. 开启_____时应注意使瓶口朝服务人员右手方向,起遮挡作用。

A. 朗姆酒　　　　　　　　　　　　　B. 威士忌酒

C. 香槟酒　　　　　　　　　　　　　D. 开胃酒

9. 香槟酒开启时,其_____不能朝向天花板。

A. 瓶口　　　　　　　　　　　　　　B. 瓶底

C. 瓶盖　　　　　　　　　　　　　　D. 瓶塞

10. 服务人员在酒水服务中要注意瓶口的卫生,香槟酒打开后,要选用_____擦拭瓶口。

A. 湿巾　　　　　　　　　　　　　　B. 酒精棉

C. 餐巾纸　　　　　　　　　　　　　D. 干净的布巾

11. 酒水开启时,需要用钳子剪断其酒封上的金属丝,这种酒是_____。

A. 香槟酒　　　　　　　　　　　　　B. 威士忌

C. 葡萄酒　　　　　　　　　　　　　D. 丁香酒

12. 在特殊酒水服务中,当香槟酒封瓶的木塞暴露后,右手拿_____紧捏住瓶塞的上段。

A. 消毒巾　　　　　　　　　　　　　B. 湿巾

C. 餐巾纸　　　　　　　　　　　　　D. 干净的餐巾布

13. 服务人员要掌握香槟酒与其他酒水的服务方法,因为香槟酒与其他酒水的_____不同。

A. 开启方法          B. 饮用方法

C. 品饮方法          D. 服务方法

14. 香槟酒开启时不能使用的方法是_____。

A. 拧瓶塞，直拔瓶塞          B. 用酒钻起

C. 使用小刀          D. 使用钳子剪断

15. 斟倒加温和冷却的酒水在服务上属于_____。

A. 一般性服务          B. 优质性服务

C. 特殊性服务          D. 美观服务

### 三、简答题

1. 斟酒的基本方式有哪几种？

2. 酒水服务中，斟酒的先后顺序是怎样的？

3. 中餐斟酒的方式有哪些？

4. 中餐斟酒有哪些应该注意的内容？

### 四、案例分析题

#### 挑剔的客人

一天，某高级餐厅来了几位日本客人，他们点了一瓶高档红葡萄酒。服务人员小王到吧台取了酒以后，突然发现自己随身携带的开瓶器不见了，于是她连忙请吧员打开了酒瓶，可是当她准备为客人斟倒时，客人坚持认为酒是别桌客人退掉的，要求小王重新取一瓶尚未开封的酒。

【问题讨论】

你认为是这几位客人太挑剔了吗？如果不是，说出你的理由。

3 位客人在餐厅用餐，已喝了两瓶一斤装白酒和 5 瓶啤酒，已经面红耳赤，说话声也渐渐升高，这时，其中一位客人又扬手要求服务人员再送一斤白酒上来，大家来个一醉方休。

【问题讨论】

你作为服务人员，该怎么办？

# 项目五　菜肴服务技能训练

## 任务一　中餐上菜服务

### 一、上菜的位置

（1）零点餐厅服务较灵活，服务人员应注意观察，以不打扰宾客为宜，选择合适的上菜位置。

（2）宴会一般选择在译陪人员之间上菜，也有的在副主人右边进行，这样有利于翻译和副主人向来宾介绍菜肴口味、名称。

（3）一般为左上右撤。

（4）严禁从主人和主宾间上菜。

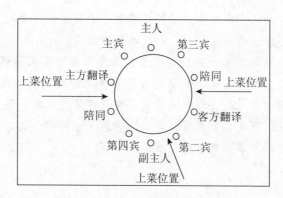

上菜的位置

## 二、上菜顺序

中餐中不同的菜系就餐与上菜的顺序会有一点不同，但一般的上菜顺序是先上冷菜，以便于佐酒，然后视冷菜食用的情况适时上热菜，最后上汤菜、点心和水果。上菜时应该注意正确的端盘方法，端盘时应用大拇指紧贴盘边，其余四指扣住盘子下面，拇指不应该碰到盘子边的上部，更不允许留下手印或者将手指进入盘中，这样既不卫生也不礼貌。

### （一）中餐宴会上菜的顺序

第一道凉菜，第二道主菜（较高贵的名菜），第三道热菜（菜数较多），第四道汤菜，第五道甜菜（随上点心），最后上水果。

### （二）中餐宴会上菜的原则

先冷后热，先菜后点，先咸后甜，先炒后烧，先清淡后肥厚，先优质后一般。

## 三、上菜方法与要求

（1）上菜时，可以将凉菜先行送上席。当客人落座开始就餐后，餐厅员工即可通知厨房作好出菜准备，待到凉菜剩下 1/3 左右时，餐厅员工即可送上第一道热菜。当前一道菜快吃完时，餐厅员工就要将下一道菜送上，不能一次送得过多，使宴席上放不下，更不能使桌上出现菜肴空缺的情况，让客人在桌旁干坐，这既容易使客人感到尴尬，也容易使客人在饮过酒后没有菜可供及时下酒，易于使客人喝醉。

（2）餐厅员工给客人提供服务时，一般要以第一主人作为中心，从宴席的左面位置上菜，从宴席的右侧位置撤盘。上菜或撤盘时，都不应当在第一主人或主宾的身边操作，以免影响主客之间的就餐和交谈。

（3）凡是上带有调味佐料的热菜，如烤鸭、烤乳猪、清蒸蟹等菜肴时，要将调味佐料和菜品一同上桌，切忌遗漏忘记上桌，一次性上齐，并且可以略作说明。

（4）第一道热菜应放在第一主人和主宾的前面，没有吃完的菜则移向副主人一边，后面菜可遵循同样的原则。

 温馨提示

　　☆核对菜单。服务人员一定要事先了解宾客用餐的菜单，上菜时要仔细核对，多桌高档中餐更要仔细，切不可送错对象。

　　☆认真把关。一份菜肴或点心要经过多道加工最后由服务人员送至宾客面前，所以，服务人员要对菜肴的色、形、卫生、数量是否符合标准进行认真把关，检查原料是否鲜、盛器是否合适，如发现问题，应立即采取措施，切不可马虎从事、不负责任。

　　☆掌握速度和节奏。凉菜一定要凉、爽口，热菜一定要热、烫，这样才能体现菜品真正的水平。所以，上菜时要掌握好速度、节奏。

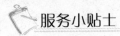 服务小贴士

### 【菜肴摆放的具体要求】

❀重要菜的摆放位置

　　比较高档的菜，有特殊风味的菜，或每上一道菜，都要先摆到主宾位置上，上下一道后再顺势将其撤摆在其他地方。

❀各类菜的看面

　　整形有头的菜，如烤乳猪、冷碟孔雀开屏等，其头部为看面。

　　头部被隐藏的整形菜，如烤鸭、八宝鸡、八宝鸭等，其丰满的身子为看面。

　　冷碟中的独碟、双拼或三半拼，如有巷逢的，其巷缝为看面。

　　有喜字、寿字的造型菜，其字画的正面为看面。

　　一般的菜其刀工精细，色调好看的部分为看面。

❀菜盘摆放要求

　　两个菜可并摆成横一字形，一菜一汤可摆成竖一字形，汤在前，菜在后。

　　两菜一汤或三个菜，可摆成品字形，汤在上，菜在下。

　　三菜一汤可以汤为圆心，菜沿汤内边摆成半圆形。

　　四菜一汤，汤放在中间，菜摆在四周。

　　五菜一汤，以汤为圆心摆成梅花形。

　　五菜以上的菜都以汤或头菜或大拼盘为圆心，摆成圆形。

　　摆放时注意荤素、颜色、口味搭配，盘与盘距离相等。

❀有的热菜使用长盘，这时盘子应横着朝向主人。

❀整形菜的摆放

　　热菜上整鸭、整鸡、整鱼时，按中国传统的礼貌习惯"鸡不献头、鸭不献掌、鱼不献脊"摆放，即上菜时将头部一律向右，腹部朝主人，以示对客人的尊重。

## 任务二 西餐上菜服务

### 一、西餐上菜的基本要求

（1）餐厅员工在提供西餐上菜服务中，总体顺序是先女主宾后男主宾，然后是主人与一般来宾。

（2）餐厅员工应用左手托盘，右手拿叉匙为客人提供服务。服务时，员工应当站在客人的左边。

（3）西餐菜肴上菜也要"左上右撤"，酒水饮料要从客人的右侧上。法式宴会所需食物都是用餐车送上，由服务人员上菜，除面包、黄油、色拉和其他一些必须放在客人左边的盘子的食物外，其他食物一律从右边用右手送上。

### 二、西餐上菜的方式

#### （一）法式上菜方式

法式上菜方式特点是将菜肴在宾客面前的辅助服务台上进行最后的烹调服务，法式服务由两名服务人员同时服务，一名负责完成桌边的烹调制作，另一名负责为客人上菜，热菜用加温的热盘，冷菜用冷却后的冷盘。

#### （二）俄式上菜方式

俄式上菜方式与法式服务相近，但所有菜肴都是在厨房完成后用大托盘送到辅助服务台上，然后顺时针绕台将餐盘从右边摆在客人面前。上菜时服务人员站立在客人的左侧，左手托银盘向客人展示菜肴，然后再用服务叉、勺配合分菜至客人面前的餐盘中，以逆时针的方向进行分菜服务，剩余菜肴送回厨房。

#### （三）英式上菜方式

英式上菜方式是从厨房将菜肴盛装好的大餐盘放在宴会首席的男主人面前，由主人将菜肴分入餐盘后递给站在左边的服务人员，由服务人员分给女主人、主宾和其他宾客。各种调料与配菜摆在桌上，也可以由宾客自取并互相传递。

#### （四）美式上菜方式

美式上菜方式比较简单，菜肴由厨房盛到盘子中。除了色拉黄油和面包，大多数菜肴盛在主菜盘中，菜肴从左边送给宾客，饮料酒水从右边送上，用过的餐具由右边撤下。

### 三、西餐上菜顺序

西餐正餐的上菜顺序以开胃品和汤开始，然后是色拉和主菜，最后是甜点、咖啡或茶。

西餐上菜顺序：头盘（Appetizenrs）—汤（Soups）—色拉（Salads）—主菜（Main Course）—奶酪（Cheese）—甜点（Dessert）—咖啡或茶（Coffee or Tea）。

## 任务三 分菜服务

分菜服务常见于西餐的分餐制服务中，现在随着影响的加大，在一些中餐的高级宴会上也在使用。分菜服务就是在客人观赏后由服务人员主动均匀地为客人分菜分汤，也叫派菜或让菜。西餐中的美式服务不要求服务人员掌握分菜技术，俄式服务要求服务人员有较高的分菜技术，法式服务要求服务人员有分切技术。分菜服务可以有效体现餐饮服务的品质，因此服务人员必须熟练掌握服务技巧。

## 一、分菜的工具

### (一) 中餐分菜的工具

分菜叉（服务叉）、分菜勺（服务勺）、公用勺、公用筷、长把勺等。

### (二) 俄式服务的分菜工具

叉和勺。

### (三) 法式服务的分切工具

服务车、分割切板、刀、叉、分调味汁的叉和勺。

## 二、分菜工具的使用方法

### (一) 中餐分菜工具的使用方法

1. 服务叉、勺的使用方法

服务人员右手握住叉的后部，勺心向上，叉的底部向勺心；在夹菜肴和点心时，主要依靠手指来控制；右手食指插在叉和勺把之间与拇指酌情合捏住叉把，中指控制勺把，无名指和小指起稳定作用；分带汁菜肴时用服务勺盛汁。

2. 服务叉、勺的握法

(1) 指握法。将一对服务叉勺握于右手，正面向上，叉子在上方，服务勺在下方，横过中指、无名指与小指，将叉勺的底部与小指的底部对齐并且轻握住叉勺的后端，将食指伸进叉勺之间，用食指和拇指尖握住叉勺。如下图所示。

**指握法**

(2) 指夹法。将一对叉勺握于右手，正面向上，叉子在上，服务勺在下方，使中指及小指在下方而无名指在上方夹住服务勺，将食指伸进叉勺之间，用食指与拇指尖握住叉子，使之固定。此种方法使用灵活，如下图所示。

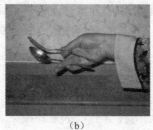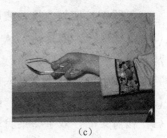

（a）　　　　　　　　（b）　　　　　　　　（c）

**指夹法**

（3）右勺左叉法。右手握住服务勺，左手握住服务叉，左右来回移动叉勺，适用于体积较大的食物派送。如下图所示。

**右勺左叉法**

3. 公用勺和公用筷的用法

服务人员站在与主人位置成 90°角的位置上，右手握公用筷，左手持公用勺，相互配合将菜肴分到宾客餐碟之中。

4. 汤勺的用法

汤勺用来分汤菜，汤中有菜肴时需用公用筷配合操作。

**（二）俄式分菜用具的使用方法**

一般是匙在下，叉在上。右手的中指、无名指和小指夹持，拇指和食指控制叉，五指并拢，完美配合。这是俄式服务最基本的技巧。

**（三）法式切分工具的使用方法**

1. 料

将要切分的菜肴取放到分割切板上，再把净切板放在餐车上。分切时左手拿叉压住菜肴的一侧，右手用刀分切。

2. 料、配汁

用叉勺分让，勺心向上，叉的底部向勺心，即叉勺扣放。

## 三、分菜方法

**（一）转盘分菜法**

（1）提前将与宾客人数相等的餐碟有序地摆放在转盘上，并将分菜用具放在相应位置；核对菜名，双手将菜端上，示菜并报菜名。

（2）立即用长柄勺、筷子或服务叉勺分菜。全部分完后，将分菜用具放在空菜盘里。

（3）迅速撤身，取托盘，从主宾右侧开始按顺时针方向绕台进行，撤前一道菜的餐碟后，从转盘上取菜给菜服务。

特点：效率高，但打扰客人，适合大型会分菜服务。

**（二）叉勺分菜法**

（1）核对菜品，双手将菜肴端至转盘上，示菜并报菜名；将菜取下，左手用餐巾托垫菜盘，右手拿叉勺。

（2）从主宾开始，顺时针方向绕台进行分类。服务时，站在客人左侧与菜盘成一直线，腰部略弯，用右手使用服务餐碟。

（3）操作时站立要稳，身体不能倾斜或依靠宾客，脸斜侧与菜盘成一直线，腰部略弯，用右手使用服务叉、勺进行分让。

（4）分菜时呼吸均匀，可以边分边向宾客介绍菜点的名称和风味，讲话时头不要距离太近。

（5）分菜时做到一勺准、数量均匀。可以一次性将菜全部分完，但一些地区要求分完后盘中略有剩余。

特点：效率高。适合汤汁少的菜肴及菜肴的分派。

**（三）旁桌分菜法**

（1）在宾客餐桌旁置手推桌或服务桌，准备好干净的餐桌和分菜工具。

（2）核对菜品，示菜并报菜名和做介绍，然后将菜迅速放在服务车服务桌上进行分派。

（3）菜分好后，从主宾右侧上菜，按顺时针方向绕台进行。

特点：规格高，少打扰客人，但节奏较慢，适合长条桌或大圆桌。

**（四）厨房分菜法**

（1）厨房工作人员根据菜单和宾客人数在厨房将冷菜、汤或热菜分别装盘，每人一份。

（2）直接端至宴会厅，由服务人员从主宾右侧送上，按顺时针方向绕台进行。

特点：规格高、效率高，减轻前台压力，装盘美观，适用于汤类、煲类、纯品和高档宴会的分菜。

**（五）特殊菜肴的分类方法**

1. 分让整条蒸鱼

（1）用服务叉压鱼头。

（2）右手持餐刀从头至尾将鱼拨在一边。

（3）剔去中间鱼骨刺及鱼头，剔骨时不要把鱼肉截碎，尽量保持鱼的原形状。

（4）待鱼汁浸透肉之后，再分块进行分让。

（5）鱼块带鳞部分要紧贴餐碟，鱼朝上。

2. 分让冬瓜盅

（1）第一次先用服务勺或长把勺将上端冬瓜肉、盅内配料和汤汁均匀地分给宾客。

（2）由于分让后的瓜皮很薄，容易破裂，所以必须横切去上面部分瓜皮后再进行第二次分让。

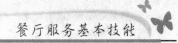

## 四、分菜操作要领

### (一)中餐普通菜肴分菜服务操作要领

| 服务程序 | | 工作步骤 |
|---|---|---|
| 桌面分菜 | 准备用具 | • 分鱼、禽类菜品时,准备一刀、一叉、一匙<br>• 分炒菜时,准备匙、叉各一把或一双筷子、一把长柄匙 |
| | 分菜 | • 由两名服务人员配合操作,一名服务人员分菜,一名服务人员为客人送菜<br>• 分菜服务人员站在副主人位右边第一个位与第二个位中间,右手执叉、匙夹菜,左手执长柄匙接挡,以防菜汁滴落在桌面上<br>• 另一名服务人员站在客人的右侧,把餐盘递给分菜的服务人员,待菜肴分好后将餐盘放回客人面前 |
| | 上菜 | 上菜的顺序:主宾、副主宾、主人,然后按顺时针方向分送 |
| 服务桌分菜 | 准备用具 | 在客人餐桌旁放置服务桌,准备好干净的餐盘,放在服务桌上的一侧,备好叉、匙等分菜用具 |
| | 展示 | 每当菜品从厨房传来后,服务人员都应把菜品放在餐桌上向客人展示,介绍名称和特色,然后将其放到服务桌上分菜 |
| | 分菜 | 分菜服务人员在服务桌上将菜品均匀、快速地分到每位客人的餐盘中 |
| | 上菜 | 菜分好后,由服务人员将餐盘从右侧送到客人面前,顺序与桌面分菜顺序相同 |

### (二)中餐特殊菜肴分菜服务操作要领

| 服务程序 | 工作步骤 |
|---|---|
| 报菜名 | 上鱼时先报菜名,向客人展示后将其撤至服务桌,鱼尾向右 |
| 剔鱼脊骨 | • 服务人员左手持叉,右手持刀,用叉轻压鱼背,以避免鱼在盘中滑动,叉不能叉进鱼肉中,用刀在鱼头下端切一刀,在鱼尾切一刀,将鱼骨刺切断<br>• 用餐刀从鱼头刀口处沿鱼身中线刀刃向右将鱼肉切开至鱼尾刀口处<br>• 将刀叉同时插入鱼中线刀口处,用叉轻压鱼身,用餐巾沿中线将鱼肉两边剔开,让整条骨刺露出来<br>• 左手轻压脊骨,右手持刀从鱼尾刀口处刀刃向左将鱼骨整条剔出,放在一旁的餐碟上 |
| 整理成型 | 用刀叉将鱼肉合上,整成鱼原型,再将鱼身上的佐料稍为整理,保持鱼型美观,然后端上餐桌 |

### (三)中餐带骨、带壳和块状菜品的服务

| 服务程序 | 工作步骤 |
|---|---|
| 上刀叉 | • 当客人点了体积较大的块状食物时,在上菜之前需为客人摆上刀叉<br>• 将刀叉整齐放在铺上餐巾的托盘上,然后逐位摆在餐碟位的两侧;左叉右刀,刀叉平行,叉齿向上,刀叉向左,刀叉柄指向桌边 |

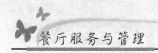
| 服务程序 | 工作步骤 |
|---|---|
| 上洗手盅 | • 当客人点了虾、蟹或鸡翅等带骨、壳的菜品时，服务人员需送上温度适中的柠檬水洗手盅<br>• 使用托盘送给每位客人一份，摆在餐位的右上方，同时要礼貌地向客人说明用途 |
| 上毛巾 | 递送小毛巾并敬送茶水 |
| 撤餐具 | • 客人用毕该道菜并洗手后，将洗手盅、茶具和小毛巾撤下<br>• 当客人吃完该道菜后，及时将刀叉撤下 |

 温馨提示

☆注意卫生。不得将掉在桌上的菜肴拾起再分给宾客。

☆手法规范。分菜时手只能接触餐碟的边缘。

☆动作利索。服务人员在保证分菜质量的前提下应动作利索。

☆分量均匀。分菜时服务人员要根据客人数将菜大致等分给每位宾客。

▶▶ 实 训

| 实训项目 | 菜肴服务技巧与分类 |
|---|---|
| 实训要求 | 掌握菜肴服务技巧、服务程序和方法<br>掌握常用的分类和方法<br>了解不同菜肴的服务方式 |
| 实训材料 | 塑料托盘或金属托盘，垫布，菜肴若干盘，服务用叉、勺各一把，公筷一双，小碗若干，整形鸡一只，汤一份 |
| 实训内容<br>与步骤 | 1. 上菜服务练习<br>• 按照上菜服务标准给宾客上菜，注意上菜的位置、方法及出菜的顺序等<br>• 根据所上菜肴报菜名并作简单介绍，对菜肴的名称、特点、口味、食用方法等进行介绍<br>2. 分菜服务练习<br>• 对整形鸡进行分菜练习<br>• 根据客人数进行分汤练习，注意分派均匀、留量适当<br>• 分汤、分菜时要尽量做到一勺准，注意汤不外洒，保持碗、碟边缘洁净<br>3. 摆菜练习<br>• 根据菜肴数量进行合理摆菜，如三菜一汤的摆放、五菜一汤的摆放、十菜一汤的摆放等<br>• 按摆菜规定练习整形菜的撤菜、撤盘，注意鸡不献头、鸭不献掌、鱼不献脊等规定<br>4. 撤菜练习<br>• 略<br>5. 模拟宾客用餐场景<br>• 略 |
| 备注 | 1. 进行菜系介绍练习，并说出每一道菜的菜名、特点、主要原料、制作方法等<br>2. 根据条件灵活安排分菜实训内容，或通过教学 VCD 进行模拟演练 |

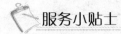 服务小贴士

**【特殊菜肴的上菜方式】**

❋拔丝菜的上菜方式

拔丝菜如拔丝鱼条、拔丝苹果、拔丝山芋、拔丝荔枝肉等，要热水上，即用汤碗盛装热水，将有拔丝的菜盘搁在汤碗上用托盘端上席，并跟凉水数碗。托热水上拔丝菜，可防止糖汁凝固，保持拔丝的风味。

❋跟作料、小料菜的上菜方式

热菜跟配作料、小料的，作料、小料应同热菜一起上齐。例如，清蒸鱼配有姜醋汁，北京烤鸭配有葱、酱、饼等，在上菜时可略作说明。

❋易变形炒菜的上菜方式

上易变形的油炸爆炒菜，如高丽虾仁、油炸球、油爆肚仁等，一出锅须立即上餐桌。上菜时要轻稳，以保持菜品形状和风味。

❋有声响菜的上菜方式

上有声响的菜，如锅巴肉片、锅巴什锦等，一出锅就要以最快的速度端上餐桌，随即把汤汁浇在锅巴上，使之发出响声。做这一系列动作时要连贯不耽搁。

❋原盅炖品菜的上菜方式

上原盅炖品菜，如冬瓜盅，上台后要当着客人的面启动盖，以保持炖品的原味，并使香气在席上散发。揭开时要翻转移开，以免汤水滴在客人身上。

❋包类菜的上菜方式

上泥包、荷叶包的菜，如叫花鸡、荷香鸡等，要先上台让客人观赏，再拿到操作台上当着客的面打破或启封，以保持菜品的香味和特色。

❋生煸火锅的上菜方式

力生火锅、六生火锅、八生火锅、菊花火锅、毛肚火锅，均属生煸火锅一类。将火锅拿到工作台，在上席前掀开火锅盖，再检查一下菜肴质量和卫生，然后用大汤瓢舀出适量的汤，盛于大汤碗中，以防上席后加主、配料时汤汁溅出。

**上菜分菜考核标准**

| 考核项目 | 应得分 | 扣分 | 考核项目 | 应得分 | 扣分 |
|---|---|---|---|---|---|
| 上菜操作位置 | 10 | | 分菜用具拿法正确 | 10 | |
| 菜肴摆放位置 | 10 | | 分派数量把握准确 | 10 | |
| 报菜名、菜肴介绍 | 10 | | 分派顺序 | 10 | |
| 操作规范 | 10 | | 动作协调 | 10 | |
| 服务态度 | 10 | | 整体印象 | 10 | |
| 总成绩： | | | | | |

菜肴服务技能考核标准

| 序号 | 考核内容 | 考核要点 | 配分 | 评分标准 | 扣分 | 得分 |
|---|---|---|---|---|---|---|
| 1 | 上菜准备 | 1. 托盘准备：检查卫生情况，并将第一只上桌的菜肴平稳地摆在托盘内<br>2. 托盘行走到餐桌前，准备上菜 | 5 | 1. 准备工作不到位，扣2分<br>2. 托盘姿势不规范、不优美，扣1～3分 | | |
| 2 | 确定上菜位置 | 1. 确定副主人位置，并站在副主人席位的右侧，右脚在前，侧身而进<br>2. 目视餐桌，确定餐桌摆放菜点的位置 | 10 | 上菜位置不正确，扣5分 | | |
| 3 | 菜肴摆放和定位 | 1. 左手托稳托盘，右手将菜肴端起，摆在转台边缘，然后把转台按顺时针方向旋转一圈，让每位客人观赏菜的造型，最后在主宾面前停下，再后退一步报菜名，让主宾先尝<br>2. 每上一道新菜时，都需将前一道菜移至旁边，将新菜放在主宾面前 | 30 | 1. 上菜动作不轻盈、不优美，扣1～10分<br>2. 未将菜肴按顺时针方向旋转一圈，扣1～10分<br>3. 报菜名时，语音、语速不适中，表情不够自然大方，扣1～5分<br>4. 上新菜时，未将前一道菜移至旁边，未将新菜放在主宾面前，扣1～10分 | | |
| 4 | 介绍菜肴 | 1. 面带微笑，语速适中，语言表达清楚<br>2. 菜肴的特点介绍完整 | 40 | 1. 表情不够自然大方，语言、表达不熟练，语音、语速不适中，扣1～10分<br>2. 菜肴特点介绍不正确、不完整，扣1～30分 | | |
| 5 | 结束操作 | 1. 每次将菜肴上桌后均要站立在上菜口，微笑，致礼貌语"请慢用"（可以根据各地的风俗习惯使用不同的礼貌语）<br>2. 个人所点菜肴全部上完后，应向主人礼貌致意："先生（女士），您好！你们的菜已经全部上完，请慢用！" | 5 | 1. 上菜后，未使用礼貌语，扣1～2分<br>2. 上菜结束后，未告知主人菜肴已齐，扣3分 | | |

| 序号 | 考核内容 | 考核要点 | 配分 | 评分标准 | 扣分 | 得分 |
|---|---|---|---|---|---|---|
| 6 | 仪容仪表与卫生 | 着装、化妆、饰物和头发等符合要求，操作时动作、神态自然，手法卫生 | 10 | 1. 仪表仪容不符合要求，扣1~2分<br>2. 操作时动作、神态不自然，手法不卫生，扣1~8分 | | |

| 合计： | | | | | | |
|---|---|---|---|---|---|---|
| 说明 | 操作时间为5分钟，到时即停 | | | | | |

否定项：考生若出现托盘内菜肴打翻或落地、菜肴洒落在宾客身上或餐台上的情况，则应及时终止考试，考生该试题成绩记为零分

### 4人西餐分菜技能考核标准

| 序号 | 考核内容 | 考核要点 | 配分 | 评分标准 | 扣分 | 得分 |
|---|---|---|---|---|---|---|
| 1 | 分菜前准备 | • 按规定着装，工作服整洁干净，佩戴服务号牌<br>• 仪容仪表整洁大方<br>• 工作台清理干净<br>• 菜品餐用具准备齐全、符合卫生要求 | 2 | • 不按要求着装扣0.5分<br>• 着装不整洁扣0.5分<br>• 不佩戴服务号牌扣0.5分<br>• 餐用具摆放不规范或者分让菜品准备不充分扣0.5分<br>• 扣完为止 | | |
| 2 | 操作过程 | • 从客人左侧分菜，左侧服务调味汁，姿势优雅、规范，拿端手法正确，分让手法正确，符合卫生要求，分菜量合适，注意安全和避让宾客<br>• 准确报菜名，介绍菜肴，按照顺序服务 | 4 | • 分菜服务位置错误扣0.5分<br>• 服务调味汁位置错误扣0.5分<br>• 服务时操作姿势不优雅扣0.5分<br>• 分让菜肴手法不熟练扣0.5分<br>• 分菜量不准扣0.5分<br>• 无避让意识扣0.5分<br>• 报菜名不主动扣0.5分<br>• 未介绍菜肴扣0.5分<br>• 扣完为止 | | |
| 3 | 上菜成果 | • 菜品摆放在餐盘中，位置正确，往返3次完成分菜（烤牛肉、素菜、调味汁）<br>• 台面清洁，无滴洒汤汁，调、配料服务齐全 | 2 | • 分让菜肴摆放在餐盘中不正确的扣0.5分<br>• 未能3次将肉、素菜和调味汁分让到位扣0.5分<br>• 分让菜肴发生滴洒扣0.5分<br>• 配料服务不全扣0.5分<br>• 扣完为止 | | |

续表

| 序号 | 考核内容 | 考核要点 | 配分 | 评分标准 | 扣分 | 得分 |
|------|---------|---------|------|---------|------|------|
| 4 | 操作能力 | 操作稳妥，拿取餐具符合卫生要求，动作娴熟、协调、规范，操作区域整洁 | 1 | • 操作不稳扣0.2分<br>• 手法不卫生扣0.2分<br>• 托盘使用不熟练扣0.2分<br>• 动作不规范、不协调扣0.2分<br>• 台面、工作台不清洁扣0.2分<br>• 扣完为止 | | |
| 5 | 整体效果 | 分菜整体效果良好，菜肴在盘中摆放美观 | 1 | • 分菜不均匀扣0.5分<br>• 菜肴摆放不美观扣0.5分<br>• 扣完为止 | | |
| 6 | 失误 | 在总分中扣除 | | • 餐用具掉地1次扣2分<br>• 只允许超时3分钟，超时1分钟扣2分，不足1分钟，按1分钟计算<br>• 最多扣8分 | | |

合计：

## ? 思考题

### 一、填空题

1. 摆菜时，要根据菜肴的原料、色泽、形状、口味、盛具等方面，注意_____，尽量避免_____。

2. 上需跟有配料的菜时应跟上_____。

3. 上菜时按其惯性可分为_____上菜法和_____上菜法。

4. 多桌宴会服务时，要掌握好上菜时机，速度快慢适当，按照_____的用餐速度进行上菜。

5. 宴会上菜一般按冷菜_____、_____、_____、_____饭（点心）、水果顺序上菜。

6. 中餐宴会摆菜时，如果有的热菜使用长形盘，则其盘要_____。

7. 上整鸡、整鸭、整鱼时，要主动为客人用_____。

8. 分菜要做到_____、_____。绝不允许把一勺一叉菜分给_____。

9. 分菜的方法有_____、_____、_____3种。

10. 分拔丝菜时，要跟上_____。

**二、选择题**

1. 当菜上齐后，要向客人说_____。
   A. 是否还要点酒水饮料　　　　　　B. 是否现在可以埋单
   C. 菜已经上齐，是否还需加菜　　　D. 是否还需来点水果

2. 上汤时，汤碗下放一个垫碟的主要作用是_____。
   A. 美观　　　　　　　　　　　　　B. 卫生
   C. 防止烫手　　　　　　　　　　　D. 平稳作用

3. 宴会上菜应先上冷盘，以后的菜_____上。
   A. 按顺序　　　　　　　　　　　　B. 不用按顺序
   C. 随便　　　　　　　　　　　　　D. 要快

4. 分菜服务无论是在中餐厅还是在_____，都反映了餐厅的服务水平。
   A. 快餐厅　　　　　　　　　　　　B. 咖啡厅
   C. 西餐厅　　　　　　　　　　　　D. 茶艺馆

5. 分菜服务中分汤菜时应准备分汤菜所需的_____和长柄汤勺。
   A. 饭碗　　　　　　　　　　　　　B. 骨碟
   C. 味碟　　　　　　　　　　　　　D. 汤碗

6. 菜肴展示时，餐厅服务人员应将菜肴的_____朝向客人，利用转台顺时针观看。
   A. 横面　　　　　　　　　　　　　B. 主看面
   C. 竖面　　　　　　　　　　　　　D. 左面

7. 二人合作式分菜服务一名服务人员站立分菜取菜肴，另一位服务人员站于宾客_____接递餐碟。
   A. 左侧　　　　　　　　　　　　　B. 右侧
   C. 中间　　　　　　　　　　　　　D. 后侧

8. 分菜服务中餐厅服务人员应_____地将菜分好并呈送至客人面前。
   A. 熟练、美观　　　　　　　　　　B. 快速、美观
   C. 快速、均匀　　　　　　　　　　D. 美观、均匀

9. 在分让醋椒鱼类汤菜时，要先分汤和辅料，再将鱼_____分给宾客。
   A. 均匀　　　　　　　　　　　　　B. 切骨按份
   C. 随意　　　　　　　　　　　　　D. 剔骨按份

10. _____菜肴的分菜服务视具体情况服务人员根据其不同烹制方法将菜肴分送给宾客。
    A. 汤类　　　　　　　　　　　　　B. 风味
    C. 拔丝类　　　　　　　　　　　　D. 造型类

11. 北京烤鸭分菜服务方法是将吃碟摆放于_____周围，逐一放好葱、酱、饼，将肉卷好后分送给客人。
    A. 分菜台　　　　　　　　　　　　B. 转台
    C. 菜肴　　　　　　　　　　　　　D. 餐桌

12. 法式、俄式分菜服务时，不仅要准备分菜用具，同时要准备与客人人数相应

的_____。

A. 消过毒的主盘          B. 冷冻过的主盘

C. 清洁过的主盘          D. 加过热的主盘

13. 分三文鱼服务一般每份鱼以_____片为宜。

A. 1                    B. 2

C. 3                    D. 4

### 三、简答题

1. 餐厅和宴会分菜服务的程序有哪些？

2. 怎样使用餐叉和餐勺？

3. 上菜有哪些注意事项？

4. 请写一段上菜服务对话。

### 四、案例分析题

1. 一个周末的晚上，一位小有名气的企业家为老母做 60 大寿，特意选中某大酒店，想让母亲高兴高兴。来宾一共坐了 6 桌，服务人员很规范地站立一旁，每道菜送上时，服务人员照例旋转一次，报个菜名，让每位客人尝菜以前先饱一下眼福，然后便是派菜。服务人员挺称职，换碟子、斟饮料都按程序进行，菜烧得也不错。宴席结束后，餐饮经理同那位企业家闲聊起来，他想听取客人的意见，掌握第一手资料。然而，客人的一番话使他大吃一惊。客人说：第一，这顿饭菜很精致，但都没吃饱；第二，今天母亲大寿，原想多拍几张照片，但因桌上多是空盘，稀稀拉拉，估计照片效果不佳，所以只拍了几张；第三，原想搞得热热闹闹，但因服务人员包下了派菜服务，所以整个过程便冷冷清清了。

【问题讨论】

试分析应如何把握好派菜服务。

2. 某公司宴请一位初来大陆的台湾客人，当"盐水虾"这道菜上来时，客人却突然提出要让值台服务人员王小姐为他剥去虾皮的要求，主人忙向客人解释道："这道菜是自己动手的。"可客人却固执地坚持要王小姐剥虾皮。

【问题讨论】

试分析王小姐应该怎样处理。

3. 有一天，小李陪一位外国商人、一位翻译和一位老板去吃饭。因为外商的时间很紧，且还有其他厂家等着招见，为能达成共识，拿下订单，所以只能在吃饭时间再下点"功夫"。服务人员一直按操作要求规范服务，席间不断倒茶添菜，介绍菜名，分菜，换二次毛巾、二次骨碟，斟酒，不断地使用礼貌用语"先生，请问您喝绿茶还是花茶，我们还有红茶、菊花……"，"先生，您喝什么酒"，"女士，请问您喝什么饮料，我们有可乐、雪碧、酸奶……"，"打扰一下，为您换骨碟"，"不好意思，打扰一下，为您换毛巾"……最后老板终于忍不住发话了："你可不可以安静一点站在一边？需要服务时我会吩咐你的。"此时热情的服务人员被一盆"冷水"浇得不知所措，一脸茫然地站在那里……

【问题讨论】

服务人员怎么了？应该如何去做？

# 项目六　其他服务技能

## 任务一　电话预订服务

（1）电话铃响起三声之内拿起电话，问候客人并报告本餐厅名称。

①用清晰的语言、礼貌的语气问候客人："您好，先生／女士。"

②准确报出餐厅名称及自己的姓名："这里是××餐厅，我是××。"

③表示愿意为客人提供服务："我能为您做点什么？"

（2）了解有关预订事项，如客人人数、就餐时间、餐标、预订单位或联系人姓名、联系电话以及其他特殊要求。

（3）重复客人预订内容。

（4）回答客人问题。不能立即回答客人问题的，需向客人道歉，记下客人联系电话及姓名，并告知客人："对不起，5分钟后给您答复。"

（5）感谢客人的预订，道别后，等客人挂断电话后方可挂电话："谢谢您，××先生／女士，欢迎光临我们的餐厅，再见！"

（6）做好记录并跟踪落实。

▶▶ 实　训

| 实训项目 | 电话预订服务 |
|---|---|
| 实训要求 | 电话预订服务程序、方法及要领。<br>服务语言的运用 |
| 实训内容 | 情景模拟：受理电话预订 |

### 电话预订考核标准

| 考核项目 | 应得分 | 扣分 | 考核项目 | 应得分 | 扣分 |
|---|---|---|---|---|---|
| 迅速接听，主动问候 | 5 | | 告知保留期限 | 10 | |
| 仔细聆听，了解需求 | 5 | | 致谢并道别 | 5 | |
| 合理介绍 | 10 | | 填写预订单 | 5 | |
| 对餐厅产品熟悉 | 10 | | 礼貌、微笑 | 10 | |
| 复述预订内容 | 10 | | 音量、语速 | 10 | |
| 留下联系方式、姓名 | 10 | | 整体印象 | 10 | |
| 总成绩： | | | | | |

# 任务二　迎宾服务

## 一、熟悉餐桌布局

(1) 事先掌握当餐预订情况。

(2) 准备好菜单。

(3) 在开餐前 5 分钟站在指定位置恭候宾客的到来，并始终保持良好的精神面貌。

## 二、确定预订

(1) 见到宾客要微笑并主动问候，了解其是否预订。

(2) 如果已预订，应问清是以什么姓名预订的，然后迅速找出预订单，换以姓氏称呼宾客。

(3) 如果未预订，应了解共有多少宾客前来就餐，然后据此引领宾客。

## 三、衣帽存放

(1) 有的餐厅设有衣帽间，供宾客存放外套及大件行李。

(2) 迎宾员引领有需要的宾客先到衣帽间，协助衣帽间服务人员存放宾客的衣物，并将取衣牌交给客人。

## 四、休息厅服务

若宾客未曾预订，餐厅客满无空桌，迎宾员应表示歉意，并引领宾客到休息厅等候，随即送上小毛巾、热茶（西餐厅用冰水），一有空桌就安排客人就座。

## 五、引宾入座

(1) 迎宾员走在宾客右前方 1 米左右处，引领宾客到适当的餐桌。

(2) 迎宾员先征询宾客对餐桌位置、就餐环境的意见，并尽可能让宾客满意。

(3) 迎宾员祝宾客用餐愉快。

(4) 当桌服务人员见到宾客需微笑问好，迅速拉椅，协助宾客入座，进行开餐服务。

 温馨提示

☆问候客人遵循女士优先的原则。

☆如果知道客人的姓名或职务，要称呼客人的姓名或职务。

☆第一次问候客人时，客人忙于谈话而没有应答，应在客人就座后再问候一次。

☆询问客人是否吸烟，如果吸烟，要请客人在吸烟区就座。

☆要提醒宾客贵重物品需随身携带。

☆引宾入座遇有拐弯或障碍物时，需回头向宾客示意。

☆为客人指示方向时，必须四指并拢、手心向上，不能用手指指。

▶▶ **实 训**

| 实训项目 | 迎宾服务 |
|---|---|
| 实训要求 | 迎宾服务程序、方法及要领<br>服务语言的运用 |
| 实训内容 | 情景模拟：迎宾模拟 |

**迎宾服务考核标准**

| 考核项目 | 应得分 | 扣分 | 考核项目 | 应得分 | 扣分 |
|---|---|---|---|---|---|
| 站姿挺拔、规范 | 20 | | 合理安排座位 | 5 | |
| 使用礼貌用语 | 10 | | 拉椅让座 | 10 | |
| 引领手势 | 5 | | 翻茶杯，斟茶 | 15 | |
| 引领距离、速度适当 | 10 | | 操作有序、规范 | 5 | |
| 面带微笑 | 10 | | 整体印象 | 10 | |

总成绩：

# 任务三 香巾服务

（1）将清洁的小毛巾折好放入毛巾箱内蒸热。

（2）宾客入座后提供第一次小毛巾服务。

（3）按客人人数将小毛巾放入毛巾托内，从主宾位开始从客人右侧按顺时针绕台服务。

（4）将毛巾托放在餐盘的右侧，并对客人说："打扰了，先生/女士，请用小毛巾。"

（5）及时撤下客人已用过的冷毛巾，并询问客人："对不起，先生/女士，可以撤掉您的小毛巾吗？"经同意后撤掉毛巾。

（6）宾客用餐完毕，再次提供毛巾服务。

▶▶ **实 训**

| 实训项目 | 香巾服务 |
|---|---|
| 实训要求 | 香巾服务程序、方法及要领<br>服务语言的运用 |
| 实训内容 | 情景模拟：香巾服务，观看视频 |

**香巾服务考核标准**

| 考核项目 | 应得分 | 扣分 | 考核项目 | 应得分 | 扣分 |
|---|---|---|---|---|---|
| 站姿挺拔、规范 | 20 | | 顺序正确 | 10 | |
| 使用礼貌用语 | 10 | | 面带微笑 | 10 | |
| 上香巾姿势正确 | 10 | | 操作有序、规范 | 20 | |
| 间距适当 | 10 | | 整体印象 | 10 | |

总成绩：

# 任务四　茶水服务

（1）中餐厅客人入座后，即提供茶水服务。

（2）问清客人所需茶叶的品种，迅速用茶壶备茶。

（3）依照先宾后主的顺序为客人斟茶，至七八分满即可。

（4）斟茶时不得将茶杯从桌上拿起，手不接触杯口。

（5）随时观察，客人杯中的茶水少于1/3时应及时续斟。

## ▶▶ 实　训

| 实训项目 | 茶水服务 |
|---|---|
| 实训要求 | 茶水服务程序、方法及要领<br>服务语言的运用 |
| 实训内容 | 情景模拟：茶水服务，观看视频 |

**茶水服务考核标准**

| 考核项目 | 应得分 | 扣分 | 考核项目 | 应得分 | 扣分 |
|---|---|---|---|---|---|
| 站姿挺拔、规范 | 20 | | 顺序正确 | 10 | |
| 使用礼貌用语 | 10 | | 面带微笑 | 10 | |
| 操作姿势正确 | 10 | | 操作有序、规范 | 20 | |
| 间距适当 | 10 | | 整体印象 | 10 | |

总成绩：

# 任务五　点菜服务

点菜服务是一项技术性很强的工作，它要求服务人员熟悉菜单，熟悉菜肴特点、菜式单位、点菜分量和宾客饮食特点，语言表达准确流畅，懂得有关服务礼仪，并有一定的推销技巧和随机应变能力。

## 一、准备

事先准备好笔和点菜单。点菜单一般一式三联，一联送厨房，一联送结账台，一联留餐厅服务备用。另外，还要准备好纸、笔，画好宾客座位示意图（西餐）。

## 二、询问

宾客示意点菜后，紧步上前，首先询问主人是否可以点菜："请问，先生/女士，可以点菜了吗？"得到主人首肯后，站在宾客身后右侧为其点菜。

## 三、推荐

根据宾客性别、年龄、国籍、口音、言谈举止等判断宾客的饮食偏好、消费目的，结合用餐时间，用诚挚的语气、清晰的口齿，有针对性地向宾客推介菜肴，使客人了解菜肴主、配料，味道及制作方法，引导宾客购买和享用。

## 四、填写食品菜单

（1）站在客人右侧约 30 厘米处，左手持点菜单于身前，右手握笔随时准备记录。

（2）在食品订单上写清服务人员姓名、客人人数、台号、日期及送单时间。

（3）将客人所订食品整齐地书写在食品订单或台签（即宾客座位示意图）上，字迹要清楚，一式三份。

（4）食品订单的填写顺序为冷菜、汤、热菜、小吃、炒饭或炒面、甜食等，并应注明甜食服务时间。

## 五、附属订单内容

客人点菜完毕，服务人员需清晰地重复客人所点菜肴的名称和数量，并得到客人确认。

## 六、额外点菜的处理

客人点要菜单以外的菜肴时，在客观条件允许的情况下，可对客人做出承诺，并在点菜单中加以明确说明；若条件不允许，应礼貌地予以拒绝。

## 七、致谢

点菜结束后要及时收回菜单，并向客人表示谢意。

## 八、送出订单

（1）将客人的菜单收回，放在服务台边柜上。

（2）用最快的速度把订单分送到厨房、传菜部、收款处。

## ▶▶ 实 训

| 实训项目 | 点菜服务 |
|---|---|
| 实训要求 | 点菜服务程序、方法及要领<br>服务语言的运用<br>推销技巧 |
| 实训内容 | 情景模拟：点菜服务，观看视频 |

## 温馨提示

☆点菜时，不要忘了询问客人有没有忌口的菜。若是回民，需服务清真菜肴。

☆推销菜品时要留给客人思考和比较选择的时间，切忌催促客人或以指令性语气与客人进行交谈。

☆为客人指示菜单中的菜品时，切忌用手或手中的笔指指点点，应该掌心向上五指并拢指示。

☆书写食品订单时，应将订单放在左手掌心，站直身体，而不能将订单放在客人餐桌上。

### 点菜服务考核标准

| 序号 | 考核内容 | 考核要点 | 配分 | 评分标准 | 扣分 | 得分 |
|---|---|---|---|---|---|---|
| 1 | 站位 | 立于指定位置（餐厅门口），站姿优雅，不得依靠门或其他物体 | 4 | 1. 站立位置不正确，扣1分<br>2. 站姿不标准，扣1～3分 | | |
| 2 | 迎客 | 1. 客人迎面走来，距服务人员1.5米～2米，感觉与客人目光相遇时，面带微笑迎上前，向客人行30°鞠躬礼，并向客人问好和表示欢迎<br>2. 致欢迎语"下午好/中午好/早上好/欢迎光临" | 6 | 1. 迎客时机不准确，扣1～2分<br>2. 行鞠躬礼不规范，扣1～2分<br>3. 表情不够自然大方，欢迎语表达不准确，语音、语速不适中，扣1～2分 | | |

续表

| 序号 | 考核内容 | 考核要点 | 配分 | 评分标准 | 扣分 | 得分 |
|---|---|---|---|---|---|---|
| 3 | 引领 | 1. 右手向前进的方向做出请的手势，并提示："先生/小姐，这边请!"<br>2. 走在客人略偏右的位置，相距约 3 步，行走速度要合适，并注意回头观察客人是否跟上了，遇到转弯时要向客人示意，并略作停留，等客人走近后再继续前行<br>3. 到达餐桌边后应先征询客人意见。如果客人不满意，应在情况许可的情况下尽量根据其要求予以更换，如果客人要求的餐桌已有预订，应做出解释和建议 | 15 | 1. 引领动作、姿态不规范，扣 1～6 分<br>2. 引领途中表情不够自然大方，征询语表达不准确，语音、语速不适中，扣 1～9 分 | | |
| 4 | 拉椅入座 | 遵循先宾后主的原则为客人拉椅，请客人入座，并协助客人存放物品和衣帽 | 10 | 1. 拉椅服务的顺序不正确，扣 1～3 分<br>2. 拉椅服务的动作不规范，扣 1～5 分<br>3. 协助客人存放物品和衣帽的意识不强，扣 1～2 分 | | |
| 5 | 提供菜单 | 1. 开餐前应认真检查菜单，保证菜单干净整洁、无破损<br>2. 当客人入座后，进行自我介绍<br>3. 打开菜单的第一页，站在主人的右后侧，将菜单（含酒水单）送至客人的手中 | 15 | 1. 开餐前准备工作不充分，扣 1～2 分<br>2. 自我介绍表情不自然大方，语音、语速不适中，扣 1～5 分<br>3. 提供菜单（含酒水单）服务动作不规范，扣 1～8 分 | | |
| 6 | 接受点菜（点酒水） | 1. 服务人员站在客人的右后方，上身微弓，左手拿点菜记录本，右手持笔，站姿美观大方，礼貌请客人点菜（酒水）<br>2. 向客人介绍菜肴、酒水<br>3. 主动与客人交流，做好客人的点菜参谋，适时进行菜点的推销 | 20 | 1. 服务人员的站姿不够规范，扣 1～3 分<br>2. 有否询问主人是否可以点菜，如无扣 2 分<br>3. 服务人员是否运用看、听、问的方法对客人进行了解，如了解不够扣 1～5 分<br>4. 推销意识、推销技巧不强，推销不合理扣 1～10 分 | | |

| 序号 | 考核内容 | 考核要点 | 配分 | 评分标准 | 扣分 | 得分 |
|---|---|---|---|---|---|---|
| 7 | 记录内容填写点单 | 填单内容准确无误，字迹清楚，无漏填 | 15 | 1. 填单内容不准确、有漏项，扣 1~12 分<br>2. 字迹不清楚、不美观，扣 1~3 分 | | |
| 8 | 复述确认 | 向客人复述所点菜点（酒水），并得到客人的确认 | 5 | 1. 复述菜点（酒水）不规范，扣 1~4 分<br>2. 所点菜肴、酒水未得到客人确认同意，扣 1 分 | | |
| 9 | 礼貌致谢 | 感谢客人，迅速下单 | 5 | 1. 未使用礼貌用语，扣 3 分<br>2. 有否将点菜（酒水）单的一联交给传菜员的模拟动作，如无扣 2 分 | | |
| 10 | 仪容仪表与卫生 | 着装、化妆、饰物和头发等符合要求，操作时动作、神态自然，手法卫生 | 5 | 1. 仪表仪容不符合要求，扣 1~2 分<br>2. 操作时动作、神态不自然，手法不卫生，扣 1~3 分 | | |

| 合计： | |
|---|---|
| 说明 | 操作时间 6 分钟，到时即停 |

否定项：考生若出现态度恶劣、强行推销的情况，应及时终止考试，考生该试题成绩记为零分

# 任务六　撤换服务

## 一、撤换餐具服务流程

（1）左手托盘，右手撤换，从客人右侧换餐，先撤出脏餐具后换新餐具，撤换时要顺时针撤换。

（2）撤换餐具时要保持托盘的干净。

（3）将撤换的餐具在恰当时送回洗碗间。

温馨提示

☆先从主宾开始撤换，用过的骨碟和干净的骨碟要严格分开，防止交叉污染。

☆吃凉菜时用的骨碟在换吃热菜时应予以更换。

☆吃鱼腥味食品、油腻很大食品、甜食时用的骨碟，在换吃其他类型的菜肴应及时予

以更换；上风味特色、汁芡各异、调味特别的菜肴要及时换骨碟。

☆客人喝过汤后，要及时换新的汤碗。

☆在骨碟里洒落有酒水、饮料或异物时，应及时换骨碟。

☆碟内骨头、残渣较多而影响台面雅观时，骨碟内的骨头或鱼骨占骨碟的1/3时，要及时更换骨碟。

☆当客人面前的菜还没有吃完而新菜又上来时，可在客人面前先放一个干净的骨碟在客人的右手边，等客人食用后再撤下前一个骨碟，以保持客人面前的骨碟总是干净的。

☆如客人失误将餐具跌落在地面上，要立即更换新骨碟。

☆在撤换骨碟时，要随时清理托盘内的杂物，保持托盘的干净无污渍。

☆在恰当的时候整理备餐桌上的脏餐具，及时把脏餐具送到洗碗间。

## 二、撤换汤碗汤勺服务流程

（1）把干净的汤碗、汤勺、汤碟放于托盘内。

（2）征求客人意见，将汤均匀地分到汤碗里。

（3）先主宾后主人分汤，顺时针上汤，当客人喝完汤后，再顺时针收取汤碗、汤勺。

（4）在恰当的时候把脏的汤碗、汤勺送回洗碗间。

## 三、撤换烟灰缸服务流程

（1）准备好备用的烟灰缸，把备用的烟灰缸放在圆托盘内，左手托着托盘右手拿着干净的烟灰缸盖在用过的烟灰缸上，将两个烟灰缸同时撤下，放到左手的托盘内，再用手将干净的烟灰缸放到原来的烟灰缸摆放的位置上。

（2）把脏的烟灰缸立即拿走，检查是否有未熄灭的烟蒂，若有要及时清理掉。换烟灰缸时应先从主宾换起，顺时针方向换，桌面上的烟灰缸内可以适当放点水，以防烟灰到处乱飞。

（3）撤换烟灰缸服务流程要求如下。

①准备好备用的烟灰缸，把烟灰缸放在圆托盘内，等待撤换。

②随时注意烟灰缸的使用情况，烟灰缸内有两个烟头就必须撤换。

③更换烟灰缸时要使用托盘，用右手将干净的烟灰缸盖在脏的烟灰缸上，将两个烟灰缸同时拿到托盘内，再将干净的烟灰缸放回桌上。

④更换烟灰缸时，要提前在烟灰缸内放些水，以保证客人在用时不会使烟灰乱飞。

### 温馨提示

☆要先从主宾换起，再顺时针给其他客人换烟灰缸。

☆要轻拿轻放，不要过于响动，以免影响客人用餐。

☆要检查烟灰缸是否干净、无破损，检查烟头是否熄灭，做好勤换烟灰缸工作。

## 四、撤换酒具服务流程

（1）准备干净的酒具放于托盘内一侧，准备好客人所需要的酒水、酒具。

（2）左手托起，右手撤换，要保证站姿不可以倾斜，以免发生危险。

（3）在撤换酒具时，应顺时针撤换，先从主宾开始，保证酒具的干净、无破损，方可上桌使用。

（4）把撤换的脏酒具在恰当的时候送到酒吧。

（5）清洗撤换酒具服务流程要求如下。

①有客人预订时，要提前准备好所需的酒具，在客人用餐过程中，如有客人需要换新酒具时，要及时更换酒具。

②在给客人撤换酒具时，要合理使用托盘，不得用不规范的程序操作。撤换酒具时，要保证身体不倾斜，以免发生危险。

③撤换酒具时，要先从主宾开始，用餐过程中如需要加酒具，可以根据实际情况来撤换，撤换酒具时要顺时针方向撤换，不得逆转撤换；客人酒杯内有异物、汤汁时要及时更换酒具；客人的酒具打碎或掉在地上，要及时更换酒具。在撤换酒具时，要做到轻拿轻放，做到不打扰客人。

④把撤换的脏酒具整理在托盘内，在恰当的时候送到酒吧台。

## 五、撤换台布服务流程

（1）撤换台布时不要将杂物放在座位上或地面上。

（2）将脏的台布及口布放在托盘内。

（3）铺台布时折叠线应与桌中线吻合。

（4）服务人员站立于副主人位置，将台布竖向打开，台布应四周下垂，使左右对称。

（5）检查铺好的台布是否有破损或污迹，如不符合标准，应马上更换新的台布。

（6）铺好台布后，把台面上的转盘放上，上转盘后要保持转盘的干净、无手印。

（7）按照餐位摆上固定的餐具。

（8）在把台布内的脏东西倒入垃圾桶后方可将其放到指定位置。

（9）撤换台布服务流程要求如下。

①先把脏台布、口布放在指定盛器里，再准备一块新的台布。

②服务人员站立于副主人位进行铺台，将台布竖向打开，铺在桌面上，用双手的大拇指、食指及中指捏起台布一侧的两端，然后轻轻将台布抖开，并向身体的里侧落下，旋盖在桌面上，拉至中股向下位于餐桌中间即可。检查台布有无破损或污迹。

③及时检查铺好的台布四周是否下垂，并保证四周下垂部分均匀，把转盘放到台面上，转动转盘及调整转盘，使转盘中轴转动灵活，无倾斜不平现象，要检查转盘是否干净无手指印按照固定的餐位摆餐具。

④提前有预订时，根据预订情况将餐具做好摆台工作后，把脏台布、口布赃物倒进垃圾筒后再送回指定位置。

▶▶▶ **实 训**

| 实训项目 | 撤换餐具、汤碗汤勺、烟灰缸、酒具、台布 |
|---|---|
| 实训要求 | 撤换服务程序、方法及要领<br>服务语言的运用 |
| 实训内容 | 情景模拟：撤换服务，观看视频 |

**撤换服务考核标准**

| 考核项目 | 应得分 | 扣分 | 考核项目 | 应得分 | 扣分 |
|---|---|---|---|---|---|
| 站姿挺拔、规范 | 20 | | 顺序正确 | 10 | |
| 使用礼貌用语 | 10 | | 面带微笑 | 10 | |
| 操作姿势正确 | 10 | | 操作有序、规范 | 20 | |
| 撤换流程 | 10 | | 整体印象 | 10 | |

总成绩：

# 任务七 结账服务

## 一、结账的要求

（1）当客人提出结账要求时应先斟上茶水，送上香巾，然后再递送账单请客人过目，呈送账单时，应使用账单夹或用托盘送上，账单应清洁、干净，账单上的账目要清楚，并经过认真核对，如发现问题，应及时解决，对客人的疑问要耐心解释。

（2）要礼貌地收取客人的钱款票证，收取钱款后，应当着付款客人的面清点唱收，并及时交到账台核对、办理。

（3）换回余款或信用卡单据后，要及时放到盘子里交还客人，并请其清点、核查。如找回的余款数量较大，应站在一侧，待宾客查点并收妥后方可离去。

## 二、结账方式

餐厅常见的结账方式有现金结账、信用卡结账、支票结账和签单结账等。

### （一）现金结账

（1）客人用餐完毕，示意结账时，服务人员应迅速到收银台取出账单，并将账单用账单夹或收银盘递送给宾客。

（2）不要主动、大声报账单总金额。

（3）宾客付现金后，应礼貌致谢，并将现金用账单夹或收银盘送到收银台，然后把找零和发票用收银盘递送给宾客，并让宾客当面点清。

### （二）信用卡结账

（1）宾客示意结账时，用账单夹或收银盘将账单递送给宾客。

（2）确认宾客的信用卡是本饭店接纳的，检查持卡人姓名、性别、信用卡有效期、持卡人身份证，并向宾客致谢。

（3）将信用卡、身份证和账单送交给收银台。

（4）收银员再次检查信用卡有效期、持卡人姓名、身份证，并核对信用卡公司的注销名册等，确认无误后，填定信用卡表格，刷卡办理结账手续。

（5）请宾客确认账单金额，并在信用卡表格上签名。

（6）核对宾客签名是否与信用卡背后签名相同。

（7）将表格"顾客副本"的存银、信用卡、身份证交还宾客，再次礼貌致谢。

### （三）支票结账

（1）宾客示意结账时，服务人员按规定将账单递给宾客。

（2）核对支票的有效期限，请宾客出示有效证件，检查支票的有关印章、电脑密码等，并礼貌向宾客致谢。

（3）交给收银台办理结账手续，如填定支票，抄下宾客的证件号码，并订在支票背后。

（4）将有关证件和发票送还宾客，并礼貌致谢。

### （四）签单结账

为方便住店宾客，饭店一般允许住店客人在餐厅以签单方式结账。宾客每次用完餐，出示房卡或其他有关证件就可以签账单，待宾客离店时一并结算。另外，与酒店有长期业务往来的当地单位，若信誉良好，也可签订结账协议，根据协议定期向协议单位结账。

（1）宾客示意结账时，应迅速准备账单并按规定递送账单给宾客。

（2）宾客出示"房卡"或"协议签单证明"，服务人员应递上笔，并核对"房卡"或"协议签单证明"。

（3）请宾客在账单上填清房间号码并进行正楷签名，或填清协议单位并进行正楷签名。

（4）宾客签完后需将账单第一、第二联交收银员核对。

（5）收银员将住店宾客账单正本留存，第二联交总台，以便宾客离店时付清。或将协议宾客账单的第二联交财务部，由财务部定期同消费单位结账。

### 温馨提示

☆注意结账时间。服务人员一般不要催促客人结账，结账应由宾客主动提出，以免造成赶宾客离开的不良印象。

☆注意结账对象。在散客结账时，应分清由谁付款，如果搞错了收款对象，容易造成客人对饭店的不满。

☆注意服务态度。结账时最易出现客人对账单有疑问的情况，这时服务人员一定要态度良好，认真核对，认真解释，不要与客人发生冲突，要讲究策略。结账时容易出现跑账和跑单的情况，一定要避免出错。结账后仍应满足客人的要求，并继续为其热情服务。

▶▶▶ **实　训**

| 实训项目 | 结账服务 |
| --- | --- |
| 实训要求 | 现金结账服务程序、方法及要领<br>服务语言的运用 |
| 实训内容 | 情景模拟：结账服务，观看视频 |

**结账服务考核标准**

| 考核项目 | 应得分 | 扣分 | 考核项目 | 应得分 | 扣分 |
| --- | --- | --- | --- | --- | --- |
| 站姿挺拔、规范 | 20 | | 顺序正确 | 10 | |
| 使用礼貌用语 | 10 | | 面带微笑 | 10 | |
| 结账要领正确 | 10 | | 操作有序、规范 | 20 | |
| 服务流程 | 10 | | 整体印象 | 10 | |
| 总成绩： | | | | | |

# 任务八　送客服务

## 一、离席确认

（1）从客人的语言表达中获知客人即将离席。

（2）客人已经起身离席。

## 二、协助离席

（1）为客人拉椅子。

（2）为客人取存放的衣物。

（3）询问客人是否需要对未吃完的食物进行打包，需要的话，为客人打包并包装，送到客人手中。

（4）征求宾客对服务工作的意见（可以是书面的或者口头的）。

（5）提醒客人带好随身物品。

（6）向客人致谢，例如"非常感谢您，欢迎您再次光临"等。

## 三、送客引领

（1）走在客人的前面，把客人送至餐厅门口。

（2）当客人走出餐厅门口时，要再一次向客人致谢，并致意欢迎再次光临。

（3）如果客人使用电梯离开，应为客人传呼电梯，为客人开启电梯门，并目送客人离开。

（4）餐厅的正门如果有汽车直接通道，客人没有自备车时，应为客人叫出租车；雨天要为客人打伞，为客人开车门，并目送客人离开。

## 四、餐厅检查

（1）检查餐厅是否有宾客的物品遗留。

（2）如果有遗留，应尽快归还客人；如果客人已经离开，应向部门经理汇报，按照相关规定处理。

（3）检查设施设备。

### ▶▶ 实 训

| 实训项目 | 结账服务 |
|---|---|
| 实训标准 | 账单核对好之后再送给客人<br>现金结账时要注意唱收唱付<br>签单时要先送上笔，请客人出示房卡、钥匙，核对客人签名及房号<br>信用卡结账时请客人出示身份证，核对此卡本店是否能接受，核对银行提供的名单，并请客人签名<br>支票结账时请客人出示身份证、联系电话、工作单位 |
| 实训用具 | 账单、账单夹、笔、房间钥匙、房卡、模拟支票、信用卡 |
| 实训内容 | 情景模拟：结账服务，观看视频 |

**送客服务考核标准**

| 考核项目 | 应得分 | 扣分 | 考核项目 | 应得分 | 扣分 |
|---|---|---|---|---|---|
| 站姿挺拔、规范 | 20 | | 顺序正确 | 10 | |
| 使用礼貌用语 | 10 | | 面带微笑 | 10 | |
| 服务要领正确 | 10 | | 操作有序、规范 | 20 | |
| 服务流程 | 10 | | 整体印象 | 10 | |
| 总成绩： | | | | | |

# 任务九　清台服务

（1）首先检查客人是否有遗留物品，若有，应立即送还宾客或交餐厅经理处理。

（2）整理好餐椅后，按照"一餐巾，二银器，三玻璃，四瓷器及其他"的顺序整理餐桌。

（3）收拾所有餐具，将其送至工作台或洗碗间。

（4）清台后，需按餐厅规定和就餐间隔情况摆放当餐餐台（翻台）或下一餐餐台。

**服务小贴士**

※当桌宾客全部离开后，服务人员才能清台。

※撤餐具时不要遗忘了小件物品，玻璃器皿要轻拿轻放

**思考题**

**一、填空题**

1. 迎宾员应根据客人情况为其安排合适的餐位，如为老年人和残疾人安排_____的餐桌，为情侣安排较为_____的餐桌等。

2. 迎宾员应根据客人情况为其安排合适的餐位，如为衣着华丽的客人安排_____的餐桌等。

3. 宴会开始前，宴会主管人员和迎宾员应提前在_____迎候宾客。

4. 茶艺按表现形式可分为_____、_____两大类。

5. 我国饮用水的水质指标有_____、_____、_____、细菌指标。

6. 名优绿茶一般都具有_____、_____、_____、_____4个特点。

7. 茶艺以人为主体可分为_____、_____、_____和_____四大类型。

8. 点菜菜单分为早、中、_____餐菜单和_____菜单。

9. 自助餐菜单与套餐菜单相似，两者的主要区别是菜点的_____和_____。

10. 根据菜单价格形式，菜单可以分为_____、_____、混合式菜单。

11. 点菜单一般一式_____联，交厨房的点菜单须经_____签章。

12. 当宾客要起身时，要主动为宾客拉开_____，随后递上宾客携带的物品，如有女士，要首先帮助女士，特别要注意照顾老人和小孩。

13. 在宾客离开餐桌时，要迅速检查一下周围是否有宾客_____。

14. 和宾客道别时，应_____注视宾客，热情、庄重，不能显示过分的高兴。

**二、选择题**

1. 餐厅烟灰缸内的烟头、烟灰（    ）处理。

A. 可包在台布内 B. 不可包在台布内

C. 等熄火后 D. 倒在地上再

2. 更换酒杯的正确操作方法是（    ）。

A. 左手托盘，右手拿杯从客人左边上

B. 右手托盘，左手拿杯从客人右边上

C. 左手托盘，右手拿杯从客人右边上

D. 右手托盘，左手拿杯从客人左边上

3. 撤换骨碟时应（    ）。

A. 先将脏的骨碟——撤下

B. 先将干净骨碟一一换上

C. 撤去脏的骨碟后再将干净骨碟换上

D. 先将干净的骨碟一一上去，再将脏骨碟一一撤去

4. 中餐宴会，撤换骨碟时应站在（　　　）开始，按顺时针方向进行。

A. 主人右边                  B. 主宾右边

C. 副主人右边             D. 副主宾右边

5. 上毛巾时，毛巾应放在垫盆内，这是因为要讲究（　　　）。

A. 美观                      B. 卫生

C. 防止烫手              D. 平稳作用

## 三、简答题

1. 换烟灰缸时，为什么要将干净的烟灰缸盖在脏烟灰缸上面同时取下？

2. 更换餐具时应注意什么？

3. 送客服务时有哪些注意事项？

4. 送客时应有的礼仪有哪些？

5. 结账时应注意哪些事项？

6. 餐饮服务中，当客人要求签单或用信用卡结账时，应如何处理？

7. 食物打包过程中应注意哪些问题？

## 四、案例分析题

1. 一天中午，一位住在某饭店的外籍客人到饭店餐厅去吃午饭，走出电梯时，站在梯口的迎接服务人员小吴很有礼貌地向客人点头，并且用英语说："您好，先生！"客人微笑地回道："你好，小姐。"当客人走进餐厅时，餐厅引领员以同样的话问候："您好，先生。"那位客人微笑地点了一下头，没有开口。客人吃好中饭，顺便到饭店的庭园中去散步，当走出大门时，门童小王又是同样的一句："您好，先生。"这时客人只是下意识地点了一下头了事。等到客人重新走进大门时，小王的"您好，先生"声再次传入客人的耳中。此时，这位客人已感到不耐烦了，默默无语地径直去乘电梯准备回客房休息。而他恰巧在电梯口又碰见了小吴，小吴自然又是一成不变的套路："您好，先生。"客人实在不高兴了，装做没有听见似的，皱起了眉头，而小吴还丈二金刚摸不着头脑！

这位客人在离店时给饭店总经理留下一封投诉信，信中写道："……我真不明白你们饭店是怎样培训员工的，在短短的一个中午时间内，我遇见的几位服务人员竟千篇一律地简单重复着一句话'您好，先生'，他们难道不会使用些其他的问候语句吗？"

【问题讨论】

为什么会出现这种情况？我们在迎宾过程中应注意哪些问题？

2. 在东南沿海某四星级酒店考察时，接待人员把我们引领到了大堂边的一个金碧辉煌的接待室，等候总经理召见。落座后，服务人员在每位客人的茶几上摆上茶杯，然后用手从茶叶筒里取出茶叶，依次放入每个客人的杯子里，再用暖水瓶往杯子里倒水。5分钟后，服务人员尚未把滚烫的开水倒完，总经理来了，干渴的客人没喝上一口水就离开了，茶水服务以失败告终。

**【问题讨论】**

请分析本次茶水服务失败的原因。

3. 华东沿海某城的一家餐馆里正一派忙碌气氛，但坐在餐厅正中央一张小方桌前的几位宾客却闷闷不乐。这一切被服务人员小王看在眼里，她估计可能是客人对刚刚递过去的账单有意见。小王微笑着向客人走去，亲切地问道："先生，需要我做些什么吗？"客人见状说出了不愉快的原因，他们原本估计今天的就餐价格约在200元上下，可账单上却写着503元，他们不明白是什么原因。小王认真地听完后，先安慰客人让他们别着急，接着再到账台上去查询。原来问题出在大盘醋溜黄鱼上，菜单上写明每50克22元，而客人却误以为一盘菜22元，那条黄鱼实际上重750克，计价330元。

**【问题讨论】**

如果你是小王，你该如何做？对餐厅管理提出你的意见。

4. 秋日的一个晚上，吕先生和萧先生来到某饭店的中餐厅，已等候多时的万先生和他的下属们热情地迎上前去，他们寒暄了一阵后便在引领员的引领下进入已经预订好的包厢里入座。值台服务人员小史便开始了一系列的餐前服务，向客人问茶后，小史迅速为客人倒好茶水，并送上了小毛巾。在小史为客人铺餐巾、去筷套时，萧先生看看左边又看看右边，问小史："小姐，哪块小毛巾是我的？"小史回答说："左边的毛巾应该是您的。"此时，坐在萧先生左边的吕先生刚好拿起右手边的小毛巾，听了小史的话，他擦也不是，放下也觉得不合适……

**【问题讨论】**

为何会出现这种情况？服务人员应当怎么做？

# 模块四　餐厅服务流程

## 项目一　中餐厅服务

### 任务一　中餐简介

#### 一、中餐烹饪简介

中式烹饪具有悠久的历史、精湛的技术、丰富的品类、众多的流派、独特的风格，是中国数千年烹饪发展的宝贵结晶，享有世界盛誉。作为中国文化的重要组成部分，其又被称为中华食文化，并且是世界三大菜系之一。中式烹饪讲究色、香、味、意、形、养俱全，更重要的是，不管何种流派、何种风格、何种品类，都符合科学的营养学标准，有利于人的健康。

中式烹饪的特点如下。

在中国，真可以说是走到哪里、吃到哪里。全国各地的饭店、酒家、餐馆、食摊比比皆是。尤其是各大中城市，往往可以品尝到南北各地的饮食风味。即使在国外，中式餐馆也很多，几乎遍布世界各地。这些中餐馆常常是宾客满座，生意十分兴隆。在美国，中餐馆更是多得惊人，仅纽约一座城市就有5000家以上。

1. 选料广泛

在选料上，由于我国多数人在饮食上受宗教的禁忌约束较少，而人们在饮食上又喜欢猎奇，讲究物以稀为贵，所以中餐的选料非常广泛，几乎是飞、潜、动、植无所不食。

2. 刀工精细

原料加工上，中餐厨师非常讲究刀工，可以把原料加工成细小的丝、丁、片、末等。

3. 烹调方法多样

烹调上，中餐做菜一般使用圆底锅、明火灶中餐烹调方法非常多，如炸、熘、爆、炒、烹、炖、焖、烩、熏、炝等。

4. 口味丰富

口味上，中餐菜肴大都有明显的咸味，并富于变化，多数菜肴都是完全熟后再食用。

5. 主食明确

主食上，中餐有明确的主、副食概念，主食有米、面等多种制品。

### 服务小贴士

**【三三三三型厨师】**

❈第一个"三"，是指3年系统的专业教育，拥有烹饪院校（含研究生、本科、大专、中专、中技或职中）的正规学历。

❈第二个"三"，是指3年扎扎实实的拜师学艺的经历。

❈第三个"三"，是指3年的走南闯北，跑过3个以上的码头，会做3种以上的地方风味菜，能够师承百家，一专多能。

❈第四个"三"，是积极参加各种培训进修、参观交流和考核比赛，在30岁左右力争冒尖。

## 二、中餐厅基本类型

中餐厅主要有地方风味餐厅、少数民族风味餐厅、特色菜肴餐厅和主题中餐馆等几种类型。

**（一）地方风味餐厅**

主要以经营川、苏、鲁、徽、闽、湘、粤等菜系为主，大多数以家常系列菜肴为主，是众多消费者的首选。

**（二）少数民族风味餐厅**

以某一民族较为有名的菜肴为经营特色。

**（三）特色菜肴餐厅**

选择一些较大众的代表菜或一两道招牌菜，吸引喜爱该类菜肴的顾客群体作为餐厅的消费者。

**（四）主题中餐馆**

以某一时期或某一背景、历史故事、文化名人、某一主题等为餐厅主线，吸引喜爱这一风格或主题的顾客群体。

### 服务小贴士

❈中国台北士林区一家名为"便所"（Modern Toilet）的主题餐厅以马桶式幽默吸引了大量年轻人群。

❈上海老站餐厅通过老式家居布置和火车的改装，营造了老上海怀旧和名人专列两个主题。

❈巴厘岛印尼餐厅则是通过民俗文化的展示和当地物件的陈列来表现巴厘岛的主题的。

❈橄榄树餐厅是通过大量应用特别的装饰材料来突出地中海风情主题的。

❈硬石音乐餐厅则是以摇滚音乐为主题来突出餐厅特色的。

### 三、中国菜肴基本知识

我国地域辽阔，人口众多，不同的民族、不同的地理环境、不同的生活习惯和不同的文化形成了众多不同的菜肴风味。按照地区、历史和风味等特点，中国菜可分为地方菜、宫廷菜、官府菜、素菜和少数民族菜等。

#### （一）地方菜

1. 概念

地方菜指选用当地出产的质地优良的烹饪原料，采用本地区独特的烹调方法，制作出具有浓厚地方风味的菜肴。

2. 地位

它是中国菜的主要组成部分。

3. 主要代表

如下表所示。

| 项目名称 | 特点 | 名称 | 味型 | 产生时期 | 代表名菜 |
| --- | --- | --- | --- | --- | --- |
| 川菜 | 一菜一格，百菜百味 | 四川菜 | 复合味 | 秦汉 | 开水白菜、宫保鸡丁、麻婆豆腐 |
| 鲁菜 | 御膳主体 | 山东菜 | 清香味 | 春秋战国 | 德州扒鸡、糖醋鲤鱼 |
| 淮扬菜 | 南北皆宜，甜咸适中 | 苏菜 | 原汁原味 | 先秦 | 常熟煨鸡、三套鸭 |
| 粤菜 | 用料广博、奇异 | 广东菜 | 鲜香清淡 | 南北朝 | 烤乳猪、白切鸡 |

（1）开水白菜。开水白菜原系川菜名厨黄敬临在清宫御膳房时创制。后来黄敬临将此菜制法带回四川，广为流传。开水白菜烹制不易，其关键在于吊汤，汤要味浓而清，清如开水一般，成菜乍看如清水中泡着几棵白菜心，一星油花也不见，但吃在嘴里却清香爽口、鲜美异常。特点：清淡可口，鲜味极美。

（2）宫保鸡丁。宫保鸡丁，四川传统名菜。由鸡丁、干辣椒、花生米等炒制而成。传说是清末四川总督丁宫保的家厨创制的。特点：鲜香细嫩，辣而不燥，略带甜酸味道。

（3）麻婆豆腐。麻婆豆腐是四川著名的特色菜。相传清代同治年间，四川成都北门外万福桥边有一家小饭店，女店主陈某善于烹制菜肴，她用嫩豆腐、牛肉末、辣椒、花椒、豆瓣酱等调料烧制的豆腐，麻辣鲜香，味美可口，十分受人欢迎。当时此菜没有正式名称，因陈某脸上有麻子，人们便称它为"麻婆豆腐"，从此名扬全国。

（4）德州扒鸡。德州扒鸡原名"德州五香脱骨扒鸡"，是山东德州的传统风味菜肴。它最初是由德州德顺斋创制。在清朝光绪年间，该店选用重1000克左右的壮嫩鸡，将其油炸至金黄色，然后加口蘑、上等酱油、丁香、砂仁、草果、白芷、大茴香和饴糖等调料精制而成。成菜色泽红润，肉质肥嫩，香气扑鼻，越嚼越香，味道鲜美，深受广大顾客欢迎。

（5）糖醋鲤鱼。糖醋鲤鱼是山东济南的传统名菜。济南北临黄河，黄河鲤鱼不仅肥嫩鲜美，而且金鳞赤尾，形态可爱，是宴会上的佳肴。《济南府志》上早有"黄河之鲤，南阳之蟹，且入食谱"的记载。据说糖醋鲤鱼最早始于黄河重镇——洛口镇。当初这里的饭馆用活鲤鱼制作此菜，很受食者欢迎。

（6）常熟煨鸡。常熟叫化鸡，又称煨鸡，是富有传奇色彩的吴地名菜，蜚声海内外，人们习惯称之为叫化鸡。叫化鸡选用当地著名的鹿苑鸡（即四三鸡），宰杀后去毛洗净，腋下开口，去内脏洗清，鸡膛内加干贝、香菇、虾米、火腿片等辅料，以及葱、姜、酒、糖等调料，用荷叶捆扎后外裹黄泥，放烤炉中煨烤。食时敲开泥壳，装上盘，淋上芝麻油，随带芝麻甜酱、葱白段蘸食。煨鸡皮色有光泽，异香扑鼻，鸡肉酥烂，味透而嫩，原汁原味，上筷骨肉即离，腹藏配料，鲜美异常，具有独特风味。

（7）三套鸭。三套鸭是中国名菜之一，品尝时有层次感。家鸭鲜肥，野鸭香酥，菜鸽细嫩，又兼火腿、香菇冬笋点缀。运用传统的炖焖方法，使肥、鲜、酥、软、糯、醇、香融于一菜。三套鸭在全国菜典中仅此一例。清代中叶扬州已出现武鸭，将半只咸腊鸭与半只鲜鸭一锅同炖，鲜借腊香，腊助香味。后来的厨师从清代李渔的《闲情偶寄》中"诸禽贵幼，而鸭贵长"、"雄鸭功效比参芪"的观点得到启发，选用物性截然不同的两鸭一鸽，腊鸭改用野鸭，采用火腿、香菇冬笋等助鲜，助味原料，形成此菜味道浓淡之间和谐的对比。

（8）烤乳猪。广州有一道脍炙人口的佳肴，名叫"烤乳猪"。早在西周时，此菜就被列为"八珍"之一。

（9）白切鸡。它是粤菜鸡肴中最普通的一种，属于浸鸡类。以其制作简单，刚熟不烂，不加配料且保持原味为特点。做法：选用1千克以下的本地鸡，洗净后在微沸水中浸约15分钟，其间将鸡提出两次，然后在水中冷却，表皮干后浇花生油，食时备以姜蓉、葱丝拌盐，淋上熟油后盛碟中蘸着吃。白切鸡皮爽肉滑，清淡鲜美。著名的泮溪酒家白切鸡曾获商业部优质产品金鼎奖。此外，清平鸡也是白切鸡的一种。

**（二）宫廷菜**

**1. 概念**

宫廷菜是指我国历代封建帝王、皇后、皇妃等享用的菜肴。

**2. 仿膳**

现在人们品尝的宫廷菜主要是清代御膳房里流传下来的一些菜肴，故称"仿膳"。

**3. 选料**

原材料主要是名贵的山珍海味，如鱼翅、燕窝、鲍鱼等。

鲁菜是宫廷菜的主要组成部分。

**（三）官府菜**

**1. 概念**

官府菜是历代封建王朝的高官为在自己官府中宴请宾朋而网罗名厨，进行菜肴制作和研究，从而形成的具有一定影响的菜肴。

2. 具有影响的官府菜

(1) 孔府菜。我国著名的文化古城山东省曲阜城内的孔府，又称衍圣公府。这座坐北朝南三启六扇威严的宫殿式府第，门额上高悬蓝底金字"圣府"，它是孔子后裔的府第。在中国封建社会，孔府既是公爵之府，又是圣人之家，是"天下第一家"。历代统治者都把孔子的后裔封为"圣人"。于是有很多的官员来孔府，主人为了招待他们做了很多美食，久之便创造了独具特色的孔府烹饪。

(2) 谭家菜。谭家菜出自清末官僚谭宗浚家，流传至今已有百余年历史。

谭宗浚的父亲谭莹是清朝一位有名的学者，谭宗浚在同治时考中了榜眼，谭宗浚一生酷爱珍馐美味，作京官时，便热衷在同僚中相互宴请，"饮宴在京官生活中几无虚日。每月一半以上都饮宴"。宴请同僚时，谭宗浚总要亲自安排，赢得同僚们众口一词的赞扬，因此，在当时京官的小圈子中，谭家菜便颇具名声。

(3) 随园菜。南京随园菜与曲阜孔府菜、北京谭家菜并称为中国著名的三大官府菜。

随园菜得名于袁枚所著的《随园食单》。袁枚所著的《随园食单》是清代一部系统地论述烹饪技术和南北菜点的重要著作，该书所载的名馔以当时的南京特色风味为主，兼收江、浙、皖各地风味佳肴和特色小吃共计 326 种。

**(四) 素菜**

素菜是指以植物类食物和菌类植物为原料烹制而成的菜肴。

中国素菜是中国菜的一个重要组成部分，其显著特点是以时鲜为主，选料考究，技艺精湛，品种繁多，风味别致。

中国素菜由寺院素菜、宫廷素菜、民间素菜三种风味组成。寺院素菜又称斋菜是专门由香积厨（僧厨）制作，供僧侣和香客食用的菜肴；宫廷素菜是专门由御厨制作，供帝王斋戒时享用的菜肴；民间素菜是在继承传统素菜品种的基础上吸收了宫廷和寺院素菜的精华而在民间素菜馆发展形成的菜肴。

**(五) 少数民族菜**

1. 概念

少数民族菜又称民族风味菜，主要指少数民族食用的风味菜。

2. 主要代表

(1) 回族菜。回族菜是汇集信奉伊斯兰教的各族民间烹调精华而发展起来的一种民族风味菜肴。因回族信仰伊斯兰教，居住地都建有清真寺，故又名清真菜。所用肉类原料以牛、羊、鸡、鸭为主，制法以溜、炒、爆、涮见称，习用植物油、盐、醋、糖调味。其特点是清鲜脆嫩，酥烂浓香。尤以烹制羊肉最为擅长，其"全羊席"更是脍炙人口。名菜有卷煎饼、秃秃麻失、八耳塔、古剌赤、碗蒸羊、酿烧味、酿烧兔、琉璃肺、聚八仙、水晶羊头、涮羊肉。

(2) 朝鲜菜。朝鲜族的食品以辣为一大特色。它的辣和中国四川的麻辣不同，属于只辣不麻的类型，且常多"冷辣"。另一个特色是少油。朝鲜人的日常伙食很简单，一般就是米饭、泡菜再加一碗汤。朝鲜族的米饭白而且香软，很有黏性，吃的时候如果包上一张撒盐的紫菜，饭本身的黏性会将紫菜包紧，吃起来又香又糯，十分可口。朝鲜人对泡菜情有独钟。饭桌上没有泡菜，朝鲜人是吃不下饭的。泡菜的种类很多，做泡菜的材料也是五花八门。最常见的是辣白菜，红艳、辛香，保持了原有的水分，吃起来辛辣却没有苦涩的感觉。

（3）维吾尔族菜。新疆各少数民族都有自己的传统饮食，但都离不开牛、羊的肉和乳，遗留着古老的游牧、狩猎和农牧结合的传统，具有独特的风味。

（4）满族菜。满族是我国少数民族之一，有着悠久的历史，其直系先人为明代的女真，金代时，曾有大量女真人进入中原地区，后接受汉族先进的经济文化而大多融入汉族当中，在明末清初时，分布在东北各地的女真部落和女真人方才统一起来成为共同体。清代满族菜用料丰富，多山珍海味，在烹饪方式上多用烧烤、白煮、煨、炖、拌等，喜用火锅涮肉食。口味以咸鲜、辛香、浓郁为主，也有油而不腻或清鲜之品。

（5）藏族菜。西藏菜主要形成于 20 世纪 50 年代后，它是中华民族整个风味体系中独具特色的一支。原料以牛、羊、猪、鸡等肉食为主，并有土豆、萝卜等蔬菜。饮食以米、面、青稞为主。喜欢重油、厚味和香、酥、甜、脆的食品，调料多辣、酸，重用香料，常用烤、炸、煎、煮等做法。

### 服务小贴士

※商周时期——金属工具、原始瓷器、酿酒作坊和食盐的出现为餐饮业的形成创造了条件。

※丝绸之路——引进石榴、芝麻、葡萄、胡桃（即核桃）、西瓜、甜瓜、黄瓜、菠菜、胡萝卜、茴香、芹菜、扁豆、莴笋、大葱、大蒜。

※东汉——淮南王刘安发明豆腐。

※东汉——发明了植物油。

※商周——火锅（击钟列鼎）。

※先秦——鱼丸。

※晚清——慈禧的"海吃"。

# 任务二 中餐零点服务

## 一、中餐零点餐厅的概念及特点

### （一）概念

零点餐厅是指宾客随点随吃、自行付款的餐厅，通常设置散台，并接受预约订餐。早餐供应点心、粥、面等品种，由宾客自行挑选，服务人员记录点心卡，按卡结账；午、晚餐提供菜单，接受宾客点菜，饭菜及酒水饮料供应到后，最后凭点菜单结账。

### （二）特点

由于零点餐厅的主要任务是接待零星宾客就餐，宾客多而杂，人数不固定，口味需求不一，到达时间交错，这造成餐厅接待的波动性较大、工作量较大、营业时间较长。所以，要求在服务上突出周到、细致、热情、体贴。在接待、点菜、上菜、结账等环节中，要做到迅速快捷而不紊乱。服务人员要有较全面的服务知识和服务技巧，菜单上的花色品种要比较全面，而且，食品原料的储备以及餐厅餐具等物资的准备必须充足，以适应和满足各种消费层次宾客的需求。

## 二、中餐早茶服务流程

### （一）准备工作

（1）按餐厅要求着装，按时到岗，接受任务。

（2）按规定进行餐前清洁工作，如检查地面卫生，保持餐具、棉织品等清洁卫生。

（3）按照早茶摆台规范摆台。

（4）烧好开水，备好茶叶和各种作料、开餐用具、服务用具，补充工作台用品。

（5）召集班前会，进行人员分工，检查服务人员个人卫生、仪表和精神面貌，强调营业注意事项。

### （二）沏茶斟茶

1. 准备工具

沏茶工具主要有茶壶、茶杯、茶盘、茶杯碟、热水瓶。

2. 准备原料

准备纯净开水和各式茶叶。

3. 沏茶

茶叶放入量以客人喜好为凭，一般一壶茶放1～2勺茶叶，普洱易浓，可少放些茶叶，龙井茶则可多放些。

4. 斟茶

从客人右侧为客人服务，女士优先。茶壶应垫茶盘，茶盘最好放垫布，以防茶壶嘴漏水，斟茶将停时可略旋壶身，让最后一滴茶水沿壶嘴流下而不滴落。

斟茶量以2/3为宜。中国有句古话"酒满敬人，茶满赶人"，故此斟茶一般不宜满斟。当茶壶中剩1/3茶水时，应为客人添加开水，切忌待壶内无水时再添加开水。

### （三）早茶服务程序

问候—拉椅让座—问茶、上香巾—脱筷子套、揭茶杯—沏茶、斟茶、问点心—上点心—收空笼空碟—换骨碟、烟灰缸—注意点心跟催推介—帮客人斟茶—结账收钱—送客人—翻台。

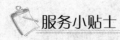 服务小贴士

**【早茶文化历史】**

在咸丰同治年间有一种馆子叫"一厘馆"，它的设备很简陋，木桌板凳，供应糕点，开口挂一个木牌子，写着"茶话"两个字，为客人提供一歇脚叙谈、吃东西的地方。后来又出现了"茶居"，"居"即"隐"，即躲起来，也是为了给一些悠闲的人提供消磨时间的好去处。后来茶居规模大了才改名成茶楼。当时佛山经营茶楼的人都买下土地建几层高的茶房，然后用来经营大型茶楼。大茶楼越来越多，此后，广东人开始有喝早茶的习惯了。

### 三、中餐零点服务流程

#### (一) 召开餐前例会

餐前例会由餐厅经理或主管主持，一般在开餐前 30 分钟召开，时间 15 ～20 分钟。餐前例会的内容如下。

(1) 检查服务人员个人卫生、仪容仪表和精神风貌。

(2) 进行任务分工。

(3) 通报当日客情、VIP 接待注意事项。

(4) 介绍当日特别菜肴及其服务方式，告知缺菜品种。

(5) 总结昨日营业及服务经验和存在的问题，及时表扬服务好的服务人员。

(6) 抽查新员工对菜单的掌握情况等。

### 服务小贴士

❋要有时间的限制，一般以 10～15 分钟为宜。

❋要有统一约定的开会时间，通常午餐餐会在上午 10 点进行，晚餐餐会在下午 4 点进行。

❋开会时要求员工列队，做好充分的准备，事先写下开会时要讲的工作要点。

❋开会时要抱着期望员工做好工作的态度去激励员工。

❋讲话要清晰，气氛要轻松，让员工易于接受。定期请上级到会指导。

❋及时传达上级的指示，做到下情上报、上情下传。

❋要允许并重视员工反映问题，而且要及时解决。

❋遇到重要问题可延长开会时间。

❋利用餐前会实施培训和技术交流。

❋强调餐厅制度及工作标准。

❋开餐前要检查员工的仪容、仪表是否符合要求。

#### (二) 餐前检查

1. 员工准备

员工按餐厅规定着装、化妆。

2. 餐厅摆台准备

(1) 餐具定位准确。

(2) 餐具距离均等。

(3) 餐厅所有餐具横竖成一直线。

(4) 餐具干净卫生，无破损。

(5) 擦拭各种餐具。

3. 备餐台准备

4. 物品齐全，分类摆放，干净整齐，使用方便。

(1) 检查设备。

（2）开餐前1小时检查所有照明设施、空调、背景音乐开关及音响设备是否正常，发现问题及时报修。

（3）检查预订摆台。

（4）所摆餐位符合预订人数。

（5）指示牌干净，内容准确。

（6）餐台鲜花新鲜、美观，无客人禁忌。

（7）客用菜单干净，内容正确无误。

餐前检查是对餐厅准备工作的全面检阅，主要包括台面及桌椅安排的检查，各项卫生的检查，工作台的检查，设施设备状况的检查，宾客预订的落实情况检查及服务人员仪容仪表、精神面貌的检查，确保餐厅的人、财、物以最佳状态投入到宾客接待工作中。

**（三）中餐零点服务程序**

敬语迎宾—引宾入座—递巾问茶—脱筷子套、松餐巾、揭茶杯—呈递菜单、酒水单—沏茶、斟茶—上餐前小吃—斟调味油—点菜、点酒水—服务酒水—收茶水、茶碟、茶壶、小毛巾—上菜—巡台—上甜品、水果—上小毛巾—上茶—结账—送客—清台。

## 四、中餐零点服务操作要领

| 宾客动向 | 服务环节 | 工作内容 | 操作方法 | 一般用语 |
|---|---|---|---|---|
| 入厅 | 迎宾服务 | 1. 迎宾 | 微笑、欠身行礼 | 欢迎光临 |
| | | 2. 询问是否预订或进餐人数 | 站在客人对面礼貌询问 | 您预约座位了吗 请问您几位 |
| | | 3. 引领入座 | 走在客人的右前方1米处 | 请这边走 |
| | | 4. 拉椅让座 | 双手轻拖椅背，然后右手示意往前轻推 | 您请座 |
| 入座 | | 5. 递上餐牌 | 右手拿餐牌上部，递给女宾或主宾，也可每人一份 | 请您先看看今天的菜单，祝您进餐愉快 |
| | | 6. 递上香巾 | 用香巾夹，从每位宾客右边递上 | 晚上好，请用香巾 |
| | | 7. 奉上香茗 | 逐一斟倒 | 请用茶 |

续表

| 宾客动向 | 服务环节 | 工作内容 | 操作方法 | 一般用语 |
|---|---|---|---|---|
| 就餐 | 就餐服务 | 8. 听单 | 备好笔、纸和单据，站在宾客桌旁，与主人相距一臂远，欠身、微笑 | 我们今天的特色菜有…… 对不起，打扰了，可以点菜吗 |
| | | 9. 写单 | 点单上填明台号、人数、时间，书写规范，缩写要符合要求 | 您要了……还需要……您点了……对吗 |
| | | 10. 落单 | 留顾客一联，交收银台、传菜员各一联，拿单时夹上餐台夹，及时送入各厨房间 | 谢谢，请您稍等 |
| | | 11. 稍整理餐台，收掉多余餐具或增补餐具 | 用托盘操作 | |
| | | 12. 送上酒水 | 数量较少时可用托盘送，数量较多时可用小型酒水车送。根据酒水特点或宾客需求，对酒水作适当处理 | 这是您要的……需要冰镇吗 |
| | | 13. 上第一道菜 | 移妥台上物品 | 这是……菜（报菜名） |
| | | 14. 斟倒酒水 | 按斟酒标准为其斟倒第一杯酒水，以后的可由客人自己倒 | 请大家用餐 |
| | | 15. 按顺序上菜 | 菜盘排放要保持餐桌的美观 | |
| | | 16. 席间服务 | 用托盘操作 | |
| 毕餐 | | 17. 续茶 | 续茶前可通知账台结账，倒掉冷茶 | 请给××号台结账 |
| 结账 | 餐后服务 | 18. 核对账单 | 要仔细、无遗漏，避免差错 | |
| | | 19. 送账单 | 用小圆盘托送或用账单夹夹送，账单反面向上 | 这是您的账单 |
| 付款 | | 20. 接受款项 | 点清数目 | 您给了……谢谢 |
| | | 21. 账台交款 | | 找您零钱 |
| | | 22. 找零 | | 欢迎再来 |
| 离席 | | 23. 拉椅送客 | 拉椅时提醒客人不要遗留物品 | |
| | | 24. 翻台 | 清洁卫生 | |

▶ 实 训

模拟操作：早餐服务流程；午餐、晚餐服务流程。

注意程序及操作要领。

观看视频。

 温馨提示

☆了解当天厨房所备菜式品种，以便更好地为客人进行点菜服务。

☆根据客人人数合理安排就餐餐桌。

☆尽可能满足客人合理而可能的要求，针对不同的顾客提供个性化服务。

☆为客人介绍菜品时要根据客人人数合理推介，不要点菜过多引起客人不满。

☆零点服务不同于宴会和团队服务，在按照服务规程操作的同时可根据客人需要灵活提供相应服务。

**中餐零点服务考核标准**

| 考核项目 | 应得分 | 扣分 | 考核项目 | 应得分 | 扣分 |
|---|---|---|---|---|---|
| 站姿挺拔、规范 | 20 | | 顺序正确 | 10 | |
| 使用礼貌用语 | 5 | | 面带微笑 | 5 | |
| 各项步骤操作要领规范 | 30 | | 操作有序、自然、大方 | 10 | |
| 服务流程 | 10 | | 整体印象 | 10 | |

总成绩：

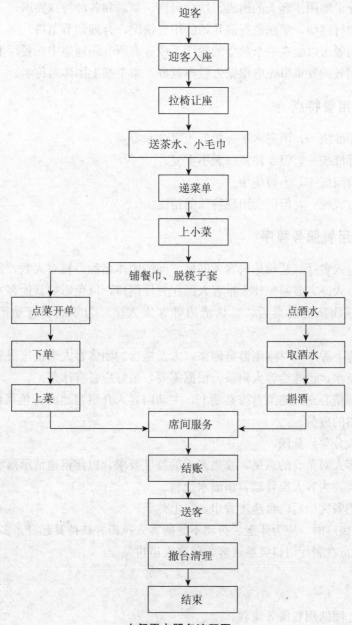

**中餐零点服务流程图**

# 任务三　中餐团队用餐服务流程

　　团体用餐服务在我国旅游饭店中占有极其重要的地位，这是由目前客源的组成所决定的。在每年所接待的旅游客人中，旅行团的比例很大，所以，要提高餐饮服务质量，必须重视团体客人的接待。团体用餐既与一般餐厅服务接待有相同的地方，又有其特殊性，相同的地方如台面布置和基本服务步骤等，这里就其特殊性作几点说明。

　　（1）团体用餐的计划性比较强，一般都是事先确定标准、人数、用餐时间等。

(2) 要充分了解团体客人的组成、饮食习惯、禁忌和各种特殊要求。

(3) 根据旅行路线，掌握旅行前几站的用餐情况，合理调节菜单。

(4) 团体用餐可以摆在一个独立的餐厅，或者有所分隔地集中在餐厅里侧的一角。

(5) 团体用餐的餐桌事先应根据人数布置好，桌上摆上团体名称卡。

## 一、团队用餐特点

(1) 用餐标准统一，消费水平一般低于宴会和零点。

(2) 菜式标准统一，但要注意每天不重复。

(3) 用餐时间统一，人数集中。

(4) 服务方式统一，但仍会出现特殊的情况。

## 二、团队用餐服务程序

(1) 客人进入餐厅，礼貌地向客人问好，问清团体名称，核对人数，迅速地引领客人到准备好的餐桌入座，要避免让大批客人围在餐厅门口，以免影响其他客人。

(2) 到达该团队的餐桌后，要热情招呼客人入座，为年老和行动不便的客人拉椅让座。

(3) 迅速递上香巾，对刚刚游览回来，未及进房的团体客人来说这很重要。

(4) 准备茶水，迅速给客人斟茶，根据需要，最好应备有冰茶。

(5) 将厨师精心烹饪的菜肴按桌端上，主动向客人介绍当地的特色菜肴，增添愉悦的气氛，解除旅游的疲劳。

(6) 为客人分菜、分汤。

(7) 征求客人对菜肴的意见，收集客人的特殊要求，以便迅速请示落实。

(8) 根据需要为客人换骨碟，添酒水饮料。

(9) 客人用餐完毕后，再递上香巾，斟上热茶。

(10) 客人离座时，应为年老、行动不便的客人拉椅并扶持其起身，多谢客人光临。

(11) 引座员在餐厅门口笑脸送客，向客人道再见。

▶▶ 实　训

模拟操作：团队用餐服务流程。

注意程序及操作要领。

观看视频。

📖 温馨提示

☆注意饭菜保温。应等宾客到齐后再上菜，不能提前上菜、上饭。

☆宾客如果点要标准外的酒水，应满足其要求，但应向宾客解释清楚差价现付。

☆个别宾客有特殊要求的，如想吃面食、不吃猪肉等的，应该尽量满足。

☆对在饭店逗留时间较长的旅行团队宾客或会议代表，应根据情况提供不同菜单，切忌每天都是重复的菜肴。

☆注意巡台，随时给宾客换餐碟、添加饮料、换烟灰缸，外宾不会使用筷子的，应及时递上叉、勺。

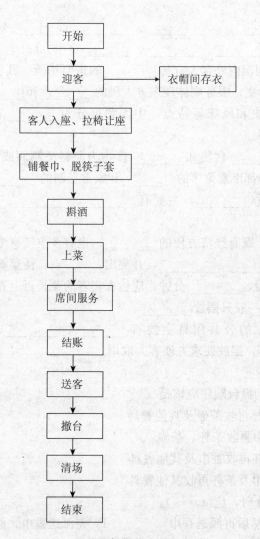

**团队用餐服务流程图**

**团队用餐服务考核标准**

| 考核项目 | 应得分 | 扣分 | 考核项目 | 应得分 | 扣分 |
|---|---|---|---|---|---|
| 站姿挺拔、规范 | 20 | | 顺序正确 | 10 | |
| 使用礼貌用语 | 5 | | 面带微笑 | 5 | |
| 各项步骤操作要领规范 | 30 | | 操作有序、自然、大方 | 10 | |
| 服务流程 | 10 | | 整体印象 | 10 | |
| 总成绩： | | | | | |

### 思考题

**一、填空题**

1. 餐前准备包含_____、_____、_____、_____4个方面。

2. 餐后服务包含_____、_____、_____3个方面。

3. 中餐厅是饭店向国内外客人宣传_____的重要场所。其建筑装潢突出_____；食品以提供_____为主；服务则体现东方人民的_____和_____，深受客人欢迎。

4. 按照地区、历史和风味等特点，中国菜可分为_____、_____、_____、_____和_____等。

5. 素菜是指以_____食物和_____食物为原料烹制而成的菜肴，主要有佛教寺庙中的_____、繁华都市素菜馆的_____和家常烹制的_____等。

6. 少数民族菜又称_____，主要有_____、_____、维吾尔族菜、_____和_____等。

7. 中国菜品繁多，既有经济方便的_____，也有乡土气息浓郁的_____。

8. 中国菜调味_____、_____，并突出_____，使菜肴口味变化无穷。

9. 零点餐厅点菜后，_____分钟，应检查宾客的菜是否上齐。

10. 中餐零点餐厅一般只摆放_____。

11. 中餐零点餐厅的公共用具主要有_____、_____、_____、_____、_____和_____等，摆放要求方便客人取用。

**二、选择题**

1. 零点餐厅早餐的撤台顺序应该是（　　）。

A. 先收香巾、茶杯再收茶壶及其他餐具

B. 先收瓷器、香巾再收茶杯、茶壶

C. 先收茶壶、茶杯再收香巾及其他餐具

D. 先收茶壶、香巾及茶杯再收其他餐具

2. 当宾客要求结账时，应（　　）。

A. 先递送账单，然后再派送香巾　　　　B. 先派送香巾，然后再派送账单

C. 先递送茶水，再递送账单　　　　　　D. 先送账单，然后再派送茶水

3. （　　）并不以品尝美味佳肴为目的，但饭店不能忽视饭菜质量。

A. 团体包餐　　　　　　　　　　　　　B. 宴会

C. 零点餐　　　　　　　　　　　　　　D. 风味餐

4. 团体客人的就餐时间比较固定，特别是（　　），基本能准时到达。

A. 早餐　　　　　　　　　　　　　　　B. 午餐

C. 晚餐　　　　　　　　　　　　　　　D. 三餐

5. 只有待就餐宾客（　　），方能打扫餐厅及环境卫生。

A. 用完餐后　　　　　　　　　　　　　B. 离开餐厅

C. 坐着聊天　　　　　　　　　　　　　D. 结账后

6. 当宾客误喝洗手盅内茶水时，服务人员应（　　）。

A. 马上向宾客说明并奉上新的茶水　　　B. 装做没看见

C. 马上向上级汇报　　　D. 关切地询问客人是否口渴

7. （　　）是指宾客随点随吃、自行付款的餐厅。

A. 零点餐厅　　　B. 团体餐厅

C. 宴会厅　　　D. 自助餐厅

### 三、简答题

1. 零点餐厅有哪些特点和任务？

2. 简述零点午餐、晚餐的服务程序。

3. 简述团体包餐的特点。

4. 简述四大菜系的代表菜及特点。

### 四、案例分析题

1. 一天，三位客人在餐厅用餐，他们点了几个热菜和一道汤，然后边谈话边用餐，服务人员默默地认真地为客人服务。结果，最后结账时客人发现有一道红烧鱼未上，但已列入了账单，于是对服务人员说："小姐，我们点的鱼没有上，这道菜不应该付钱。"服务人员立即回答："不会吧，你们的菜都上齐了。"客人肯定地说："我们根本没有看到鱼是什么样的。"并将用过的每道菜描述了一遍，服务人员无可奈何地说："那我去后台问一问吧。"过了一会儿，服务人员回来对客人说："我问过划菜员了，他说你们的菜都已出齐，如果你们认为少菜的话，我们把账单冲减一下好了。"双方僵持了很久，客人无奈，只好付账，摇摇头走了。那么，这道红烧鱼到底哪里去了？

【问题讨论】

服务人员在处理这件事时有什么不妥之处？应如何处理这件事？

2. 刘小姐是北京某四星级饭店粤菜餐厅的预订员，星期一她接到某旅行社的电话预订，要求安排 120 位美国客人的晚餐，每人餐费标准 40 元，酒水 5 元，其中，有 5 人吃素。时间定在星期五晚 6 时，付账方式是由导游员签账单（某些饭店与一些旅行社有合同，可收取旅行社的餐饮结算单，定期结账）。刘小姐将预订人姓名、联系电话、客人人数、旅游团代号、导游员姓名、宾客的特殊要求等一一记录在预订簿上。星期五晚 6 时该旅游团没有到达。此前刘小姐曾与旅行社联系进行过确认，但都没有更改预订的迹象，因此，刘小姐对其他预订均已谢绝。6 时 30 分，该团仍无踪影。刚巧，这天餐厅的上座率非常高，望着那一张张空着的餐桌，大家都着急了。餐厅经理急忙作出决定，一方面让刘小姐继续与旅行社联系，一方面允许已经上门没有预订的散客使用部分该团预订的餐桌，并与其他餐厅联系，准备万一旅游团来了使用其他撤台的餐桌。经联系，旅行社值班人员讲，预订没有改变，可能是由于交通堵塞问题造成团队不能准时到达饭店。7 时 30 分，旅游团才风风火火地来到饭店。导游员告诉餐厅，有 30 人因其他事由不能来用餐，还有 90 人用餐，其中有 3 人吃素。经理急忙让服务人员安排，并回复导游员按规定要扣除这 30 人的预订超时和餐食备餐成本费用，比例是餐费的 50%。由于团队到达时间晚，有些预订餐桌没有动，餐厅内散客的撤台率较快，加上旅游团少来了 30 人，所以 90 个美国客人到达后马上得以安排。望着这些饥餐渴饮的旅游者，大家终于松了一口气。

【问题讨论】

请从该案例分析一下餐厅接受团队预订时应注意的事项。

# 项目二 西餐厅服务

## 任务一 西餐简介

### 一、西餐的定义

西餐泛指根据西方国家饮食习惯烹制出来的菜点以及根据西方习俗提供的服务。西餐烹饪最早出现在古埃及，在公元前 2000 年埃及的城市遗址中就发现有厨房和餐厅。

广义上来说，西餐是欧美各国菜肴的总称。狭义的西餐则指的是由几个拉丁语系的国家所制作的菜肴组合而成的菜系。

### 二、西餐厅经营的特点

（1）讲究气氛、情调，突出背景音乐，主题浪漫而温馨。

（2）客源主要是外国宾客、沿海城市宾客和当地的商务客人。

（3）营业时间长短不一，通常为 18～24 个小时。扒房一般只在正餐时间营业。咖啡厅营业时间较长，一般为全天营业。

（4）经营的菜肴一般以法、美、英、俄、意式菜为主，服务方式在我国以较便捷的美式服务为主。

### 三、西式烹饪常见的烹调方法

#### （一）铁扒

铁扒是以金属（如铁）等直接传热而使原料成熟的烹调方法。用于铁扒的原料大多为肉类。

#### （二）烤

烤是一种利用辐射热能使原料成熟的烹调方法，一般分生烤和熟烤两种。烤制的原料很广，几乎所有的动物、植物原料都可以用这种方法烹制。

#### （三）焖

焖是将过油着色后的原料放置在焖锅内，加入沸水或汤、香料以及其他调味品，先大火后小火进行加热，使原料成熟的烹调方法。焖制菜肴的特点：酥软香糯、口味醇厚。

#### （四）炸

炸是用多油、旺火或中小火使原料成熟的烹调方法。根据风味和原料取材不同，炸又可以分为清炸、拖糊炸、面包炸等方法。其特点是外焦里嫩和香酥脆口。

#### （五）煎

煎是使用油量不多，运用多种火力使原料成熟的烹调方法。根据原料的需要，可分为单面煎和双面煎。

**（六）炒**

炒是将加工成丝、片、条、块、丁、粒的原料以少油、旺火急速翻拌，使原料在短时间内成熟的烹调方法。

**（七）煮**

煮是将原料置入多量清水或汤汁中，用旺火烧开，以小火煮制，使原料成熟的烹调方法。一般有冷水投料和沸水投料两种方法。

**（八）炭烧**

炭烧是将原料加工及腌渍后置入炭火炉中，以明火辐射热能直接将原料烤炙成熟的烹调方法。

**（九）汆**

汆与煮十分相似，只是时间要短，即沸水下料，快速成熟。特点是保证本色鲜味，肉质脆嫩爽口。

**（十）焗**

焗与烤类似，不同之处在于它是把经加工切配、调好味的原料先加入沙司、蔬菜或较湿的原料再进行烤制的烹调方法。

## 四、西餐主要餐用具

西餐主要餐用具如下图所示。

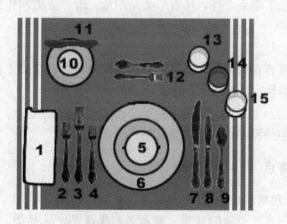

**西餐主要餐用具**

1—餐巾；2—鱼叉；3—主菜叉；4—沙拉叉；5—汤杯及汤底盘；6—主菜盘；7—主菜刀；8—鱼刀；
9—汤匙；10—面包及奶油盘；11—奶油刀；12—点心匙及点心叉；13—水杯；
14—红酒杯；15—白酒杯

## 五、西餐的组成

西餐的午餐、晚餐，不论是宴会还是便餐，大多由开胃食品、汤、副菜、主菜、餐后甜点组成。

### （一）开胃食品

又称头盘，一般有冷头盘或热头盘之分，常见的品种有鱼子酱、鹅肝酱、焗蜗牛等。因为是要开胃，所以开胃菜一般都具有特色风味，味道以咸和酸为主，而且数量较少、质量较高。

### （二）汤

西餐的汤大致可分为清汤、奶油汤、蔬菜汤和冷汤4类。品种有牛尾清汤、各式奶油汤、海鲜汤、美式蛤蜊周打汤、意式蔬菜汤、俄式罗宋汤、法式焗葱头汤。

### （三）副菜

通常水产类菜肴与蛋类、面包类、酥盒菜肴品均称为副菜。

西餐吃鱼类菜肴讲究使用专用的调味汁，品种有鞑靼汁、荷兰汁、酒店汁、白奶油汁、大主教汁、美国汁和水手鱼汁等。

### （四）主菜

肉、禽类菜肴是主菜。其中，最有代表性的是牛肉或牛排，肉类菜肴配用的调味汁主要有西班牙汁、浓烧汁精、蘑菇汁、白尼丝汁等。禽类菜肴的原料取自鸡、鸭、鹅，禽类菜肴最多的是鸡，可煮、可炸、可烤、可焗，主要的调味汁有咖喱汁、奶油汁等。

### （五）沙拉

沙拉可以安排在肉类菜肴之后，也可以与肉类菜肴同时上桌，所以可以算作一道菜，或称之为一种配菜。沙拉即指蔬菜类菜肴。与主菜同时服务的沙拉，称为生蔬菜沙拉，一般用生菜、西红柿、黄瓜、芦笋等制作。沙拉的主要调味汁有醋油汁、法国汁、千岛汁、奶酪沙拉汁等。沙拉除了蔬菜之外，还有一类是用鱼、肉、蛋类制作的，这类沙拉一般不加味汁。

### （六）甜点

西餐的甜品是主菜后食用的，可以算作第六道菜。从真正意义上讲，它包括所有主菜后的食物，如布丁、煎饼、冰激凌、奶酪、水果等。

### （七）咖啡和茶

最好是什么都不加的黑咖啡，或者是红茶。

## 六、西餐菜肴特点

### （一）取材丰富，用料讲究

西餐取材有肉类、水产类、野味类、家禽类、果蔬类、乳品类、谷物类等多种类型，仅肉类就可以划分出特级、一级、优良标准级、普通级及经济级。

### （二）烹饪注意营养价值

西餐以满足最低营养要求的膳食为最优先的考虑，注意膳食中营养素的含量及营养价值。

### （三）西餐服务具有多样性

• 法式服务也称餐车服务，具有用具讲究、装饰豪华、现场制作等特点，并配有酒水服务人员，这更使其不同凡响。

• 美式服务或称盘式服务，由厨师长控制食品质量，服务快捷，不需昂贵设备。

• 俄式服务也称大盘服务，由服务人员分让菜肴，适用于宴会服务。

• 英式服务是典型的家庭服务，由主人按家庭方式起传，把菜肴绕桌传递，客人自取菜肴，服务人员将大量精力用于清理餐桌。

## 七、西餐与酒水的搭配

西餐中，酒水与菜式的搭配有一定的规律。总的来说，色、香、味淡雅的酒品应与色调冷、香气雅、口味纯、较清淡的菜肴搭配，香味浓郁的酒与色调暖、香气浓、口味杂、较难消化的菜肴搭配，在难以确定时，选用中性酒类。

（1）餐前酒：用餐前选用具有开胃功能的酒品，如鸡尾酒、软饮料等。

（2）汤类：一般不用酒，如需要可配雪利酒或白葡萄酒。

（3）头盘：选用低度、干型的白葡萄酒，如法国勃艮地白葡萄酒。

（4）海鲜：选用干白葡萄酒、玫瑰露酒，如法国波杜白葡萄酒等。

（5）肉、禽、野味：选用12～16度的干红葡萄酒，鸡肉等白色肉配用酒度不太高的酒，牛、羊肉、火腿等红色肉配酒度较高的酒。

（6）奶酪类：一般选用较甜的葡萄酒，也可继续使用跟配主菜的酒品。

（7）甜食类：选用甜葡萄酒或葡萄汽酒。

（8）餐后酒：餐后可选用甜食酒、蒸馏酒和利乔酒等酒品，也可选用白兰地、爱尔兰咖啡等。

（9）香槟酒可在任何时候配任何菜肴饮用。

## 八、西餐主要菜式的特点及名菜

| 菜式名称 | 美称 | 特点 | 著名菜肴 |
| --- | --- | --- | --- |
| 法国菜 | 西菜天使 | • 选料广泛。常选用稀有的名贵原料，如蜗牛、牛蛙、鹅肝、黑蘑菇等。此外，还选用各种野味，如鸽子、鹌鹑、斑鸠、野鸭、鹿、野兔等<br>• 讲究对蔬菜的烹饪。规定每个菜的配菜不能少于两种<br>• 烹饪方法众多，几乎包括了西菜近20种烹饪方法，常用的有烤、煎、烩、焗、扒、焖、蒸等<br>• 追求高雅的格调，讲究原汁原味，不用有损于色、味、营养的辅助原料<br>• 特涅注重少司的制作与运用<br>• 将酒用于烹饪。香槟酒、红白葡萄酒、雪利酒、朗姆酒、白兰地酒等，是做菜常用的酒类。不同的菜点用不同的酒<br>• 香料选用考究。什么菜放什么香料，放多少香料，都有一定的规矩 | 马赛鱼羹、鹅肝、巴黎龙虾、红酒山鸡、沙福罗鸡、鸡肝牛排等 |

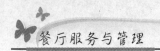
续表

| 菜式名称 | 美称 | 特点 | 著名菜肴 |
|---|---|---|---|
| 意大利菜 | 西餐之母 | • 着重食物本质，菜味浓，以原汁原味闻名<br>• 在烹饪上以炒、烩、煎、炸等著称<br>• 喜食面食 | 通心粉素菜汤、焗馄饨、奶酪焗通心粉、肉末通心粉、比萨饼等 |
| 美国菜 | 营养快捷 | 在英国菜的基础上发展起来的，继承了英式菜简单、清淡的特点，口味咸中带甜。喜欢铁扒类的菜肴，喜欢吃各种新鲜蔬菜和各式水果，营养、快捷 | 烤火鸡、橘子烧野鸭、美式牛扒、苹果沙拉、糖酱煎饼等 |
| 英国菜 | 简洁与礼仪并重 | • 选料多样，广泛选用水产、海鲜及蔬菜<br>• 烹饪讲究鲜嫩，口味少油、香料及其他调味酱，喜欢用各种蔬菜代替所缺食品<br>• 英式早餐以内容丰富著称，一般有鸡蛋、咸肉、火腿、香肠、烤面包、各种果酱、黄油、烩水果、牛奶、咖啡等 | 鸡丁沙拉、烤大虾苏夫力、薯烩羊肉、烤羊马鞍、冬至布丁、明治排等 |
| 俄国菜 | 西菜经典 | 俄式菜肴口味较重，喜欢用油，制作方法较为简单。口味以酸、甜、辣、咸为主 | 什锦冷盘、鱼子酱、酸黄瓜汤、冷苹果汤、鱼肉包子、黄油鸡卷等 |
| 德国菜 | 啤酒自助 | 德国人对饮食并不讲究，喜吃水果、奶酪、香肠、酸菜、土豆等，不求浮华只求实惠营养，首先发明自助快餐 | |

## 服务小贴士

### 【牛排生熟知识】

❋Rare，即三成熟，切开后仅两个表面是成熟的灰褐色，70%的肉是红色并带有大量血水。

❋Medium-rare，五成熟的牛排，50%的肉是红色的，但肉中的血水已较少。

❋Medium，七成熟的牛排，切开后中间断层只有一线红色，肉中血水已干。

❋Well done，全熟，熟透的牛排为咖啡色乃至焦黄色。一般真正吃西餐的几乎没人会点这种牛排。

### 【西餐常识——牛排部位的选择】

❋眼肉（沙朗牛排）。就像猪肉要带点肥才会好吃一样，牛排行家偏好的，反而是带点油花嫩筋的部位，一般简称为"沙朗"，基本上皆取自牛只背脊一带最柔嫩的牛肉，但其中各有千秋。例如，和菲力同属于"前腰脊肉"的纽约客，它的肉质纤维较粗，微微带有嫩筋，油花分布不那么均匀漂亮，却是标准的嫩中带腴、香甜多汁，嚼起来满口肉感，非常过瘾，豪迈又具个性的风味，是许多行家的最爱。正宗的沙朗则取自后腰脊肉，也是牛只运动量极少的部位，肉质细嫩还油花满布，像大理石纹般美艳动人。相对于菲力的精瘦，好的沙朗是超嫩鲜腴到入口即化的地步，让食客第一口就惊艳于牛肉的极致鲜甜。眼肉油花均匀，肉质细嫩多汁，适合烘烤和做牛排。

❀外脊（西冷牛排）。含一定肥油，由于是牛外脊，在肉的外延带一圈有白色的肉筋，总体口感韧度强，肉质硬，有嚼头，适合年轻人和牙口好的人吃。

❀里脊（菲力牛排）。菲力牛排取自长长一条的"腰内肉"，相当于猪的里脊肉部位，是牛身中运动量最少的一块，所以质地超嫩，相对也精瘦得油花极少。很多人认为菲力高贵而又不会太肥，实际上菲力纯粹是因每头牛就那一小条而"物以稀为贵"，太嫩太瘦的肉质，也意味着较缺乏肉汁及嚼劲，并且烹煮过头一点儿就显得老涩，不太符合讲究多汁嚼感口味的食客。因此多推荐给牙口不好、消化功能较弱的老人或小朋友。

❀牛腱、肩胛及后腿部肌肉。牛腱适合卤、清炖；肩胛部肌肉发达，适合烧烤及当火锅片；此外，肉质较粗且硬的后腿部通常用来炒肉丝。

❀带骨腹肉：取自牛只胸腔左右两侧的牛小排，它带骨带筋又够肥腴的肉质，本来就很多汁耐嚼，特别是采用牛的第6、第7根肋骨烹制而成的"台塑牛小排"，嫩而不涩，肉量丰郁的全熟肉质，即使是怕生的食客也可怡然享用，更创造出牛小排的另类魅力。

❀肩肉（肩胛）。含有很多细筋肉，口感好，油花多，嫩度适中，适合牛排、烧烤、火锅片用肉。

❀丁骨、T骨及纽约克牛排：牛的前腰脊肉的部位。食量够大又懂牛排的美国饕客，干脆就点丁骨（T Bone）牛排，大块肉排中间夹着T字形的大骨，一边是菲力，一边是纽约客，肉质一细嫩一粗犷，或油腴或爽俐，点一客统统吃得到。

❀上脑：油花均匀，肉质细嫩多汁，适合烘烤和牛排。

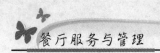

# 任务二　西餐零点服务流程

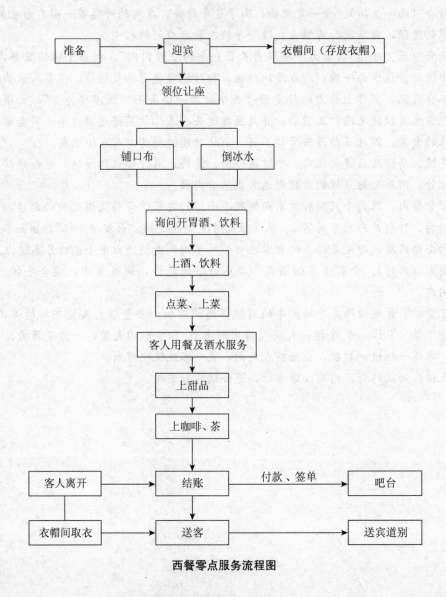

准备 → 迎宾 → 衣帽间（存放衣帽）

领位让座

铺口布　　倒冰水

询问开胃酒、饮料

上酒、饮料

点菜、上菜

客人用餐及酒水服务

上甜品

上咖啡、茶

客人离开 → 结账 → 付款、签单 → 吧台

衣帽间取衣 → 送客 → 送宾道别

**西餐零点服务流程图**

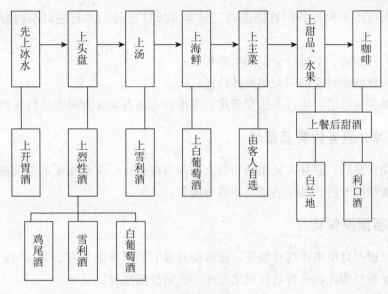

**餐桌服务流程图**

## 一、接受预订

预订方式有电话预订和客人来餐厅预订两种方式。领位员应能熟练地回答顾客的问题，积极地向客人提出就餐建议，与客人商讨特殊要求，并准确记录客人姓名、用餐人数及特殊要求。

## 二、确定客人预订并引领客人到位

客人来到餐厅后，领位员首先热情地问候客人。如是常客，应道出客人的姓名，然后确定客人预订，引领客人入位。引领客人时应走在客人的右前方，保持1~1.5米的距离。来到餐台前，协助客人入座，并将客人介绍给当桌服务人员。

## 三、向客人呈递菜单

服务人员按客人人数呈送相应数量的菜单。当客人入座后，服务人员打开菜单第一页，站在客人右侧，按先宾后主、女士优先的原则一次将菜单送至客人手中，同时用礼貌的语气对客人说："先生/女士，您的菜单。"

## 四、订单前的工作

客人看菜单时，应向其征询是否需要餐前酒、鸡尾酒服务。服务人员询问并准确记录客人所需的酒，3~5分钟后用托盘从客人右侧提供餐前酒服务。服务餐前酒后，应撤除多余餐具，并上新鲜面包和冷冻黄油。

## 五、接受订单并将订单送交厨房

（1）服务人员向客人介绍菜单内容，回答客人提出的问题，帮助客人选择食品。对客人的特殊要求应给予积极的回答，准确记录客人所订食品，并复述订单内容以得到客人确定。

（2）客人订牛排、羊排时应询问生熟程度。

（3）客人订沙拉时应询问配何种沙拉汁。

（4）订单完成以后，将订单送交厨房，并准确传递有关客人对食品特殊要求的信息。

## 六、推荐并服务佐餐葡萄酒

客人订完食品后，服务人员主动为客人推荐与客人所订菜肴相配的葡萄酒，并提供葡萄酒展示、葡萄酒开启、品评酒质、斟酒等服务。

## 七、重新摆换餐具

服务人员根据订单重新摆换餐具，按每位宾客上菜顺序摆换刀、叉、勺。最先食用的菜肴餐具放在最外侧，其他餐具按用菜顺序一次向里侧摆放。

## 八、食品服务

要保证在规定时间内把食品准确地提供给每位客人。客人食用食品，服务人员应该注意随时为客人添加酒水、面包和黄油，撤盘，换烟灰缸。撤盘时需要征求客人意见，并从客人右侧撤下。

## 九、甜点服务

服务人员应在客人用完主菜后及时为客人提供甜点菜单，展示甜点车，并提供相应的服务。

## 十、结账并送客

服务人员应用适当的方式把账单送给客人，并按服务程序请客人结账，结账时应真诚地感谢客人的惠顾。当客人准备离开餐厅时，应协助客人拉开座椅，并表示欢迎客人再次光临。

▶▶ 实 训

模拟操作：西餐零点服务流程。

注意程序及操作要领。

观看视频。

温馨提示

☆上菜时，要控制出菜速度，随时与厨房联系。

☆注意添加酒、饮料、冰水、面包、黄油、咖啡或茶等。

☆调换碰脏的餐具，失落的刀、叉、匙等。

☆为客人点烟、换烟灰缸（见中餐点烟、换烟灰缸程序）。

☆满足客人其他要求，不要随便拒绝客人。

☆上菜需报菜名。

☆点菜按女主宾—女士—男主宾—男士—主人的顺序进行。服务人员需将点菜宾客的餐位编号，以便于传菜员根据编号准确传菜。

**西餐零点服务考核标准**

| 项目 | 考核内容 | 分值 | 得分 |
|---|---|---|---|
| 仪容仪表<br>递菜单<br>（5分） | 1. 按餐厅规定着装、注意个人卫生 | 1 | |
| | 2. 问候时面带微笑、语速适中 | 2 | |
| | 3. 化妆与首饰恰当 | 1 | |
| | 4. 用右手将菜单上方打开，从客人右边双手或单手递上菜单 | 1 | |
| 点菜<br>（30分） | 1. 从女士或A号位客人开始点菜，按逆时针方向依次服务 | 2 | |
| | 2. 在点菜的过程中，能通过与客人的沟通迅速分辨出客人的类型，根据不同的客人推荐不同的菜品并采用二选一的方法进行推销 | 10 | |
| | 3. 能对菜肴进行详细的讲解，及时记下每个客人所点的菜式、特点 | 15 | |
| | 4. 根据客人所点菜肴进行酒水的推销 | 2 | |
| | 5. 点菜完毕请客人稍等 | 1 | |
| 开单<br>（15分） | 1. 坐位号正确 | 3 | |
| | 2. 分类正确 | 3 | |
| | 3. 清晰、完整 | 3 | |
| | 4. 使用正确的缩写 | 3 | |
| | 5. 金额准确 | 3 | |
| 摆台<br>（10分） | 1. 从女士或A号位客人开始摆台 | 1 | |
| | 2. 按逆时针方向依次服务 | 1 | |
| | 3. 餐具位置正确、完整 | 8 | |
| 上菜<br>（10分） | 从女士或A号位客人开始上菜 | 1 | |
| | 按逆时针方法进行上菜 | 2 | |
| | 遵循右上右撤的原理 | 2 | |
| | 上菜时将盘中的主菜（鱼、肉等）面朝客人、蔬菜等配菜在餐碟的上部 | 3 | |
| | 按开胃菜—汤—主菜—甜点—咖啡或茶的顺序上菜 | 2 | |

续表

| 项目 | 考核内容 | 分值 | 得分 |
|------|---------|------|------|
| 埋单<br>（5分） | 1. 从客人的右手边递上账单 | 1 | |
| | 2. 用适当的音量告诉客人的消费金额 | 1 | |
| | 3. 客人付款后，向客人确认金额，并说"谢谢您，请稍等" | 1 | |
| | 4. 结账完毕，再次向客人致谢 | 1 | |
| | 5. 询问客人用餐的满意程度 | 1 | |

# 任务三　自助餐服务流程

## 一、自助餐早餐服务流程

### （一）自助早餐餐前准备程序与标准

**1. 迎宾准备**

（1）迎宾员到前台拿客房含早单，了解早餐含早客情，并及时向后台厨房负责人反馈，请其及时做好准备。

（2）返回迎宾岗，摆放好收银夹及结账单，备好纸笔。

（3）检查迎宾台及就餐区域卫生。

（4）打开所辖区域灯具，保证其状态良好（包括指示牌灯箱）。

**2. 菜台布置及准备**

（1）菜台服务人员应检查菜台的清洁卫生，更换菜台的台布。

（2）客人取菜点用的餐盘放置于自助餐台最前端，即靠近入口处的一端。20个餐盘一叠，要摆放整齐，不可堆得太高，以免倒塌。餐盘要求干净、光洁、无破损。汤钵放在汤类菜肴附近。

（3）检查餐刀、餐叉、汤匙及筷子卫生，并将其整齐地放置于餐盘前。

（4）提前20分钟将热水加入布菲炉内，水量以淹没整个锅底为宜。

（5）某些特殊菜肴应设置专门的盛巡台和现场操作台，并应配足原料和相应的餐具及调料。

（6）按沙拉、凉菜、热菜、点心、水果、饮料的顺序分开摆放菜点。热菜按荤素、颜色搭配摆放；点心摆放应错落有致；凉菜、水果要按颜色摆放。热菜上台后应马上放入布菲炉中，点燃布菲炉底的酒精，使锅内的水保持沸腾的状态，以使菜肴始终保持一定的温度。

（7）饮料区必须备好果汁、咖啡、茶、牛奶等，并注意供应温度，该冰的要冰，该热的要热，并将备好的杯具整齐地排列在餐台上（杯具必须保持干净，无污迹，无破损，透明净亮）。

（8）取食菜点的服务叉匙及点心夹应朝向一致，统一放在菜点盘中或放在菜点盘旁边的餐碟中。不同的菜点配不同的夹菜餐具。菜肴前应摆放中英文菜牌。菜牌须字迹清晰可辨，干净无污迹并与食物名称相吻合。

（9）各种菜肴跟配的沙司、调味品要放在一起（注意配相应餐具）。

（10）按菜点的摆放区域使用相应的鲜花、雕刻、水果或餐布花来装饰点缀。

（11）提前 10 分钟揭去保温锅锅盖和保鲜膜，并检查菜品质量。

**3. 餐台准备**

（1）检查台面卫生，做到无破损、无异物、无污垢，台布要熨烫平整。

（2）将台面上的椒盐瓶、糖盅、烟灰缸、纸盅、台号牌（蜡台）摆放整齐。

（3）将垫纸摆放于座位正中间，主餐刀放在垫纸的右边，刀口向内，主餐叉摆在垫纸左边，餐具与桌面垂直，距离桌边 1 厘米。

（4）将咖啡杯放在咖啡碟上。杯口向下，杯把向左，把咖啡勺放在咖啡杯旁，一起放在垫纸的右上角。

（5）检查糖盅、椒盐瓶是否有污迹，糖盅的糖包及纸盅中的纸巾是否补足。

（6）整理好工作柜，备好纸巾、干净的垫纸、糖包和托盘。

**4. 环境准备**

检查所有的设施设备是否处于良好的工作状态。检查灯饰是否处于良好的照射状态，并且调整灯光，使自助餐台更为突出，力求给客人留下深刻印象。领班打开音响，放适合早餐氛围的音乐（如萨克斯、班得瑞、钢琴曲等轻音乐）烘托氛围。音量要适中。

（1）迎宾员站立迎宾台。

（2）菜台服务人员及餐台服务人员分开站于各自的工作区域内，切忌扎堆。

（3）各岗员工归岗前检查自己的仪容仪表，须符合前台员工仪容仪表规范。

（4）就位后须保证正确的站姿，面带微笑。

**（二）自助早餐服务程序及标准**

**1. 迎宾**

（1）迎宾员保持正确的站姿和仪容仪表。

（2）在客人与迎宾台距离 1 米时，微笑向客人打招呼"早上好，欢迎光临×××，您是用早餐吗"、"Good morning, sir/madam, would you have breakfast"。声音要适中，吐词清楚，目光亲切地注视客人眼鼻三角区。

（3）礼貌地请客人出示房卡，核对含早单，看客人是否含早。如果客人不含早，向客人说明情况（早餐价格），并做好相关记录，以便餐后为客人埋单。

（4）"您好，请出示您的房卡及房卡套"，"Excuse me, please show me your room card and tell me your room Number"。

（5）引领客人到餐桌旁。在领位的过程中尽量称呼客人的名字（一般房卡套上写有客人名字，迎宾员要细心观察），同时，在此过程中需询问客人到吸烟区还是到非吸烟区就座。引领时迎宾员应站在客人右前两到三步距离处，并不时回头关注客人，以免客人走丢。同时，需用正确的导势引领客人。

（6）按照女士优先的次序为客人拉椅，示意客人入座，客人到达餐椅前，即将落座时，将餐椅轻轻前送。

（7）客人坐好后，微笑着向客人行 30°鞠躬礼，说完"祝您用餐愉快"后再离开，返回迎宾岗。

2. 餐中服务

(1) 客人入座后，值台员询问客人喝哪种饮品。

(2) 给客人斟倒其需要的饮品。

(3) 巡台根据客人要求撤去脏盘和空盘，更换烟灰缸，并及时为客人添加饮料。

(4) 客人用餐完毕，值台员要在3分钟内清走所有餐具，抹除餐桌上的碎屑，补齐餐桌上的物品（如糖包、餐巾纸），检查桌布卫生，脏了的桌布需及时更换。

(5) 客人用完餐走时拉椅送客并检查客人有无遗留物品，热情送客。

3. 菜台服务

(1) 宾客进入餐厅，菜台服务人员要礼貌地欢迎客人并为客人介绍菜的名称、风味，为客人递送餐盘。

(2) 客人取菜后，服务人员要及时整理菜台，撤下空菜盘，密切与厨房联系，提前添加菜肴（每个菜盘的食品都要超过1/3），使菜台始终保持丰盛、整洁、美观。

(3) 添加布菲炉中的菜肴时须背着宾客进行菜肴归类。

(4) 注意及时添加保暖锅内的热水，检查酒精是否需要更换（准备一块湿抹布，换酒精时用抹布包住酒精炉身，将其拿出，且换酒精时要确保酒精炉火已熄灭）。

(5) 保持菜品的温度。在收餐之前每个热菜都必须是热的。

4. 结账

(1) 迎宾员提前检查账单，保证清楚无误，并准备好笔和账单夹（笔需保证其书写畅通，账单要清晰、正确地列出各项费用）。

(2) 客人用餐结账时，问清客人是现付还是签单。如现付，要当面将钱点清，并问清客人是否需开发票及开票要求。

(3) 如客人签单，转房间，请客人出示房卡及房卡套，电话通知前台问清此房客人能否签单及有效签单人姓名。前台若通知此人可签单，则将笔和账单递给客人（递笔时笔尖朝向客人，手持下端），请客人签上房号及姓名，然后将账单返回收银员处。

(4) 如客人签单位，则要问清客人单位名称，同时到收银员处问清是否为有效签单人，核实客人身份后请其签单。签单后将账单返回收银员处。

(5) 其他埋单方式见"结账服务程序与标准"。

(6) 感谢客人。

5. 餐后工作

(1) 整理餐椅将其摆正，并检查是否有客人遗留的物品，如果有要及时上报当班领班或大堂副理。

(2) 检查餐具是否有丢失或破损，尽量在客人离开前检查（发现客人把餐具放在自己的包里时，服务人员应对客人说："您好，如果您喜欢我们的餐具，您可以到我们的前台购买。"）

(3) 用酒精的灭掉桌上的明火，用电的切断电源。

(4) 收餐应按收餐的顺序进行，快速地检查台面，整理餐椅并定位，整理花瓶和台号卡，收拾口布、杯具、易耗品，再收拾不锈钢的餐具，收拾所有脏的瓷器，收拾脏的纸垫。

(5) 按规定对下餐进行摆台，保持餐具的整洁和无破损。

(6) 清洁工作台和食品台，并按要求进行备餐，备餐的量要保证下餐的使用。

(7) 餐厅收餐时切断部分电源和照明灯，当待客人全部离开后切断主照明。

(8) 不锈钢等贵重的物品洗干净后要用干布擦干并放入工作柜做好记录。

(9) 关闭空调并做好地板的卫生工作，随时保持地板的卫生、清洁。

(10) 检查各项工作是否做完，检查电源等是否切断，和下一班的人员做好交接工作。

 温馨提示

☆餐盘的供应要及时迅速，保证宾客的使用。

☆自助餐餐台服务人员在服务中要讲究语言艺术，做到礼貌待客。

☆自助餐的菜肴除要准备充分外，还可根据进餐宾客的口味、爱好多准备一些宾客爱吃的食品种类。

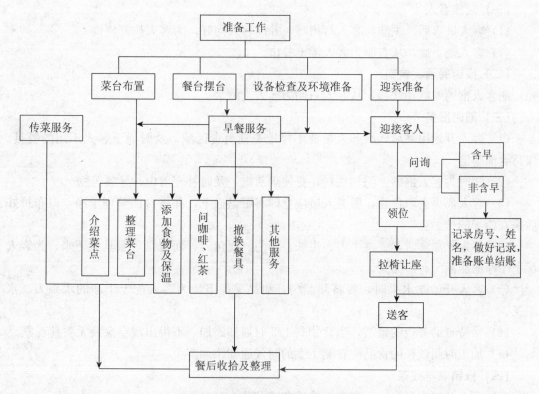

自助早餐餐前准备及早餐服务流程

## 二、自助散餐餐前准备程序与标准

### (一) 迎宾准备

(1) 查看预订情况，了解客情（掌握预订人数及客人特殊要求并告知厨房负责人，请

其及时做好准备)。

(2) 检查地面卫生及就餐区域卫生。

**(二) 菜台布置及准备**

同自助早餐菜台准备。

**(三) 餐台准备**

自助散餐的餐台摆设应将餐巾花折好摆放于餐桌上,朝向应一致,站立须平稳。其他准备同自助早餐。

**(四) 环境准备**

(1) 检查设施设备是否处于良好的工作状态。

(2) 开背景音乐,音量需适中。

**(五) 各岗就位**

同自助早餐。

### 三、自助散餐服务程序与标准

**(一) 迎接客人**

(1) 客人进入后,主动与客人打招呼,并向客人问好,为客人拉开座椅。

(2) 客人坐下后,从右侧为客人铺上餐巾。

**(二) 推销餐酒、饮料**

向客人推销餐酒和饮料,从客人右侧为客人上酒水。

**(三) 随时服务**

(1) 客人开始用餐后,服务人员要不停地巡视负责区域,及时撤下客人不用的餐具,保持台面整洁。

(2) 随时为客人斟酒、添加饮料、更换烟灰缸,及时补充餐巾、牙签等物。

(3) 客人离桌去取食物,服务人员应立即将脏盘撤下,并将台面整理干净,口布折好后搭在椅子的扶手上。

(4) 客人吃甜食时,要将主刀、主叉、汤勺、面包刀、面包盘等餐具撤下来,为客人配上干净的甜品勺、甜品叉。

(5) 客人开始吃水果时,要将甜品勺、甜品叉撤下,为客人配上干净的水果刀、水果叉。

(6) 保持自助餐台的整洁,当食物剩1/3时通知添加,不得出现空盒及无餐具现象。

(7) 加工时间较长的食品应在剩1/2的时候通知添加。

**(四) 推销咖啡或茶**

(1) 客人开始吃甜食时,向客人推销咖啡和茶。

(2) 先将糖盅、奶罐准备好,摆在客人便于取到的桌面上(糖盅一般在餐前已摆上台)。

(3) 用新鲜的热咖啡和茶为客人服务。

**(五) 结账**

(1) 提前为客人准备好账单。

（2）当客人要求结账时，用账夹将账单递给客人。

（3）问清客人用何种方式埋单（具体见早餐结账程序）。

（4）征询客人意见，并做好相关记录。

**（六）送客**

（1）客人离座时为其拉椅，检查是否有遗留物品。

（2）将客人送至餐厅大门并感谢客人，欢迎客人再次光临酒店。

**（七）餐后收尾工作**

同自助早餐收尾工作。

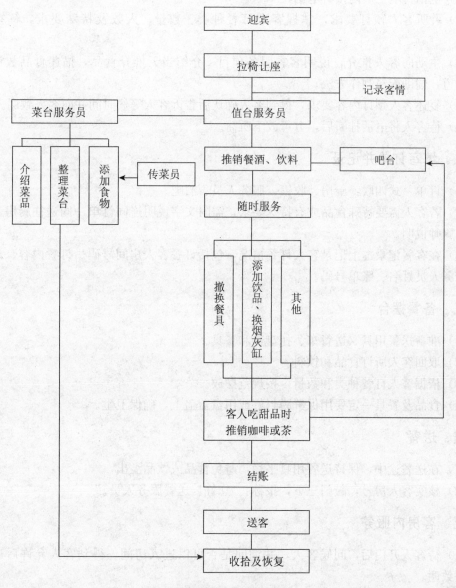

**自助散餐服务程序流程图**

▶ **实 训**

小组合作：考察市区的自助餐厅。

查找相关的自助餐服务视频。

# 任务四 送餐服务流程

## 一、接受客人预订

（1）电话铃响三声内接听电话。

（2）聆听客人预订要求，掌握客人订餐种类、数量、人数及特殊要求，解答客人提问。

（3）主动向客人推介，说明客餐服务项目，介绍当天推介食品，描述食品数量、原料、味道，辅助配料制作方法。

（4）复述客人预订内容要求，得到客人确认后告诉客人等候时间并向客人致谢。

（5）待客人将电话挂断后，方可放下听筒。

## 二、填写订单并记录

（1）订单一式四联：厨房、收银、服务人员、酒吧。

（2）若客人需要特殊食品或有特殊要求，需附文字说明连同订单一同送往厨房，必要时可向厨师说明。

（3）在客餐记录本上记录客人订餐情况，包括订餐客人房间号码、订餐内容、订餐时间、服务人员姓名、账单号码。

## 三、备餐摆台

（1）准备送餐用具（送餐车、托盘）和餐具。

（2）取回客人所订食品和饮料。

（3）依据客人订餐种类和数量，按规范摆放。

（4）食品及餐具一定要用保鲜膜封好或用盘盖盖上，确保卫生。

## 四、送餐

（1）在送餐途中，保持送餐用具平稳，避免食品或饮品溢出。

（2）核实客人房号，敲门三下，报称："您好！送餐服务人员。"

## 五、客房内服务

（1）待客人开门后，问候客人，并询问是否可以进入房间，得到客人允许后进入房间，并致谢。

（2）询问客人用餐位置。

（3）如果是早餐，询问客人是否需要帮助打开窗帘。

（4）按客人要求放置，并撕掉保鲜膜放入托盘中，然后带回部门扔掉，依据订餐类型和相应规范进行服务。

## 六、结账

（1）双手持账单夹上端，将账单递给客人。

（2）将笔备好，手持下端，将笔递给客人。

（3）客人签完后向客人致谢。

（4）如果客人付现，要找好零钱，与发票和餐饮一同送入客房。

（5）询问客人是否还有其他要求，若客人有其他要求，需尽量满足。

## 七、道别

（1）检查订餐记录，确认房间号码。

（2）早餐为 30 分钟后打电话收餐，午餐、晚餐为 60 分钟后打电话收餐。

（3）问候客人，称呼客人并介绍自己，询问客人是否用餐完毕。

（4）当客人不在房间时，请楼层服务人员开门及时将餐具取出。

（5）若客人在房间，收餐完毕需向客人道别和致歉。

### 温馨提示

☆收餐时，需先检查订餐记录，确认房间号与收餐时间。

☆客房送餐员接到客房收餐具的通知时，需先敲门，报"客房送餐员"。

☆客人开门后，问候客人，询问客人能否进房间收拾餐具。

☆客人同意后，方可进房间收拾餐具。

☆客房送餐员收拾完餐具后，应礼貌地询问客人是否还有其他要求。

☆若客人提出其他服务要求时，客房送餐员应予以记录，并及时将其传达至相关部门或人员。

☆若客人确认无要求后，应向客人道别，并立即退出房间。

### ▶▶▶ 实　训

情景模拟：送餐服务流程。

送餐服务英语对话。

查找酒店客房送餐菜单。

# 任务五　咖啡服务流程

## 一、准备工作

### （一）咖啡杯

（1）根据客人数量准备咖啡杯。

（2）确保咖啡杯、底碟、咖啡勺无遗漏。

（3）检查咖啡杯整洁度，要求无水渍、无缺口。

**（二）糖奶碟**

（1）检查糖奶碟整洁度，要求无水渍、无缺口。

（2）确保咖啡糖、奶块质量合格，无破口，干净卫生。

## 二、使用咖啡机制作咖啡

（1）把咖啡杯放在咖啡流出口下方。

（2）调节杯量和浓度旋钮为标准。

（3）按下单杯咖啡按键。

## 三、摆放要求

**（一）咖啡杯**

将咖啡杯置于咖啡底碟上，杯把朝向客人；咖啡勺平行于咖啡杯放置右边，勺把朝向客人。

**（二）糖奶碟**

将咖啡糖和奶整齐有序地置放于圆碟上。圆碟上部分摆两盒奶块，正面向上，尖头指向圆碟下方；圆碟下部分分别摆放两袋白糖和两袋红糖（左白右红），商标朝上。

咖啡杯

糖奶碟

**（三）将备好的糖奶碟置放在每两位客人中间**

## 四、服务流程

**（一）咖啡＋巴黎水**

（1）将巴黎水倒在玻璃杯内八分满。

（2）在托盘上摆放好装有巴黎水的玻璃杯和咖啡。

（3）从客人右手边将咖啡端放于客人双手中间。

（4）将巴黎水端放于咖啡杯右上角 45°处。

**（二）咖啡**

（1）在托盘上摆放好咖啡。

（2）从客人右手边将咖啡端放于客人双手中间。

**（三）席间服务**

1. 添加咖啡、巴黎水、糖奶

（1）咖啡：根据实际情况用量，将现磨咖啡接入咖啡壶内，及时添加给客人（切勿添加冷咖啡）。

（2）巴黎水：巴黎水不得少于水杯的1/3。加水时，右手持巴黎水瓶，商标面向客人，从客人右手边添加。

（3）糖奶：用备料齐全的糖奶碟替换桌面上需要补充的糖奶碟。

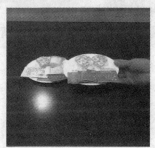

咖啡服务流程

2. 清理会场

随时清理会议现场，将用后的糖纸、奶盒及时清理干净。

如客人不再需要添加咖啡，将咖啡杯从客人的右手边撤走。

 温馨提示

☆服务时，按"女士优先、先宾后主"的顺序从客人的右侧服务。

☆服务人员在服务过程中不许用手触摸咖啡杯口。

☆同一桌客人所使用的咖啡杯大小应一致。

 服务小贴士

**【中国的咖啡文化】**

据史料记载，1884年咖啡在中国台湾首次种植成功，从而揭开了咖啡在中国发展的序幕。大陆地区最早的咖啡种植则始于云南，是在20世纪初，一个法国传教士将第一批咖啡苗带到云南的宾路川县。在以后的近百年里，咖啡种植在幅员辽阔的中国也只是"星星点点"。然而，近年来中国咖啡种植和消费的发展愈来愈为世界所瞩目。富来高、麦斯威尔、雀巢、哥伦比亚等咖啡公司纷纷在中国设立分公司或工厂，为中国市场提供品种更优、价格更优的产品。作为西方生活方式的一部分，咖啡已正式进入中国人的家庭和生活，北京、上海、广州等大城市的咖啡馆伴随着咖啡文化的成长也如雨后春笋般出现，成为青年人新的消费时尚，装点着都市风情。

 **思考题**

**一、选择题**

1. 西餐零点服务的特点之一是零点服务（　　）强。

A. 时间性　　　　　　　　　　B. 工作性

C. 娱乐性　　　　　　　　　　D. 价格性

2. 西餐接受预订的服务人员要能熟练地回答客人的问题，（　　）并做好相关记录。

A. 积极向客人提出就餐建议　　　B. 积极介绍餐厅的布置

C. 为客人解释餐厅的由来　　　　D. 向客人介绍就餐方法

3. 客人来到餐厅后，引位员首先应热情问候客人，确认客人（　　），然后引领客人到位。

A. 身份　　　　　　　　　　　B. 预订

C. 官衔　　　　　　　　　　　D. 姓名

4. 西餐服务人员为客人送菜单时应将菜单打开至（　　）。

A. 第一页　　　　　　　　　　B. 第二页

C. 第三页　　　　　　　　　　D. 饮料页

5. 西餐服务（　　），服务人员应向客人征询是否需要提供餐前酒、鸡尾酒服务。

A. 客人看菜单时　　　　　　　B. 客人看展台时

C. 客人喝酒水时　　　　　　　D. 吃面包时

6. 西餐零点服务中，当客人订餐时服务人员要告诉客人牛排在烹调时有4种成熟度，分别是全熟、八成熟、半熟和（　　）。

A. 过熟　　　　　　　　　　　B. 三成熟

C. 一成熟　　　　　　　　　　D. 四成熟

7. 西餐服务客人在订了葡萄酒之后，服务人员要提供葡萄酒的展示、开启、品评酒质、（　　）等服务。

A. 斟酒　　　　　　　　　　　B. 收费

C. 报价　　　　　　　　　　　D. 斟酒和收费

8. 西餐服务人员根据客人所订的食品摆放餐具，做法正确的是（　　）。

A. 最后食用的菜肴餐具放在最外侧

B. 最先食用的菜肴餐具放在最外侧

C. 餐具摆放的位置按照先里后外的顺序摆放

D. 规格一样的餐具摆在一起

9. 西餐零点服务头盘，撤盘时做法正确的是（　　）。

A. 一位客人吃完后就撤去一位客人的餐具

B. 待客人全部放下刀叉后，先询问，得到允许后再撤下

C. 待客人全部放下刀叉后，无须询问立即撤下

D. 待客人全部放下刀叉后，等客人招呼服务人员后才能撤下

10. 西餐零点服务中，当客人用完汤后，征得客人同意，从客人右侧将汤盘连同垫盘和（　　）一同撤下。

A. 刀叉
B. 汤勺
C. 餐巾
D. 毛巾

11. 西餐零点服务中，服务主菜时，做法正确的是（　　）。

A. 在上菜之前为确保准确，要再次询问后再上

B. 要准确地按订单为客人服务，不能再次询问客人

C. 上菜时用右手拇指扣住盘边

D. 上菜时从客人的左侧服务

12. 西餐零点服务甜食前，服务人员应先将（　　）摆在客人的左手一侧。

A. 主菜刀
B. 主菜叉
C. 甜食勺
D. 汤勺

13. 西餐餐后客人如果只是喝咖啡，杯具要放于客人的（　　），同时提供白砂糖、淡牛奶，温度要滚烫。

A. 左前方
B. 右前方
C. 侧前方
D. 正前方

14. 西餐零点餐后客人要求结账时，服务人员做法不对的是（　　）。

A. 真诚感谢客人的惠顾
B. 按服务程序请客人结账
C. 让客人自取账单以确保准确
D. 用适当的方式把账单给客人

15. 西餐中的第一道菜肴通常是（　　）。

A. 开胃菜
B. 汤
C. 副菜
D. 主菜

16. 西餐菜肴中的精华所在指的是（　　）。

A. 副菜
B. 主菜
C. 汤
D. 甜点

17. 以下不符合法国菜的特点是（　　）。

A. 注重原材料的选择
B. 注重食材的鲜嫩程度
C. 在菜肴制作过程中很少用到酒
D. 注重沙司的使用

18. 焗蜗牛是（　　）的特色菜肴。

A. 法国
B. 英国
C. 意大利
D. 美国

19. 酸甜，为淡橘色并带有深色颗粒的沙司是（　　）。

    A. 白沙司　　　　　　　　　　　　B. 蛋黄沙司

    C. 色拉油沙司　　　　　　　　　　D. 千岛沙司

20. 美食珍品不包括（　　）。

    A. 松露　　　　　　　　　　　　　B. 鹅肥肝

    C. 龙虾　　　　　　　　　　　　　D. 鱼子酱

21. 鱼子酱是（　　）的特色美食。

    A. 法国　　　　　　　　　　　　　B. 英国

    C. 意大利　　　　　　　　　　　　D. 俄罗斯

22. 在服务奶酪时应为客人配上（　　）。

    A. 小刀、小叉　　　　　　　　　　B. 大刀、大叉

    C. 鱼刀、鱼叉　　　　　　　　　　D. 点心刀、点心叉

23. 客人订香槟，摆放方法为香槟杯放至（　　）上方2厘米处。

    A. 汤勺　　　　　　　　　　　　　B. 鱼刀

    C. 主刀　　　　　　　　　　　　　D. 主叉

24. 在各类西餐铺台中（　　）是必摆餐具之一，也是用来食用西餐中的主菜的餐具。

    A. 汤勺　　　　　　　　　　　　　B. 小刀、叉

    C. 鱼刀、叉　　　　　　　　　　　D. 主刀、叉

25. 以下可做餐前开胃酒的是（　　）。

    A. 雪利酒　　　　　　　　　　　　B. 马爹利

    C. 卡帕诺　　　　　　　　　　　　D. 比特酒

## 二、简答题

1. 简述自助餐早餐的服务流程。

2. 西餐零点服务与中餐零点服务有哪些不同？

## 三、案例分析题

### 客房送餐的餐具丢了

一天晚上将近七点，懒得到餐厅用餐的509房张先生打电话到餐厅要求客房送餐服务，他随意点了两个菜和一碗米饭，外加一瓶啤酒。十多分钟后，餐饮服务人员送来了客人所点的菜点和啤酒。用完餐后，客人看着残羹剩饭挺别扭的，就打开房门将餐具放在门外的地毯上。五楼服务人员小乐路过时发现地毯上的餐具，就顺手将餐具拿到了楼层工作间，并放了柜子上面，准备方便时带到餐饮部。八点半左右，客房送餐服务人员打电话到509房询问是否可以来收餐具，张先生告诉他餐具已经放在了门外走廊上。可是，当送餐服务人员上楼后，并没有发现放在门外的餐具，于是就敲门询问张先生，张先生发现放在门外的餐具果然不翼而飞，也着急起来，再三强调确实是放了门口。此时，正在隔壁房间做夜床的小乐听到了争执声，便走出来询问是怎么回事。得知原委后，小乐说："对不起，我看到走廊上的餐具有碍观瞻，就把餐具收起来了，放在工作间里，想等一会儿顺便带下去还给餐厅。"餐饮服务人员听完忙向张先生赔礼道歉，张先生说："找到就好。"

【问题讨论】

1. 此案例中小乐的做法正确吗？为什么？

2. 服务人员应该具备哪些精神？

某饭店是一家大型的会议型饭店，每年都要接待一些大型会议，如人大会议、政协会议等。开业第一年，该饭店在接待政协会议时，代表们对饭店的餐饮意见纷纷。原来，住在 20 楼以上的会议代表在每次吃饭时都要花费半个小时以上！该饭店的 8 部电梯难以满足 1000 余人的上下楼需要，当高楼层的客人好不容易赶到餐厅时，放在餐桌上的菜肴不是冷了，就是被先期赶到的客人吃得差不多了。饭店采取了菜肴分批上桌的方法，才使政协代表们的怨气消了一些，但还是难以弥补前几餐留给他们的不良印象。

饭店意识到如继续这样下去，以后的大型会议也将存在这一问题，所以，饭店在会议结束后进行了认真的总结与分析，认识到电梯少是客人抱怨的主要原因，但饭店已没有办法再增加电梯，在这种情况下，唯有改变供餐方式才是出路。最后，饭店决定会议客人的用餐全部改为自助餐方式。

当下一个大型会议召开时，与会代表发现自己的就餐方式是自助餐，自助餐台上的菜肴都盛装在崭新的保温器皿内，每只器皿都是热气腾腾的，且菜点品种也较原来的桌菜丰富，因此普遍反映较好。

【问题讨论】

此饭店有哪些方面值得我们学习？

# 项目三　宴会服务

## 任务一　宴会基础知识

### 一、宴会含义

#### （一）宴会

宴会是人们为了一定的社会交往目的，集饮食、社交、娱乐于一体而举行的高级宴饮聚会。从字义上分析，"宴"的本义是"安逸"、"安闲"，后引申为宴乐、宴享、宴会；"会"是许多人集合在一起的意思，之后衍化成了"众人参加的宴饮活动"。中国从古至今，宴会有着不同的名称：筵席、宴席、筵宴、酒宴、燕饮（古时宴与燕通用）会饮、酒席、酒会、招待会和茶话会。称谓虽不同，但含义大体相同。

#### （二）宴席

宴席是人们为了某种社交目的，以一定规格的一整套酒菜食品和宴饮礼仪来款待客人的整桌酒菜。现代宴会来源于古代筵席。殷商时期没有桌椅，宴请宾客时人们席地而坐，筵与席都是铺在地上的座具。筵与席的区别：筵大席小，筵长席短，筵粗席细，筵铺在地面，席放置筵上。若筵与席同设，既表示富有，又体现对客人的尊重。后来人们便在这种座具上设置食物，席地而食，称为宴席。由于筵席必备酒，所以又称酒席。

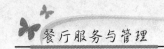

### （三）宴席与宴会的区别

宴席与宴会的区别

| 区别点 | 宴席 | 宴会 |
|---|---|---|
| 含义不同 | • 宴席含义窄<br>• 宴席是具有一定规格质量的一整套菜品，引申为整桌酒菜的代称 | • 宴会含义广<br>• 宴会是主办者为了达到一定目的而策划和组织的宴饮聚会，包括宴会环境、厅房布置，家具、餐具选择，餐台布置，菜点制作与宴会服务等内容 |
| 内容形式不同 | • 宴席注重菜品内容<br>• 宴席仅指丰盛菜肴的组合，是宴会活动的内容之一 | • 宴会既注重菜品内容又注重聚餐形式<br>• 宴会有宏大的场面和隆重的礼仪，除了吃喝外，还有致祝酒辞、歌舞表演、播放音乐、灯光设计、礼仪安排等诸多内容 |
| 规模不同 | • 参加人数相对较少，一般 1～2 桌称宴席<br>• 方桌台面习惯安排 8 个席位，圆桌台面以 10 人为主，意味着十全十美、团团圆圆 | • 宴会人数多、规模大。宴会以桌为单位，3 桌以上才称为宴会<br>• 根据桌数不同，分为小型宴会（10 桌以下）中型宴会（10～30 桌）和大型宴会（30 桌以上） |
| 经营环节不同 | • 宴席仅须经过宴席预订、菜单设计、台面设计、菜点制作和接待服务等环节 | • 宴会经营环节复杂，除宴席经营环节外，还包括宴会场景设计、台型设计、宴会程序设计、礼仪设计、娱乐策划、宴会运营管理等内容 |
| 席位安排、场面不同 | • 宴席注重席位座次安排。不同席位代表着就餐者不同的身份，即主宾、随从、陪客与主人，有时还表示客人的辈分或职位 | • 宴会强调突出主桌或主宾席区<br>• 主桌的席次座次安排与宴席相同 |

## 二、宴会特征

### （一）宴会基本特征

#### 1. 聚餐式

聚饮会食是宴会的形式特征。多人围坐而食，多席同室而设，在愉快的气氛中共同进餐。每桌有主宾、随从、主人、陪客之分，全场又有主席、二席、三席等之别。主人是东道主，宴会中的一切活动及安排由主人决定；主宾是宴会的中心人物，常安排在最显要的位置，宴饮中的一切活动都要围绕其而进行；陪客是主人请来陪伴客人的，有半个主人的身份，在奉酒敬菜、交谈交际、烘托宴会气氛、协助主人待客中起着积极作用；随从是主宾带来的客人，伴随主宾。大家在同一时间、同一地点品尝同样的菜点、享受同样的服务，为了一个共同的主题而聚饮会食。

### 2．规格化

规格化是宴会的内容特征。宴会不同于日常便饭、大众快餐、零餐点菜，它要求宴会环境优美，礼仪程序井然，席面设计考究，菜点组合协调，烹饪制作精良，餐具精致整齐，保持祥和、欢快、轻松的气氛，给人以美的享受。同时，还要考虑因时配菜、因需配菜，尊重宾主的民族习惯、宗教信仰、身体状况和嗜好忌讳等。

### 3．社交性

社交性是宴会的功能特征。人们设宴皆有明显目的：国际交往、国家庆典、亲朋聚会、欢度佳节、红白喜事、饯行接风、酬谢恩情、疏通关系、乔迁置业、商业谈判等。人们相聚一堂，品佳肴美味，谈心中之事，增进了解，加深情谊，从而实现社交目的。这正是宴会长盛不衰、普遍受欢迎的一个重要原因。

### 4．礼仪性

礼仪性是宴会的人际特征。"夫礼之初，始诸饮食"。宴会礼仪是赴宴者之间互相尊重的一种礼节仪式，也是人们出于交往目的而形成的为大家所共同遵守的习俗。其内容广泛，如要求酒菜丰盛、仪典庄重、场面宏大、气氛热烈，讲究仪容修饰、衣冠整洁、表情谦恭、谈吐文雅、气氛融洽、相处真诚，以及餐厅布置、台面点缀、上菜程序、菜品命名、嘘寒问暖、尊老爱幼等。上至国宴，下到民宴，礼仪愈是隆重，愈能体现出主人对来宾的尊重和欢迎。

### （二）宴席基本特征

#### 1．酒为席魂，菜为酒设

"无酒不成席"，宴席肴馔以酒为中心。人们称办宴为"办酒"，请客为"请酒"，赴宴为"吃酒"。凡是重大的祭祀、喜事和其他社会交往等饮食活动都离不开酒。没有酒，表达不了诚意，显示不出隆重，会使宴席显得冷冷清清、毫无喜庆气氛。酒可刺激食欲、助兴添欢，因此宴席自始至终都是在互相祝酒、敬酒中进行的。美酒佳肴，相辅相成，才能显得协调欢乐。从宴席编排的程序来看，先上冷碟是劝酒，跟上热菜是佐酒，辅以甜食和蔬菜是解酒，配备汤品和果茶是醒酒，安排主食是压酒，随上蜜脯是化酒。考虑到饮酒时吃菜较多，故宴席菜肴分量较多，调味偏淡，且利于佐酒的松脆香酥的菜肴和汤羹占较大的比重，宴席饭点则少而精。这样既使客人高兴喝酒，活跃气氛，又避免了客人昏醉伤身，不欢而散。

#### 2．菜肴品种繁多，讲究搭配顺序

宴席被称作是"菜品的组合艺术"。在菜与菜的配合上，应注意冷热、荤素、咸甜、浓淡、酥软、干湿的调和，重视原料调配、刀口错落、色泽变换、技法区别、味型层次、质地差异、餐具组合与品种衔接。其中，口味和质地最为重要。宴席菜点上席顺序也特别讲究：先冷后热，先咸后甜，先酒菜再饭菜后汤菜，先菜后点，最后是水果；质优价贵的菜先上席，大件菜间隔上席，鲜、辣、甜味菜后上席。这样使宴席气氛由高潮转入低潮，再转入高潮，犹如一部乐章，抑扬顿挫，显示出宴席的丰富多彩。

#### 3．注重席次安排，讲究就餐礼仪

中国宴席既是酒席、菜席，也是礼席、仪席。宴席安排应从尊重客人、方便客人出发，充分体现了中华民族待客以礼的传统美德。

### （三）宴会文化特征

**1. 精品追求**

"精"是宴会文化的内在品质。孔子曰"食不厌精，脍不厌细"，反映了我们的祖先对于餐饮的精品意识。当然，这可能仅仅局限于某些贵族阶层，但是这种精品意识作为一种文化精神，却越来越广泛、深入地渗透、贯彻到现代整个宴会活动过程中。原料的选择、口味的烹调、菜式的搭配乃至宴会环境的营造、餐具用品的挑选，都体现着一个"精"字。

**2. 美轮美奂**

"美"是宴会文化的审美特征，贯穿在宴会活动过程的每一个环节中。宴会饮食活动形式与内容的完美统一，给人们带来审美愉悦和精神享受。对于宴会美的追求，首先是味美。孙中山先生说"辨味不精，则烹调之术不妙"，他将对味的审美视作烹调的第一要义。此外，美还体现在菜的色美、形美、器美、环境美、人员美等方面。

**3. 情感交流**

"情"是宴会文化的社会心理功能。吃喝是人际情感交流的媒介，边吃边喝边聊天，可以交流信息、沟通情感。朋友离合、送往迎来，可在饭桌上表达惜别与欢迎的心情；感情风波、人际误解，也可借酒菜平息，是一种极好的心理按摩。中华宴会饮食之所以具有"抒情"功能，是因为"饮德食和、万邦同乐"的哲学思想和由此而出现的具有民族特点的饮食方式。

**4. 礼仪礼节**

"礼"是宴会文化的伦理道德体现。中国传统文化讲礼，生老病死、送往迎来、祭神敬祖都有礼。礼是一种秩序和规范，更是一种精神文化、一种内在的伦理道德。礼的精神贯穿于饮食活动全过程中，从而构成中国饮食文明的逻辑起点。宴会中待客的迎往送来、坐席的方向、箸匙的排列、上菜的顺序、菜肴的摆放等都体现着礼。

中国宴饮文化博大精深、源远流长。精、美、情、礼分别从不同角度概括了宴会活动所蕴含的餐饮品质、审美体验、情感沟通和人际关系等社会功能的独特文化意蕴，也反映了宴会文化与中华优秀传统文化的密切联系。精与美侧重于宴席的形象和品质，情与礼则侧重于饮食的心态、习俗和社会功能。它们相互依存，互为因果。唯其精，才能有完整的美；唯其美，才能激发情；唯有情，才能有符合时代风尚的礼。四者环环相生、完美统一，形成了中华宴会文化的最高境界。

## 三、宴会类型

宴会可按不同标准做多种类型的划分。

### （一）按菜式组成划分

按菜式组成划分，宴会类型及特点如下表所示。

| 形式 | 特点 |
|---|---|
| 中式宴会 | • 菜点以中式菜品和中国酒水为主，对生产加工人员的技艺要求较高<br>• 环境气氛、台面设计、餐具用品、就餐方式等反映中华民族传统饮食文化气息，如最具代表性的餐具是筷子，餐桌为圆桌，就餐方式为共餐式、民族音乐伴奏等，凸显出浓郁的民族特色<br>• 服务程序和礼仪都较复杂，具有中国特色<br>• 适应面广，既适用于礼遇规格高、接待隆重的高层次接待，又适用于一般的民间聚会 |
| 西式宴会 | • 菜点以欧美菜式为主，饮品使用西洋酒水<br>• 环境布局、厅堂风格、台面设计、餐具用品、音乐伴餐等均突出西洋格调，如使用刀、叉等西式餐具，餐桌为长方形，西式台面布置，采取分食制等<br>• 采用西式服务，席间播放背景音乐，服务程序和礼仪都有严格要求<br>• 宴席形式多样，如正式宴会、自助餐会、冷餐酒会、鸡尾酒会等<br>• 根据菜式与服务方式的不同，又可分为法式宴会、俄式宴会、英式宴会和美式宴会等。随着日、韩菜式的兴起，日、韩式宴会在我国亦被纳入西式宴会范畴 |
| 中西合璧宴会 | • 融合了中式宴会与西式宴会的菜品组合、宴席摆台、菜点制作、服务方式和就餐方式等特点，使人耳目一新，深受宾客欢迎<br>• 菜肴风味有中有西，中西混合；餐具有筷子和刀叉；客人自主取菜，也有厨师现场烹调、切割和派菜<br>• 宴会形式有中西合璧正式宴会、鸡尾酒会、冷餐酒会（含自助餐会）等，分为立餐（不设座）和座餐（设座或部分设座）两种形式，现在比较流行的是全部设座 |

### （二）按接待规格和隆重程度划分

按接待规格和隆重程度划分，宴会类型及特点如下表所示。

| 形式 | | 特点 |
|---|---|---|
| 正式宴会 | | • 在正式场合举行的、礼仪程序严格、气氛热烈隆重的高规格的宴会。有时安排乐队奏席间乐。宾主均按身份排位就坐。对排场、餐具、酒水、菜肴的道数及上菜程序有严格规定<br>• 正式宴会有公务正式宴会（如国宴、地方政府宴）、民间正式宴会（一般以婚宴、高档商务宴较多）。根据举办形式、服务程序等的不同，有餐桌服务式宴会、冷餐会、鸡尾酒会、茶话会等几种形式的宴会 |
| | 餐桌服务式宴会 | • 就餐环境考究，有完备的服务设施，通过餐厅装修、场地布置、台面设计来烘托气氛<br>• 宴席菜单设计精美，多数情况要派发请束<br>• 菜品、酒水规格要求高。服务人员装束、仪态有严格要求<br>• 提供全套餐桌服务，礼仪与服务程序都十分讲究<br>• 宾主就餐服饰比较讲究，并都按身份排位就座<br>• 一般在中午或晚上进行<br>• 如参加人数较多，则都要设主宾桌（主桌） |

续表

| 形式 | | 特点 |
|---|---|---|
| 正式宴会 | 冷餐会 | • 属于自助式宴会，常用于各种隆重的大型活动。举办场地选择余地大，气氛热烈隆重，形式自由灵活，规模可大可小，规格可高可低<br>• 台型布置多样，不排席位，菜点、酒水摆放在餐桌上，供客人自由取食、站立用餐，以便于沟通交流<br>• 菜品丰富多彩，菜点以冷食为主 |
| | 鸡尾酒会 | • 冷餐会的一种形式。酒会举行的时间、地点灵活<br>• 自由选食，站立进餐。宾客来去自由<br>• 以饮为主，以吃为辅。酒水主要为鸡尾酒 |
| | 茶话会 | • 以饮茶、吃点心为主的欢聚或答谢的座餐式宴会，是正式宴席中最简便的一种招待形式。简便而不失高雅，气氛随和而不失热烈。近年来国内许多大型接待活动已由传统餐桌服务式宴会向茶话会过渡，体现了人们简朴务实的时代风尚<br>• 场地、设施要求简单。通常设在会议厅或客厅，厅内设茶几、座椅，一般不排席位，但有贵宾出席时可考虑将主人与贵宾安排坐在一起，其他人随意就座<br>• 饮品以茶为主，略备茶点、水果，不设酒馔。茶叶、茶具的选择应考虑季节、茶会主题、宾客风俗与喜好等因素。如春、夏、秋季举行茶会一般用绿茶，冬季举行茶会用红茶；接待欧美宾客的茶会用红茶，接待日本及东南亚宾客的茶会用绿茶。某些接待外国客人的茶会，有时以咖啡代替茶叶，其组织和安排与茶会相同 |
| 便宴 | | • 相对于正式宴席而言，便宴是一种非正式宴会，用于非正式场合的日常友好交往宴请<br>• 形式比较简便，不讲究礼仪程序和接待规格，不排席位，不作正式讲话，气氛较随便、亲切，对菜品数量无严格要求，菜单设计随客人要求而定 |

### （三）按宴会性质与主题划分

按宴会性质及主题划分，宴会类型及特点如下表所示。

| 形式 | 特点 |
|---|---|
| 公务宴会 | • 政府部门、事业单位、社会团体以及其他非营利性机构或组织因交流合作、庆功庆典、祝贺纪念等有关重大公务事项接待国内外宾客而举行的宴会。接待活动围绕宴会公务活动主题安排<br>• 宴会形式可以是规范的正式宴会，也可以是简便的鸡尾酒会、冷餐会或茶话会，还可以是中西式结合的宴会<br>• 讲究礼仪，注重环境设计。由于宴会主题与公务活动有关，主客方都是以公务身份出现，因此注重礼仪形式，环境布置也同宴会主题相协调，如在餐厅中放置或悬挂宴请方和被宴请方的标识或旗帜等<br>• 接待规格与宾主双方的身份相一致，宴请程序相对固定，如开宴前的祝酒致辞、席间祝酒和宴会结束后的安排等都有相应的惯例<br>• 地方政府宴会对省市来说是高规格的宴会，通常菜肴安排为1冷菜、4～8热菜、1汤、3点心、1水果、1主食，菜肴以地方特色菜与时令菜为主，菜单设计时要考虑客人与主要陪同的需求，宴会设计要突出当地的特点与风貌 |

| 形式 | | 特点 |
| --- | --- | --- |
| 国宴 | | • 一国元首或政府首脑为国家重大庆典，或为外国元首、政府首脑到访而举行的正式宴席，是接待规格最高、礼仪最隆重、程序要求最严格、政治性最强的一种宴会。国宴是一种特殊的公务宴席，是公务宴席的最高级形式<br>• 政治性强，礼仪礼节特殊而隆重。国宴设计既要体现民族自尊心、自信心、自豪感，又要体现各国家和各民族之间的平等、友好、和睦气氛。另外，负责外交事务的部门和人员通常要负责安排和组织宴席的接待工作<br>• 环境高贵典雅，气氛热烈庄重。国宴的环境布置、宴席乐队、与宴人员和服务人员的装束及言谈举止都必须显示出热烈、庄严的气氛。宴会场所悬挂国旗，安排乐队演奏双方国歌及小型文艺节目等，双方元首或政府首脑席间致辞、祝酒等。在环境布置、宴席台面、菜单设计、服务程序上既要突出本国的民族特色，又要考虑宾客的宗教信仰和风俗习惯 |
| | 庆典类国宴 | • 由国家元首或政府首脑举行的庆祝庆典宴会，如国庆招待会。请柬、菜单及座位卡上均印有国徽，宴会厅内悬挂国徽和国旗，宴会开始时奏国歌，国家领导人发表重要讲话，席间乐队演奏乐曲<br>• 形式多为宴会或中西自助餐，场面宏大，主桌人数较多 |
| | 欢迎（送）类国宴 | • 国家元首或政府首脑为欢迎来华访问的外国国家元首或政府首脑而举行的正式宴会<br>• 请柬、菜单和座位卡上印有国徽，宴会厅内悬挂两国国旗。宴会开始时先奏宾客方国歌，然后奏本国国歌。主、宾先后致辞，席间乐队演奏乐曲<br>• 宴会时间掌握在 45～75 分钟，菜肴为 1 冷菜、4 热菜、1 汤、3 点心、1 水果、1 主食。主桌通常是分餐制，各类规格不能随意变更 |
| | 接待类国宴 | • 国家元首或政府首脑为国际或国内的重大活动而举行的宴会。如为感谢外国专家，为表彰全国劳动模范、科技界精英，为接待在我国举行的大型国际峰会的重要与会代表，或为接待大型国际体育赛事的重要官员等，中国国家主席或中国政府总理举行国宴款待 |
| | 迎春茶话会 | • 在中国传统节日春节，为迎接新年的到来，由国家元首或政府首脑举行的迎春茶话会，邀请各界人士同欢同庆，相互拜年，气氛轻松欢快随意，伴有演出，以茶水、点心、小吃、水果为主 |
| 商务宴会 | | • 各类企业和营利性机构或组织为了一定的商务目的而举行的宴会。既可以是为了建立业务关系、增进了解或达成某种协议而举行，也可以是为了交流商业信息、加强沟通与合作或达成某种共识而进行<br>在环境布置、菜品选择上突出与迎合双方共同的喜好，表现双方的友谊，使商务洽谈在良好的气氛与环境中进行<br>• 宾主边宴饮边洽谈，要及时与厨房沟通，控制好上菜节奏<br>• 宴请过程中如果出现洽谈不顺利的局面，服务人员应利用上菜、分菜、斟酒、送毛巾等服务暂时转移一下双方注意力，缓和一下气氛 |

| 形式 | 特点 |
|------|------|
| 亲情、庆贺宴会 | • 以体现个体与个体之间情感交流为主题的宴会，主题与公务和商务无关，主办者和被宴请者均以私人身份出现<br>• 宴会目的有亲朋相聚、洗尘接风、红白喜事、乔迁之喜、周年志庆、添丁祝寿、逢年过节等，表达各自的思想感情和精神寄托<br>• 亲情、庆贺宴会设计的基本原则是尊重个性、突出情感以及个性化服务 |

| | 婚宴 | • 婚宴是婚礼的组成部分，是人们在举行婚礼时为宴请前来祝贺的亲朋好友和祝愿婚姻幸福美满而举办的宴会<br>• 环境布置、台面与餐具用具的选择均应突出喜庆吉祥的气氛，如用吉祥喜庆的红色；突出新郎、新娘的主桌位置；保持餐桌间距离，便于新郎、新娘与来宾相互敬酒；考虑不同地区和民族的风俗习惯<br>• 婚宴类型主要有以下几种<br>①传统型婚宴。菜式丰富实在，菜名吉祥如意，道数较多，追求吃剩有余<br>②排场型婚宴。比较富裕的家庭的婚宴，菜式要求既有传统观念的菜式，又有流行名贵菜，菜式反差大，道数较多，追求排场<br>③浪漫型婚宴。菜式要求组合随意，喜欢流行菜，道数不讲究，追求过程<br>④玫瑰型婚宴。爱自己做主的普通型婚宴，喜欢流行菜，道数按常规，菜肴选择中低档价位<br>⑤华丽型婚宴。菜式要求有传统豪华的菜式，既讲究规格，又要大气，追求排场<br>⑥传统知识型婚宴。菜式精制细巧，编制讲究，菜肴命名高雅，既要有民族传统，又要透出文化品味<br>⑦海归派婚宴。菜式实用、简洁、清淡，色彩素雅，讲究仪式，中西合用<br>⑧简约式婚宴。菜式要求家常实用，价格实惠，数量适当 |
|---|---|---|
| | 寿宴 | • 寿宴即生日宴，人们为纪念出生日和祝愿健康长寿而举办的宴会。一般50岁前称为生日宴，50岁后称为寿宴。在我国一些地区，在小孩出生满一个月时，有宴请亲朋以示庆贺的习惯，俗称"满月酒"，是一种特殊的生日宴<br>• 菜品选择突出健康长寿，如冷菜拼盘采用松鹤延年，主食配寿桃、寿面等。随着中西文化的不断交流，人们在生日宴席上配以生日蛋糕，庆祝程序也中西合璧，如点、吹蜡烛，唱生日歌等 |
| | 纪念宴 | • 人们为了纪念与自己有密切关系的某人、某事或某物而举办的宴会。环境设计要突出纪念对象的标识，如照片、文字或实物，以烘托出思念、缅怀的气氛，菜品和用具的选择亦要表现出怀旧的格调 |
| | 节日宴 | • 突出节日喜庆气氛。人们为欢庆法定或民间节日，沟通感情而举行的宴席活动。通常选用具有节日特点的装饰物来布置宴会厅，如圣诞节布置圣诞树、彩灯、彩球、圣诞老人图画等。员工戴圣诞小红帽，选一名身材高大、和蔼可亲的服务人员装扮成圣诞老人，为来宾发放圣诞礼物，同客人合影留念等；春节可张贴春联、悬挂彩灯、摆放金橘树等<br>• 设计节日宴席菜单。针对不同节日的特点及各个节日所处的季节，推出既沿袭传统习俗又新颖独特的菜单，吸引宾客前来消费<br>• 设计娱乐演出节目。如组织乐队演奏，邀请歌星、影星前来助兴；组织有奖竞猜，席间抽奖；派发神秘礼物等 |

续表

| 形式 | | 特点 |
|---|---|---|
| | 家庭便宴 | • 在家中款待客人的宴席。礼仪与程序较为简单，不排席位，菜品可由主妇亲自下厨烹调，家人共同招待，菜品道数亦可酌情增减，气氛轻松、随和、亲切<br>• 家庭便宴是最不正式、应用最广的一种宴会形式，但却最能增进人们之间的情感交流。即便是各国政要，亦常以这种形式宴请来宾 |
| 会友聚餐宴会 | | • 宴请频率最高的宴会，公请、私请都有，要求与形式多样，追求餐厅装饰新颖，宴会的组办者喜新厌旧心理强烈，对酒店的特色要求较高 |
| | 嘉年华会（尾牙） | • 企业或团体欢度佳节的联欢、团体的年会团聚、企业内部节庆的庆贺。宴会特点是开会、宴饮、交流与娱乐多种目的的综合。布置要求突出主题，符合主办单位的要求。菜式按标准而定，流行菜式较受欢迎。宴会规模大，要求多，变化快。此类宴会一般在年底举行 |
| | 同学、友人聚会 | • 志同道合的朋友相会、团聚，强调共同的情趣。聚宴次数多、要求多，主人身份不明确，客人身份差异较大，但是很平等。菜式随意，氛围轻松，菜肴档次高低差异很大。就餐环境以小包房为主，追求就餐环境、氛围和情趣 |
| | 行业年会 | • 松散型的每年一度的年会活动后的用餐。参加宴会的人数不易控制，时多时少，宴会的要求不是很高，但出席的客人社会地位较高。服务要规范化，出菜较快，通常要求有停车场地 |

## （四）按规模大小划分

按规模大小划分，宴会类型及特点如下表所示。

| 形式 | 特点 |
|---|---|
| 小型宴会 | • 规模在 10 桌以下，参加人数相对较少<br>• 按照主宾的要求进行认真设计，严格操作，一般都能收到很好的效果 |
| 中型宴会 | • 规模在 11～30 桌，参加人数较多<br>• 在菜单设计、组织安排上要针对客人的要求精心策划，按程序操作 |
| 大型宴会 | • 规模在 31 桌以上，参加人数很多<br>• 有特定的主题，参加人数众多，工作量大，要求高，组织者必须具有较高的组织能力 |

## （五）按价格档次划分

按价格档次划分，宴会类型及特点如下表所示。

| 形式 | 特点 |
|---|---|
| 高档宴会 | 价格昂贵，是普通宴会价格的几倍甚至十几倍，多选用山珍海味或高档、稀有原料，菜肴制作精细，就餐环境豪华，服务讲究。其中，最为高档的是豪华级宴会 |
| 中档宴会 | 价格在高档宴会与普通宴会之间，烹饪原料多为一般的山珍海味、鸡、鸭、鱼、虾、肉、蔬菜等，菜肴制作较讲究，餐厅环境和服务较好 |
| 普通宴会 | 价格较低，烹饪原料以常见的鸡、鸭、鱼、肉、蛋、蔬菜等为主。菜肴制作注重实惠，讲究口味，餐厅的环境及服务相对要低于中、高档宴会 |

### （六）按礼仪划分

按礼仪划分，宴会类型及特点如下表所示。

| 形式 | | 特点 |
|---|---|---|
| 迎送宴 | | 人们为了给亲朋好友接风洗尘或欢送话别而举办的宴会。接风洗尘宴要突出热烈、喜庆的气氛，体现主人热情好客以及对宾客的尊敬与重视，应围绕友谊、祝愿和思念的主题来设计。其特点是规模小、喜安静、重叙谈、讲面子 |
| 酬谢宴 | | 为了感谢曾经得到过的帮助，或为了感谢即将得到的帮助而举行的宴会。这类宴会的特点是要表达自己的诚意，故宴会要求高档、豪华，环境优美、清静 |
| | 谢师宴 | 学生毕业、学徒满师，新生活将要开始，为了表达对老师、师傅的感激，并再次聆听老师的临别赠言而举办的宴会。环境清静优雅，菜式清淡秀丽，道数不多，选料讲究，上菜速度不快，服务规范 |
| | 答谢宴 | 为他人的帮助或请求他人帮助而设宴感谢。菜肴和服务要让客人感受到主人的殷勤与诚意 |
| | 升迁宴 | 因职务变化、工作的变迁，原来共事的同人相聚相送，新单位同事的欢迎而举行的聚会。此类宴会比较放松，菜式比较随意，饮酒较多，用餐时间较长 |

### （七）按菜品构成特征划分

按菜品构成特征划分，宴会类型及特点如下表所示。

| 形式 | 特点 |
|---|---|
| 仿古宴 | • 将古代特色宴席融入现代文化而产生的宴会新形式。对历代的宴席形式、宴席菜品、宴席礼仪加以挖掘、整理、吸收、改进、提高和创新，如仿唐宴、孔府宴、红楼宴、满汉全席，深受宾客青睐 |

续表

| 形式 | 特点 |
|---|---|
| 风味宴 | • 宴席就餐环境、宴席台面、餐具、菜品、原料、烹调技法、就餐与服务方式具有鲜明的地方特色和民族风格，有的甚至带有一定的宗教色彩<br>• 按地方风味来分，有川菜宴席、粤菜宴席、湘菜宴席、清真宴席等；按原料特殊风味来分，有海鲜宴席、野味宴席、药膳宴席等；按特殊烹调方法来分，有烧烤宴席、火锅宴席等；按某一国家的菜品来分，有法式宴席、日式宴席、泰式宴席等；按菜点来分，有风味菜肴宴席、风味小吃宴席，如西安饺子宴、四川风味小吃宴等 |
| 全类宴席 | • 全类宴席也称全席、全料席<br>• 一指宴席的所有菜品均以一种原料，或者以具有某种共同特性的原料为主料烹制而成，如全鸡席、全鸭席、全猪席、全牛席、全羊席、全鱼席、全素席、豆腐席等。通常情况下"全席"是指这种含义。二指凡有座汤的宴席，在座汤之后跟上四个座菜的宴席称为全席，座菜多为蒸菜。三专指"满汉全席" |
| 素席宴 | 一种特殊的全类宴席，也称斋席，指菜品均由素食菜肴组合而成的宴席 |

### （八）按其他标准划分

按其他标准划分，宴会类型及特点如下表所示。

| 形式 | 特点 |
|---|---|
| 按时间分 | 如早茶、午宴和晚宴。早茶和午宴带有工作性质。正式宴会一般安排在晚上进行 |
| 按形式分 | 如鸡尾酒会、冷餐酒会、茶话会、招待会，目的是收集、发布消息，广泛接触、交友，不拘泥于形式，是现代社会常用的一种宴会形式 |
| 按季节分 | 特定的季节、特定的环境、特定的文化氛围是这类宴会的主、宾共同喜好与感兴趣的氛围，如迎春宴、中秋佳节宴、除夕宴、圣诞宴等 |

### （九）我国古代传统宴席的宴饮形式

我国古代传统宴席的宴饮形式和特点如下表所示。

| 形式 | 特点 |
|---|---|
| 游宴 | 或备酒果登高，或携带馔肴聚集于名胜之地饮宴游乐。官宦和文人学士多有此好。历代不少诗人的优秀作品都是在游宴时兴致所至，命笔而成的 |
| 船宴 | 设宴于游船上，宫廷和官府多用这种形式饮宴。五代时，后蜀主孟昶的花蕊夫人有《官词》百首，记船宴的就有8首。南宋都城临安的"湖船"，即为举办船宴的场所。清顾禄《桐桥倚棹录》、李斗《扬洲画舫录》等书都有船宴的有关记载 |
| 军宴 | 《资治通鉴》记，唐"宣宗大中十一年延心知之，因承勋军宴"，说的便是宴于军中的宴会 |

续表

| 形式 | 特点 |
|---|---|
| 曲宴 | 多指宫中私下举行的宴会。礼仪较为简单，参加的人也不多，吃喝都较随意，可以像曹植诗中描绘的那样"缓带倾遮羞" |
| 其他宴会 | 高宴：泛指盛大的宴会<br>玳筵：以玳瑁装饰坐具的盛宴<br>金华宴：富丽的酒宴<br>琼筵：珍美的宴席<br>玄熟：帝王的御宴或道教称仙境的宴会<br>红筵：即盛宴<br>玄宴、幽宴：在幽静的处所举行的宴会等 |

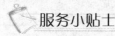

## 服务小贴士

**【开国第一宴】**

1949 年 10 月 1 日，在首都北京天安门举行了隆重的开国大典。当晚，中央人民政府在北京饭店举行新中国第一次盛大国宴。开国第一宴菜品质朴、清鲜、醇和，中外宾客对菜点给予了高度评价，其为国宴的精练简约定下了基调。该宴会的风格以淮扬菜为主，包括 7 个冷菜（其中，4 个荤的、3 个素的）、6 个热菜（其中，4 个荤的、2 个素的）、1 个汤，甜食是八宝饭，喝的是茅台和黄酒，烟是中华烟。此宴会的成功举行为我国的国宴定下了规格，1 组冷菜、6 菜 1 汤、3 点心、1 主食加 1 水果，菜式精练，口味以南北适宜的淮扬菜为主，根据出席对象的不同进行适当调整。现在，国家进行了礼宾改革，国宴菜式改为 1 组冷菜、4 菜 1 汤、2 中点、1 西点、1 主食加 1 水果的规格，时间掌握在 1 小时以内。

**【世界中餐第一宴】**

2001 年 9 月 16 日晚，为招待在中国南京参加第六届世界华商大会的嘉宾，南京市人民政府在大会主会场——南京国际展览中心 2 楼的 22000 平方米巨大展厅整齐有序地摆放了400 多张圆餐桌，宴会主桌有 100～150 人，整个场面足以让人感到"华商第一宴"的气势。海内外华商和各界嘉宾近 5000 人一起出席了盛大的欢迎晚宴。宴会规格为 6 菜 1 汤，分别由金陵饭店等 8 家豪华酒店烹饪。整个宴会的服务人员有 1000 多人，其中，跑菜的男服务人员有 300 多名。为了让不同宗教信仰的华商能同桌用餐，欢迎晚宴不上以猪肉、牛肉为原料的菜点。考虑到席间华商们要起身走动，每张请柬后面还印着餐位平面图，使宾客不致迷路。整个用餐时间约 1 个小时。世界中餐第一宴的举行，为我国大型中式宴会外卖开创了先河，并为多家酒店密切合作承办大型中式宴会提供了很好的经验。

# 任务二 中餐宴会服务

## 一、宴会预订

### (一) 宴会预订的方式

宴会预订方式是指客户为预订宴会而与饭店宴会预订员之间进行接洽联络，沟通宴会预订信息而采取的方式、方法。

1. 电话预订

(1) 订餐电话预订。它一般是饭店自己宣传出去的宴会预订方式。它更多地应用于零点餐饮的预订，也常用于小型宴会的预订、查询和核实宴会细节、促进销售等。电话预订是比较传统的预订方式。

(2) 服务电话预订。例如，中国电信号码百事通的"118114餐饮联盟"预订服务电话，提供餐饮信息查询，包括地段、菜系、特色菜、餐厅环境、人均消费、停车条件等。订餐时有特色餐厅推荐服务，可以按照菜系、地段、折扣以及同地段同菜系优先向用户推荐特色餐厅等服务，具体流程：客户拨打118114进行查询或预订餐厅，北京电信118114可直接向相应的餐厅帮助客户进行预订，"118114餐饮联盟"将电话通知客户并短信下发预订号，客户在消费时只需出示短信预订号即可。另外，用户不受时间、地点、环境的限制，手机、固话、小灵通均可拨打，一个电话即可搞定。其功能强大，服务便捷、广泛，用户无须担心费用问题，拨打只收取普通市话费，除此之外不收任何额外费用。此外，还有中国饭统网（北京锋讯在线信息技术有限公司）的400预订服务电话等。电话预订主要用于接受客人询问，向客人介绍宴会有关事宜，为客人检查核对时间、地点和有关细节。电传预订方便快捷，而且能够较详细地说明要求细节。

2. 直接（面谈）预订

直接预订是宴会预订的最有效的、较为理想的一种方式。其他宴会预订方式绝大多数都要结合面谈进行，故其是应用最广、效果最好的预订方式。适用于大型宴会的预订，一般为与饭店或餐厅没有业务往来的个人或单位进行宴会的预订。

3. 信函预订

一般为与饭店或餐厅有业务往来的个人或单位进行宴会的预订。对这种预订的回复可以是电话、信函、面谈或登门再预订。

4. 登门预订

这主要是针对有业务往来的公司企业单位和待开发的市场对象的宴会预订方式，这样可以较大地拓展宴会的销售。例如，公司年会、庆典等宴会，饭店只有主动出击才能获得宴会的举办权。同时，这也是方便老客户的宴会营销方式。

5. 网络预订

现在比较时兴的一种餐饮预订方式，尽管落后于酒店的网络预订步法，但是近年来得到很大的发展。主要有以下两种方式。

(1) 餐饮企业或连锁集团的官方网站的预订系统。

(2) 第三方餐饮预订系统。

6. 指令性预订

指令带有行政命令的性质，指令性预订指政府有关部门的指令性预订，一般不能拒绝。遇到指令性预订，以前所有与之有矛盾的预订都必须取消或改时间、改地点。这种预订方式基本上是行政或事业附属性饭店、政府或赛事等签约酒店餐厅的特殊预订方式。现在比较少见，因为这些宴会服务基本上已列在餐厅的工作计划之中了，或成为某一时期的VIP接待工作了。

7. 其他形式的预订

（1）电传预订。

（2）图文传真预订。

（3）电子邮件预订。

（4）短信预订。

**（二）宴会预订程序**

1. 预订前的准备工作

（1）召开班前会，布置工作任务。

（2）查阅电脑，检查宴会预订情况，弄清已预订的宴会的时间、场所、人数等，避免在预订过程中发生冲突。

（3）准备好预订的资料和用品。首先，应准备好宴会预订的各种表格，如预订单、预订表、记录表等；其次，为了方便客人预订，减少随意性管理的弊端，预订部门应根据实际需要，编制一套供客人询问、比较、选用的书面或电脑资料。

2. 接受预订

（1）热情礼貌地接待。询问客人需求，解答客人询问。主动热情包括两方面：一是面谈的客人要主动热情；二是电话预订的客人要主动热情。

（2）展示书面材料。预订人员必须熟知有关宴会场地、菜点、服务、收费等方面的具体情况，掌握必要的信息资料。为了掌握客户的意图和期望，并使客户了解饭店的情况，预订人员在接受预订时，必须在了解客户的基础上，介绍饭店的情况，并回答客人的问讯。

（3）仔细倾听，认真记录，主动介绍、营销与回答。

（4）填写预订单。预订内容与订单填写应准确规范，准确记录宴会名称，主办单位，预订人姓名、地址、电话和宴会类别，预订人数，保证人数，宴会标准，开宴时间，场地要求及坐次排列，菜单、酒水要求等，订单书写或打印整洁规范。

（5）请客人在预订单上签字。

3. 签订宴会合同书

（1）签订宴会合同书，按国际惯例，宴会预订要有书面的确认，客户偿付订金以后宴会预订才正式成立。确认书必须明确几点：时间；地点；客人认可的菜单、酒水单；保证人数和预算人数；顾客的要求；详细的价目表；付款方式；订金原则，如订金的多少、订金的退还要求制度；饭店的责任、义务，顾客的权利、义务等。

（2）交给客人宴会菜单、酒水单和场地布置图等材料。

（3）留存以上资料。

4. 收取订金

订金制度是为了保证宴会预订的确认和避免不必要的经济损失，饭店往往按要求收取宴会预订金 10%～30%。

5. 填写宴会安排日记簿

将宴会预订单上的基本内容记录在宴会安排日记簿中，以备查阅。

6. 预订跟踪服务

（1）对已经签订宴会合同的一般预订，定时同主办方联系和再确认。

（2）对已经签订宴会合同的较早预订，定时同主办方联系，一般在宴会举办一周前落实具体时间等事项。

（3）对客人暂订或尚未最后落实的预订，应主动及时地与主办单位预订人进行跟踪联系，以保证宴会预订的落实和确认。

7. 预订确认和宴会通知

（1）宴会预订后，大型宴会提前 3～5 天与预订人联系，中小型宴会提前 1～3 天与预订人联系。

（2）签发宴会确认单，告知客人饭店已做好宴会准备，请客人准时来店，防止宴会预订落空。

（3）大中型宴会举办前 1～3 天，营销部向各有关部门打印宴会通知单。通知单上宴会名称、规格、举办单位、出席人数、宴会标准、菜单与酒水安排、厅堂布置、设备要求、坐位、台型要求等应明确具体。

8. 编制宴会预算

一般宴会举办单位为了将宴会费用控制在某一范围内或将宴会开支纳入预算之中，大都要求在接受宴会预订时提供宴会预算单，因此，预订人员要熟悉企业宴会设备、场所、服务、菜肴等各方面的收费标准，以便在同客人协商的过程中，根据宴会预订单的内容，编制宴会预算单。

9. 督促检查与协调

正式举办宴会前，厨房、宴会厅、酒水部、供应部、工程部、安全部等各有关部门应密切配合，通力合作，共同做好宴会前的准备工作。各部门根据宴会通知单的有关内容与要求，提前做好各项准备工作，保证宴会符合主办单位的要求成功举行，避免出现配合部门脱节、断档现象。

10. 更改或取消预订的处理

（1）由于某种原因，已经预订的宴会可能取消。取消预订，一般要求在宴会前一个月通知饭店，这样不收任何费用，然而若是在宴会前一个星期通知，则订金将不偿还，而且要收取整个宴会费用的 5%。

（2）如果某暂定的预订被取消，负责财务的主管要填写一份"取消预订报告"。由于某种原因，宴会预订可能会发生变动（包括时间、地点和宴会内容的变动），无论是顾客方面的变动还是旅馆方面的任何变动，都要提前一周通知对方。在宴请活动前两天，必须设法与顾客联系，进一步确定已谈妥的所有详情。

11. 宴会信息反馈并致谢

（1）从预订到宴会举办之前，如果有情况变动，应该及时通报有关部门，进行协调和处理。

（2）宴会举办结束后，向宴会举办方征求意见，对于能够改进的、中肯的意见，应进行及时的补救和改进。

（3）对客人的消费、意见等表示感谢。

12. 建立宴会预订档案

将宴会的预订单、宴会合同、菜单、酒水单、场地布置图和举办过程的工作总结、顾客意见等资料存档。最好建立数据库，进行系统的分析。

**（三）宴会预订常用表格**

1. 宴会预订单

| 公司名称： | 举办日期： |
| 宴会名称： | 联系人姓名： |
| 此宴会单名称： | 联系人电话： |
| 公司地址： | 传真号码： |
| 押金： | 订单人（接洽人）： |
|  | 服务经理（核准人）： |

| 日期： | 具体时间： | 厅房： | 摆台型式： | 预订人数： | 保证人数： | 房租： |

指示牌（内容）：

食品（菜单内容）：                                           摆台型式：

所需设备：

特殊要求：

付款方式：

饮料（所订酒水内容）：

发送部门：

前厅部□    客房部□    总机□    餐饮部经理□    总经理室□    安全部□

公关部□    财务部□    管事部□    工程部□    宴会厅□    酒吧□    厨房□

2. 宴会合同书

宴会合同书是饭店与客户签订的和约书，双方均应严格履行合同的各项条款。

**宴会合同书**

本合同是由＿＿＿＿＿＿＿＿饭店与＿＿＿＿＿＿＿＿公司（地址）

为举办宴会活动所达成的具体条款。

活动日期：＿＿＿＿＿＿ 星　　期：＿＿＿＿＿＿ 时间：＿＿＿＿＿＿

活动地点：＿＿＿＿＿＿ 菜单计划：＿＿＿＿＿＿

饮　　料：＿＿＿＿＿＿ 娱乐设施：＿＿＿＿＿＿

其　　他：＿＿＿＿＿＿ 结账事项：＿＿＿＿＿＿

预付订金：＿＿＿＿＿＿

顾客签名： 　　　　　　　　　　　　　 饭店经手人签名：

　　　　　　　　　　　　　　　　　　　　　　　 日　　　　期：

【注意事项】宴会活动所有酒水需在餐厅购买。

大型宴会预收10％的订金。

所有费用在宴会结束时一次付清。

### 3. 宴会安排日记簿

"宴会安排日记簿"是饭店根据餐饮活动场所而设计的，一般一日一页，主要项目有宴请日期、时间、客户电话号码、人数和宴会厅名称、活动名称、是确定还是暂定等，如下所示。

　　＿＿＿＿年＿＿＿＿月＿＿＿＿日　　　　　　　　　　　　　　　　星期＿＿＿＿＿＿

| 厅房 | 预订 | 确定 | 时间 | 宴请形式 | 人数 | 联系人地点、电话 | 特别要求 |
|---|---|---|---|---|---|---|---|
| A厅 |  |  | 早 |  |  |  |  |
|  |  |  | 中 |  |  |  |  |
|  |  |  | 晚 |  |  |  |  |
| B厅 |  |  | 早 |  |  |  |  |
|  |  |  | 中 |  |  |  |  |
|  |  |  | 晚 |  |  |  |  |

### 4. 宴会更改通知单

在宴会预订单发往各部门后，客户如提出临时变动，宴会部应迅速填定"宴会更改通知单"送交各有关部门。

## 宴会更改通知单

宴会预订单编号＿＿＿＿＿＿＿＿＿＿＿＿＿

发送日期＿＿＿＿＿＿＿＿＿　　时　间＿＿＿＿＿＿＿

宴会名称＿＿＿＿＿＿＿＿＿　　日　期＿＿＿＿＿＿＿

部　　门＿＿＿＿＿＿＿＿＿

更改内容＿＿＿＿＿＿＿＿＿＿＿＿＿＿＿＿＿＿＿＿＿＿＿＿＿＿＿

＿＿＿＿＿＿＿＿＿＿＿＿＿＿＿＿＿＿＿＿＿＿＿＿＿＿＿＿＿＿

由＿＿＿＿＿＿发送

宴会部经理（签名）＿＿＿＿＿＿

日期＿＿＿＿＿　时间＿＿＿＿＿＿

## ▶ 实　训

### 宴会预订服务实训内容

**一、当面预订服务的受理**

• 服务程序与标准：（1）预订准备；（2）问候客人；（3）了解需求；（4）接受预订；（5）收取预订金；

（6）预订通知；（7）预订记录；（8）编制宴会预算；（9）预订跟踪服务；（10）更改或取消宴会预订；

（11）宴会信息反馈与致谢。

• 模拟情景：当面预订服务的受理。

**二、电话预订服务的受理**

• 服务程序与标准：（1）预订准备；（2）问候客人；（3）了解需求；（4）接受预订；（5）收取预订金；

（6）预订通知；（7）预订记录；（8）编制宴会预算；（9）预订跟踪服务；（10）更改或取消宴会预订；

（11）宴会信息反馈与致谢。

• 模拟情景：电话预订服务的受理。

 温馨提示

☆预订是一种承诺，应强调时间的重要性。

☆预订的变更和取消要慎重处理。

☆预订人员既要精通业务，又要具备良好的服务意识和道德修养。

☆预订的记录应准确、细致。

☆宴会预订的跟踪服务与协调要为售后服务做准备。

**宴会预订考核标准**

| 考核项目 | 操作要求 | 配分 | 得分 |
|---|---|---|---|
| 当面预订 | （1）预订准备 | 10 | |
| | （2）问候客人 | 15 | |
| | （3）了解需求 | 15 | |
| | （4）接受预订 | 10 | |
| | （5）收取预订金 | 10 | |
| | （6）预订通知 | 10 | |
| | （7）预订记录 | 10 | |
| | （8）编制宴会预算 | 10 | |
| | （9）预订跟踪服务 | 10 | |
| | （10）更改或取消宴会预订 | 10 | |
| | （11）宴会信息反馈与致谢 | 10 | |
| | （12）服务意识、方法与技巧 | 10 | |
| 电话预订 | （1）预订准备 | 10 | |
| | （2）问候客人 | 15 | |
| | （3）了解需求 | 15 | |
| | （4）接受预订 | 10 | |
| | （5）收取预订金 | 10 | |
| | （6）预订通知 | 10 | |
| | （7）预订记录 | 10 | |
| | （8）编制宴会预算 | 10 | |
| | （9）预订跟踪服务 | 10 | |
| | （10）更改或取消宴会预订 | 10 | |
| | （11）宴会信息反馈与致谢 | 10 | |
| | （12）服务意识、方法与技巧 | 10 | |
| 合计： | | | |

## 二、中餐宴会前准备工作

中餐宴会是使用筷子等中国传统餐具，食用中国各地传统菜肴，采用典型的中国式服务的宴会。

中餐宴会的环境布置、台面设计、菜肴酒水及服务、服务人员的服饰装扮、宴会礼仪等，一般要求反映中国的传统文化气息或中国的民族特色。中餐宴会礼遇规格高，接待隆重，多用于招待重要客人及外宾。

### （一）掌握客情（预订）

1. 掌握情况

餐厅服务人员应做到"八知"、"五了解"。

（1）"八知"：知主人身份，知宾客国籍，知宴会标准，知开餐时间，知菜式品种及烟酒茶果，知主办方单位或主办宾客房号、姓名，知收费办法，知邀请对象。

（2）"五了解"：了解客人风俗习惯，了解客人生活忌讳，了解宾客特殊需要，了解宾客进餐方式，了解主宾和宾客（如果是外宾，还应了解国籍、宗教、信仰、禁忌和口味特点）的特殊爱好。

2. 处理预订

见宴会预订知识。

### （二）餐前准备

1. 设计与布置

见模块五的项目一。

2. 各种物品准备

按照宴会要求准备好餐具，酒水、饮料；宴会开餐前 30 分钟领取酒水，提前 20 分钟上桌；根据特殊菜品菜式要求配好跟料跟器皿、各类餐用具；对宾客自带酒水进行当面检查清点，并将其存放好。按宴会所需备好餐具、用具，整齐摆放在工作台上，洁净、卫生、分类摆放；按规定形状折叠好小毛巾并将其存放于毛巾车或毛巾柜内，消毒、温度适中、量足够；按客人要求将酒水统一摆放在桌子上或工作台上，统一对称，商标朝向来宾。

3. 人员分工

服务人员分工明确、具体，服务人员熟悉宴会服务工作内容、服务程序和质量要求。按分工不同，服务人员可分为传菜员、值台服务人员、礼仪人员、迎宾员、领班、协调与备用人员等。

4. 熟悉菜单

见模块五的项目二。

### 服务小贴士

为了帮助记忆，按次序搞好服务，特作《千年调》以供参考："顾客进门时，和气先倾倒。最好笑容可掬，万事称好。茶水布上，再将菜谱介绍。咸与淡，总随客，细关照。斟酒上菜，先问明东道。主宾前女士先，定要知晓。凉菜半尽，席近高潮。大菜头，汤断后，水果了。"

5. 摆台

见模块三的项目三。

6. 餐前检查

餐前检查包括餐桌检查、卫生检查、安全检查和设备检查、仪表仪容检查等全面检查。应检查餐具是否整洁，有无破损，桌椅是否整洁，地面是否清洁等；检查照明、空调、音响等设备是否正常，提前 60 分钟开启空调，提前 30 分钟开启宴会厅所有灯光并检查灯具；检查宴会餐台、餐椅、备餐柜是否完好且符合宴会的要求。各项准备均需达到宴会要求的标准。

楼面经理提前 1 小时对宴会各项准备工作及要求进行例检，确保宴会任务圆满完成；提前 30 分钟进行最后检查，对不符合要求的立即改进弥补；发现问题，通知工程部加紧维修并跟踪检查。

7. 召开餐前例会

参加楼面经理主持召开的班前例会，准时到达，认真听取和记录当餐宴会内容、要求，接受分配的工作任务，做到"八知"、"五了解"，留意特殊菜品的上菜要求。

8. 做好宴会设计（表）

（1）根据宴会的规模和规格，确定总的负责人。一般规格及桌数较少的宴会，应合理安排好人力、物力，各项工作任务落实到人，做到分工明确、责任落实。规格较高及桌数较多的大型宴会，则应由宴会负责人做好宴会设计工作。宴会设计包括宴会的总体设计、准备工作倒计时时间表、餐用具准备表、人员配备表、平面图等。

（2）宴会的总体设计。根据宴会的要求安排好服务方式、餐厅布置、绿化装饰、餐桌布置及摆放等内容。

（3）准备工作时间表。用倒计时方法安排出各项准备工作应完成的时间。

（4）餐用具准备表。根据宴会菜单和服务方式要求，计算出全部餐用具的数量并列出详表，交专人负责准备。

（5）人员配备表。根据宴会的服务方式，合理安排出各个岗位人数及工作内容。

（6）平面图。平面图包括餐厅平面布局示意图、客人座次平面示意图等。宴会设计做出后应经经理审订，审订完善后，召开专门会议。按宴会设计内容布置和动员做好宴会接待工作。

9. 全面检查工作

准备工作全部就绪后，宴会管理人员要做全面检查。检查内容如下。

（1）环境布置是否符合要求。

（2）人员及工作内容等分配是否合理。

（3）餐用具、酒水、水果、各种消耗品是否备齐。

（4）摆台、上冷菜、斟酒等是否符合相应的规范和规格。

（5）厅内照明、空调、音响等系统是否能正常工作。

（6）服务人员的个人卫生、仪容仪表是否符合要求。

## 三、中餐宴会服务流程

中餐宴会服务流程如下图所示。

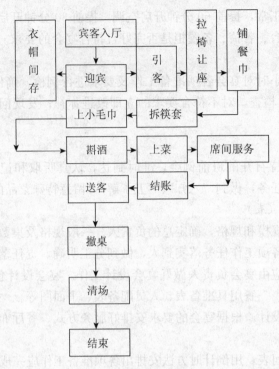

**中餐宴会服务流程**

## ▶▶▶ 实 训

情景模拟：宴会服务流程；礼貌用语的使用。

走访本市区的酒店，咨询宴会服务流程的现实情况。

## 温馨提示

☆客人敬酒时，注意杯中是否有酒，及时斟添酒水。

☆客人取烟，主动为其点烟，准备并及时撤换烟灰缸。

☆客人离席，主动拉椅，餐巾叠好放于餐位旁。

☆客人上洗手间归来，为其更换毛巾。

☆两个服务人员不能同时为客人服务以免令其为难。

☆席间客人感到不适应立即向上级汇报，并将食物保存留待化验。

☆服务中轻拿轻放，严防打碎餐具和碰翻酒瓶、酒杯，以免影响宴会的气氛；走路轻、说话轻、动作轻。

☆当宴会中有祝辞、讲话或其他非就餐活动时，服务人员要停止操作，迅速退至工作台两侧肃立，姿势端正，排列整齐，保持安静。

☆客人有其他正当要求时，在不妨碍正常宴会服务的前提下，应设法尽量满足其需求。

**中餐宴会服务流程考核标准**

| 步骤 | 内容 | 分值 | 得分 |
|---|---|---|---|
| 仪容仪表 | 个人仪容仪表展示（按规定着工装、鞋袜，戴工号牌等） | 4 | |
| 站立迎宾 | 面带微笑，双手交叉放于体前，右手握住左手，两脚成小"丁"字形 | 3 | |
| 拉椅让座 | 双手握住椅背的1/2处，右脚后撤，身体前倾，轻轻抬起椅子向后拉开，距桌面40厘米，右手示意客人坐下，并运用服务语言"先生/小姐，您请坐" | 3 | |
| | 在客人坐下的过程中椅子向前轻移至客人的腿弯处，让客人感觉到椅子的位置即可 | 3 | |
| | 先宾后主、先女后男 | 3 | |
| 询问茶水 | 站在主人或副主人右侧，按标准站姿站好，身体略向前倾15°，面带微笑 | 4 | |
| 递送香巾 | 先宾后主，按顺时针操作，语言、手势到位 | 4 | |
| 斟倒茶水 | 顺时针从主宾开始 | 3 | |
| | 脚成"丁"字形，右手的大拇指握住茶壶柄，其余四指托住壶底，左手呈侧托姿势 | 4 | |
| | 低于客人的肩部斟倒，壶嘴距茶杯口1厘米，茶水斟倒以八分满为宜 | 4 | |
| | 倒完一杯茶后要打手势报茶名 | 3 | |
| 打口布 | 倒完第一杯茶水后，应帮客人打口布 | 3 | |
| | 打口布时，侧身站在客人右侧，距客人30厘米 | 4 | |
| | 将口布拿起，右手捏住上方，左手捏住口布另一平行角，右手在前，左手在后，双手将口布展开，将口布放于客人的骨碟下面 | 4 | |
| 酒水服务 | 站在主陪的右侧或点菜人的右侧，脚成"丁"字形，身体前倾15°询问酒水 | 4 | |
| | 介绍酒水：分类介绍白酒、红酒、啤酒饮料，按中、低、高档顺序介绍 | 4 | |
| | 验酒：持酒站在主陪右侧，左手托住瓶底，右手扶住酒瓶的上半部分，商标朝向客人，让客人确认一下，客人认可后方可打开 | 4 | |
| | 斟倒酒水：右手握住瓶子的中下部分，商标朝向客人，瓶口和杯口的距离是2厘米，斟倒完毕后，先抬起瓶口，再顺时针转动瓶口45°，最后把瓶子收回来。白酒斟八分满，啤酒八分满两分沫，红酒斟倒五成，白葡萄酒斟倒2/3，饮料八分满 | 8 | |

续表

| 步骤 | 内容 | 分值 | 得分 |
|---|---|---|---|
| | 依菜单顺序上菜 | 3 | |
| | 上菜时，右手拿盘子，盘子过大可用双手，从副陪的右侧进行 | 4 | |
| | 大拇指以接触盘子最小面积为宜，其余四指托盘底，把菜轻放于转盘上 | 4 | |
| | 盘子边缘距转盘边 2 厘米，然后右手转转盘，把菜转到主陪与主宾之间 | 4 | |
| 上菜 | 左手背于体后，后退两步（先退右脚），打手势报菜名<br>要目视客人，面带微笑，手势规范：五指并拢，掌心与地面成 45°角 | 5 | |
| | 两个菜呈"一"字形，3 个菜呈"▲"形，4 个菜呈"口"字形，5 个菜呈"★"形或"梅花"形，6 个菜以上均匀摆放 | 5 | |
| | 冷、热、荤、素要搭配 | 4 | |
| | 上完菜后，要站在副主陪右侧轻声告诉客人菜肴已上齐，同时询问是否需要加菜 | 4 | |
| 合计： | | | |

# 任务三　西餐宴会服务

## 一、西餐宴会的特点

西餐宴会是按西方国家宴会形式举办的一种宴会。西餐宴会摆西式餐台，吃西餐菜，用各种西餐餐具，并按西餐礼仪进行服务，西餐宴会服务环节较多，要求也较严格。

（1）餐桌一般用长台或腰圆台，有时也用圆台。

（2）用餐方式采用分餐制，一人一份餐盘。

（3）西餐中每吃一道菜，更换一套餐具，多用刀叉进食，收盘时连同用过的刀叉一起收走，餐具的摆台亦按事先定好的菜单，根据菜式摆上不同的刀叉餐具。

（4）在酒水的选用上，西餐宴会有一套传统的规则，吃什么菜、饮什么酒，选用什么样的酒杯。

（5）西餐宴会以食用西式风味的菜点为主，并在席间播放音乐。

（6）按照西餐操作程序和礼节进行服务。

（7）灯光柔和偏暗，有时点蜡烛，气氛轻松舒适。

## 二、西餐宴会服务餐前准备（摆台）

### （一）台型设计与席位安排

1. 台型设计

宴会的台型设计要根据宴请活动的性质、形式、主办单位或人的具体要求、参加宴会的人数、宴会厅的形状和面积等情况来决定。西餐宴会一般使用长台。其他类型的餐台由小型餐台拼合而成，如 T 形、U 形、一字形、教室形等。总的要求是美观适用。

2. 席位安排

西餐宴会一般由正、副主人、主宾、副主宾、翻译及其他陪同人员参加。其席位都有固定的安排，主人坐在上首面对众席，副主人在主人的对面，主宾在主人的右侧，副主宾在副主人的右侧，翻译在主宾的右侧，其他陪同人员一般无严格的规定。

### （二）了解、掌握宴会情况

（1）服务人员应掌握宴会通知单的内容，如宴请单位，宴请对象，宴请人数，宾主身份，宴会时间、地点、规格标准，客人的风俗习惯与禁忌等。

（2）服务人员要掌握宴会要求的服务方式。

### （三）熟悉菜单内容

服务人员要熟悉宴会所备菜式的风味特点、主料、配料及制作方法；熟记上菜顺序和菜肴与酒水、酒杯的搭配。

### （四）准备物品

（1）根据宴会规格、规模等准备工作台。

（2）根据宴会通知单备足所用餐用具。

### （五）摆台

按西餐宴会要求摆台。

### （六）餐前检查

客人到达以前要将宴会台按设计布置好，服务的一切准备工作都要就绪，准备好迎接客人。具体餐前检查内容参考中餐宴会的餐前检查。

### （七）餐前例会

开餐前 1 小时，由宴会厅经理或主管对整个宴会作详细的解释，包括菜单的了解，宴会服务人员必须清楚地知道每道菜的口味、配料及制作方法、服务程序等。

## 三、西餐宴会服务流程

西餐宴会服务流程如下图所示。

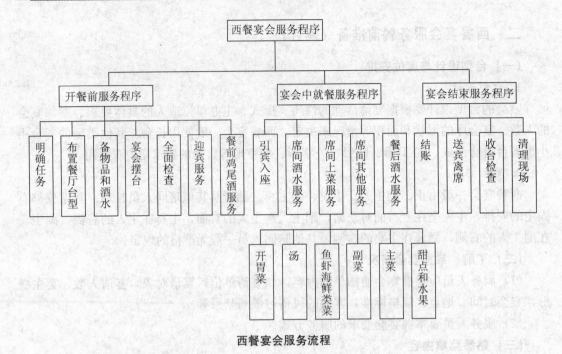

西餐宴会服务流程

## 四、西餐宴会斟酒服务

### （一）服务餐前酒

在宴会开始前，可先举办半个小时左右的餐前酒会。客人可以享受到由服务人员送上的各种软饮料、啤酒、混合酒及烈性酒。

（1）客人落座后，服务人员主动走到宴会台前，按宾主顺序问客人是否需要开胃酒。

（2）如客人一时难以决定饮用哪种饮料，服务人员应主动向客人介绍饮料、啤酒或鸡尾酒。

注意事项如下。

（1）介绍时要注意适合客人的国籍、民族和性别。

（2）推荐和建议时应注意使用礼貌用语，不能强迫客人接受。

（3）要记清每一位客人所订饮料，以便准确地提供服务。

（4）取开胃酒时，要按照客人的座次顺序在托盘中摆放酒水，第一客人的酒水放在托盘的远离身体侧，主人的酒水放在托盘的里侧，取回饮料或酒水后，按客人座次顺序依次从客人右侧服务。

### （二）服务白葡萄酒

餐前酒服务完毕后，开始服务白葡萄酒。

### （三）服务红葡萄酒

服务宴会红葡萄酒，可以在客人食用主盘前提供，或根据宴会主办单位的特殊要求服务。

### （四）服务香槟酒

香槟酒在宴会中起庆典或款待贵宾的作用。很多重要宴会，客人需要香槟酒服务。服务人员一定要事先询问清楚香槟酒服务的时间。

服务时机要根据主办人的要求确定。

（1）有些客人喜欢在宴会开始后服务，直到宴会结束。

（2）有些客人喜欢接近尾声时服务。

（3）特殊情况下，客人还要求宴会前或酒会中每人喝一杯香槟。

**（五）服务餐后酒**

（1）客人用完宴会食品后如需饮用餐后酒，服务人员应向客人介绍餐后酒或白兰地酒的种类。

（2）客人确定饮料种类后，服务人员依据餐前酒服务程序与标准为客人服务餐后酒。

☆主宾位置的安排，台布、餐巾、酒具的摆放要求要严格按照规范要求进行。服务操作要求规范要记住五句话：左叉右刀，左菜右酒，左上右撤，先撤后上，先宾后主。

☆上每一道菜之前服务人员都应先将用完的前一道菜的餐具撤下。

☆上菜时，应先摆好与之配套的餐具。

☆上菜时，应先斟酒后上菜。斟好的酒杯应移至最右边，以方便客人取用。

☆宴会厅全场的上菜、撤盘应以主桌为准。

☆西餐宴会餐具讲究吃一道收一道，吃到最后餐桌上无多余物品。上点心时，连调味架一并收撤。最后上水果与咖啡。餐具收拾情况直接反映服务人员操作水平和餐厅档次，应熟练掌握。

**一、填空题**

1. 宴会厅活动具有_____、_____、_____等特点。

2. 按宴会厅菜式划分，宴会可分为_____、_____、_____、_____和寿宴等。

3. 按菜式酒类和用餐方式划分，宴会可分为_____、_____、_____和_____等。

4. 中餐宴会一般采取_____的原则。

5. 宴会座次安排即根据_____、_____，根据_____确定相应的座位。

6. 婚宴和寿宴的座次安排，应遵循中国传统的礼仪和风俗习惯，其一般原则是_____。

7. 中餐宴会餐台应根据宴会的主题布置装饰，原则是_____、_____、_____和_____。

8. 中餐宴会台型布局"中心第一"是指_____。

9. 中餐宴会台面装饰常见的有如下3类：_____、_____、_____。

10. 中餐宴会服务分为 4 个基本环节：_____、_____、_____、_____和_____。

11. 国宴活动要在宴会厅的正面并列悬挂_____。

12. 由我国政府宴请来宾时，我国的国旗挂在_____边，外国的国旗挂在_____边，来访国举行答谢宴会时，则相互调换位置。

13. 中餐宴会的迎宾工作包括_____和_____。

14. 西餐宴会的台型主要有_____、_____、_____等。

15. 西餐宴会厅菜肴服务，值台员托着菜盘从_____侧为客人分派主菜和蔬菜，菜肴的主要部分应靠近客人。

16. 在西餐宴会中，用过奶酪后开始上甜品，此时一般安排_____。

二、选择题

1. （　　）是中国传统的聚餐形式。

A. 中餐宴会　　　　　　　　　　B. 正式宴会

C. 传统宴会　　　　　　　　　　D. 茶话会

2. 主桌或主宾席区位于宴会厅的（　　）。

A. 中央　　　　　　　　　　　　B. 上首中心

C. 右边　　　　　　　　　　　　D. 主席台

3. 中餐宴会开始前，宴会厅由（　　）来召开宴前会。

A. 领班　　　　　　　　　　　　B. 经理

C. 行政总厨　　　　　　　　　　D. 迎宾员

4. 大型中餐宴会开始前（　　）左右摆上冷盘，然后根据情况预先斟倒葡萄酒。

A. 10 分钟　　　　　　　　　　B. 15 分钟

C. 20 分钟　　　　　　　　　　D. 半小时

5. 中餐就餐服务包括（　　）。

A. 宴前鸡尾酒服务　　　　　　　B. 入席服务

C. 斟酒服务　　　　　　　　　　D. 分菜服务

6. 汤类、羹类、炖品或高档宴会分菜的是（　　）。

A. 转盘式分菜服务　　　　　　　B. 旁桌式分菜服务

C. 分叉、勺派菜服务　　　　　　D. 各宾式分菜服务

7. 中餐宴会上菜位置一般在（　　）之间进行。

A. 陪同和翻译　　　　　　　　　B. 主人和主宾

C. 副主人和第四宾　　　　　　　D. 主人和第三宾

8. 中餐宴会开始，等客人将冷盘用到（　　）时，开始上热菜。

A. 1/3　　　　　　　　　　　　B. 1/2

C. 3/4　　　　　　　　　　　　D. 干净

9. 举行西餐宴会时，通常摆在宴会厅正中的台型有（　　）。

A. "一"字形台　　　　　　　　B. "U"字形台

C. "正"字形台　　　　　　　　D. 正方形台

10. 在西餐宴会厅开始前（　　　），将面包、黄油摆放在客人的面包盘内和黄油碟内，所有客人的面包、黄油的种类和数量都应是一致的。

A. 5 分钟　　　　　　　　　　　　B. 15 分钟

C. 30 分钟　　　　　　　　　　　D. 10 分钟

11. 西餐宴会中，冷头盘可在（　　　）内先上好。

A. 5 分钟　　　　　　　　　　　　B. 15 分钟

C. 30 分钟　　　　　　　　　　　D. 10 分钟

### 三、简答题

1. 简述宴会的预订程序。

2. 简述中西餐宴会的摆台步骤。

3. 在进行西餐宴会时，应注意哪些事项？

4. 中、西餐宴会服务有何区别？

5. 简述中餐宴会的类型。

6. 简单介绍国宴和政治宴会的区别。

### 四、案例分析题

5 月 19 日下午 2：30，中餐厅接到上级的紧急通知：晚上 5：30 中国国家羽毛球队在中餐厅摆庆功宴，席设 9 桌。接下来的 3 个小时，整个酒店各部门忙得不可开交，但大家互相协调、团结合作，如愿于 5 点钟部署好全部开宴准备工作。当酒店老总带领中国国家羽毛球队缓步进入中餐厅时，却发生了这样一件怪事：自客人进入中餐厅门口到餐台的一段路中间，由于实习生咨客没有及时带位，使客人中的主客没有坐到主台，而是随便坐到了末席，那些记者和陪员却坐到了主台。此时，服务也出现了小小乱套，许多实习生服务人员站在餐台旁边看着明星而慌乱了手脚，直到客人呼喊才回过神来。

【问题讨论】

1. 什么原因导致事情的发生？

2. 从此案例可以看出什么道理？

3. 从此案例你得到何启示？

# 模块五　餐厅拓展技能

## 项目一　主题宴会设计

### 任务一　宴会台型设计

#### 一、台型设计的基本原则

（1）主题宴会餐桌安排应做到合理、美观、整齐、大方，其布局的一般顺序是"中心第一，以右为尊，近高远低"。

**服务小贴士**

❋ "中心第一"是指布局要突出主桌或主宾席。主桌放在上首中心，要突出其设备和装饰，主桌的台布、桌椅、餐具的规格应高于其他餐桌，主桌的花篮也要特别鲜艳突出。小型主题宴会在宴会厅条件允许的情况下，主桌桌面应大于其他来宾桌面，大中型主题宴会的主桌桌面则一定要大于其他来宾席桌面。

❋ "以右为尊"是按国际惯例而言的，即主人的右席地位高于主人的左席。

❋ "近高远低"是针对被邀请的客人身份而言的，身份高的离主桌近，身份低的离主桌远。

（2）合理使用宴会场地。主题宴会如安排文艺演出或乐队演奏，则在安排餐桌时应为之留出一定的场地。

（3）大型主题宴会除主桌外，所有餐桌都应编号。桌号架放在桌上，使客人从进餐厅的入口处就可以看见。安排桌号时应照顾到宾客的风俗习惯，如有欧美宾客赴宴，编排台号时应避开"13"号。

（4）多桌主题宴会餐桌之间的距离应不少于1.5米，餐桌距墙的距离不少于1.2米。

（5）主桌要专设服务桌，其余各桌可酌情设服务桌。服务桌摆设的距离要适当，以便于服务人员操作，一般放在餐厅四周。

（6）一个宴会厅同时有两家或两家以上单位或个人所订的主题宴会，则应以屏风或盆景等布局手法将其隔开，以避免相互干扰或出现宴会服务差错。

#### 二、主题宴会台型设计

主题宴会台型设计要根据宴请活动的性质、形式、主办单位的具体要求、参加活动的人数、宴会厅的形状和面积等情况来制订设计方案，然后由销售预订员画出标准比例尺的布置图，注明所有布置的细节要求，常用类型有以下几种。

### （一）教室型

适用于布置会场。采用1.8米×0.75米的长条桌，普通宴会厅靠背椅。

### （二）剧场型

按场地排列宴会厅靠背椅，可设一主席台或舞台，适用于大型会议或观看表演。布置时要注意留出通道。

### （三）长方台型

用于小型会议和西餐宴会。根据人数多少用1.8米×0.75米的长条桌拼合而成。

### （四）马蹄型

多用于会议，也是用长条桌拼接而成。缺口内可摆放花草，上方可放白板、银幕、投影仪等会议器材。

### （五）口字型

可用于小型会议、西餐宴会及大型自助餐食台。中央部位可布置花草、冰雕等装饰物，由1.8米×0.75米长条桌拼合而成。

### （六）T型

常用于自助餐食台、西餐套餐、服装表演等。由1.8米×1米的长条桌拼合而成。

### （七）大型宴会台型

举办大型宴会时常在宴会厅中摆设圆桌，要求根据餐厅形状灵活安排，但应突出主桌，留有行走通道。

### （八）自助餐食台设计

自助餐食台要根据宴会规模、地场条件等来选择设计各种形状的布置。有些大饭店宴会部备有各种形状的台面，常用的有长方形、半圆形、圆形、弧形、1/4圆形、螺旋形、椭圆形等形状。用这些台面可以拼合出多种多样、流畅美观的自助餐食台。

### 服务小贴士

**【自助餐食台的拼接】**

1. 基本桌形

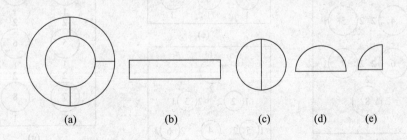

（a）　　　　　（b）　　　　　（c）　　（d）　　（e）

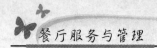

2. 拼接后桌形

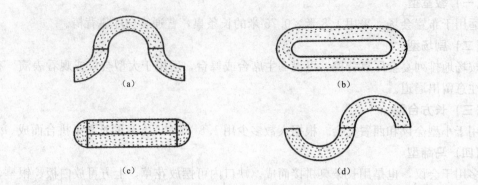

## 三、中餐常用台型设计图示

### (一) 小型中餐主题宴会台型设计

小型中餐主题宴会台型设计如下图所示。

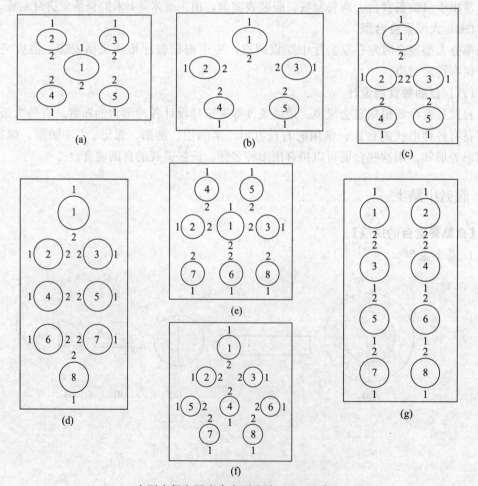

小型中餐主题宴会台型设计 (2～10 桌)

## （二）中型中餐主题宴会台型设计

中型中餐主题宴会台型设计如下图所示。

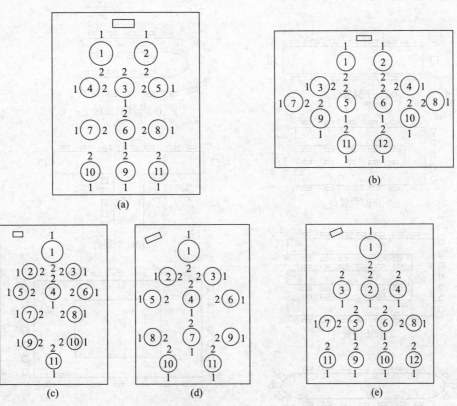

**中型中餐主题宴会台型设计（11～20 桌）**

## （三）大型中餐主题宴会台型设计

大型中餐主题宴会台型设计如下图所示。

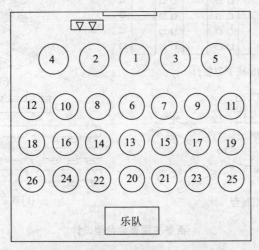

**大型中餐主题宴会台型设计（21 桌以上）**

## 四、西餐常用台型设计图示

西餐常用台型设计如下图所示。

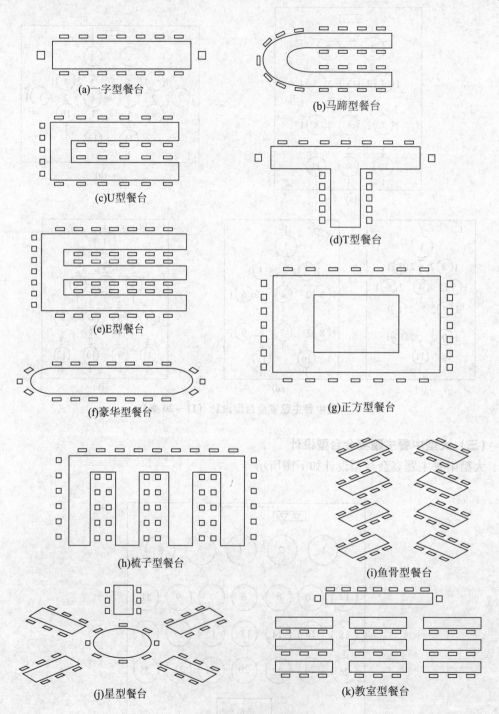

(a)一字型餐台

(b)马蹄型餐台

(c)U型餐台

(d)T型餐台

(e)E型餐台

(f)豪华型餐台

(g)正方型餐台

(h)梳子型餐台

(i)鱼骨型餐台

(j)星型餐台

(k)教室型餐台

西餐主题宴会台型设计

# 任务二　宴会台面设计

## 一、宴会台面设计基础知识

### （一）主题宴会台面分类

中式主题宴会台面；西式主题宴会台面；中西式合璧主题宴会台面。

### （二）主题宴会台面用途

#### 1. 餐台

餐台也叫食台，餐饮"正摆台"。

#### 2. 看台

根据主题宴会主题、性质、内容，用各种小件餐具、小件物品、装饰物等摆设成各种图案，供宾客在就餐前观赏，多用于民间宴会和风味宴会。

#### 3. 花台

用鲜花、绢花、花篮以及各种工艺美术品和雕刻品点缀构成各种新颖、别致、得体的主题宴会台面。

### （三）主题宴会类型、台面风格特点及适用宴会

| 序号 | 主题宴会类型 | 台面风格特点 | 适用宴会 |
|---|---|---|---|
| 1 | 仿古宴 | 仿古代名宴的餐酒具、台面布局、场景布置，礼仪规格高 | 红楼宴、宋宴、满汉全席、孔府宴 |
| 2 | 风味宴 | 具有鲜明的民族餐饮文化和地方饮食色彩 | 火锅宴、烧烤宴、清真宴、海鲜宴、斋宴、民族宴 |
| 3 | 正式宴会 | 主题鲜明、政治性强、目的明确，场面气氛庄重高雅，接待礼仪严格 | 国宴、公务宴、商务宴、会议宴 |
| 4 | 亲（友）情宴 | 主题丰富，目的单一，气氛祥和、热烈，突出个性 | 洗尘接风、乔迁之喜、祝贺高升、毕业宴请、家庭便宴 |
| 5 | 节日宴 | 传统节日气氛浓重，注重节日习俗 | 圣诞节、元旦、春节、元宵节、国庆节、中秋节、儿童节、情人节、美食节、重阳节等宴请 |
| 6 | 休闲宴 | 主题休闲，气氛雅静、舒适 | 茶宴 |
| 7 | 保健养生宴 | 倡导健康饮食主题，就餐的环境、设施与台面设计有利于客人的健康 | 食补药膳宴、美容宴 |
| 8 | 会展宴 | 宴会的台面设计与会展主题相符，就餐形式多种多样 | 各种大型会展主题宴会、冷餐会、鸡尾酒会 |

### 二、宴会台面设计步骤

（1）根据宴会目的确定主题。

（2）根据主题宴会台面寓意命名（如黄河文化宴）。

（3）根据主题宴会场地规划台型设计。

（4）根据宴会的主题创意设计台面造型。

①台布、台裙、椅套、餐巾色彩的选择：为了突出庄重、隆重的气氛，中餐宴会一般选用白色、黄色、红色、金色等颜色的布件来摆台，西餐宴会一般选用白色、粉色、黄色等颜色的布件来突出宴会的浪漫温馨。

②餐具选择：中餐一般选用档次较高的餐具，如金器、金边的餐盘、金色底座的酒杯等来烘托宴会气氛，西餐宴会一般选用较高档的银质餐具。

③餐巾折花的选择：根据主题的不同，合理地选择动物、植物和实物类花型进行搭配，同时，要注意各民族的禁忌（如日本禁忌荷花）。中餐宴会一般摆放杯花，西餐宴会一般摆放盘花。

④餐台的装饰物选择：可选用艺术插花、食品雕刻或工艺品作为餐台的装饰物，但应注意食用餐台装饰物的高度应低于视线（≤30厘米）或者高于视线（60厘米左右），而且不应选择香味过于浓郁的装饰物，以免影响客人食欲。

⑤花签、台签与菜单的摆放：花签的作用是对餐巾花进行解释说明，它一般摆在每个餐巾花左侧；台签是对台面的主题进行概述，摆放在台型花旁边，正对主人位；10人以下台面摆放两张菜单，摆放在正、副主人位右侧，12人以上摆4张菜单，摆成"十"字形，高档宴席有时在每位宾客的席位右侧都摆放一张菜单。

## 主题台面设计示例

**主题名称：**《渔歌子》。

**主题设想：**唐朝诗人张志和的诗词《渔歌子》"西塞山前白鹭飞，桃花流水鳜鱼肥，青箬笠，绿蓑衣，斜风细雨不须归"，其诗句优美，景致鲜活生动，我们之所以以该诗为题，主要是想让用餐的客人在入席一刻能够体会到诗景画境，吸引顾客的眼球。该台设计细节有以下几点。

我们的主体色为淡绿色，所以选用了清淡的绿纱布草。

❖口布全折成白鹭，形色各异，并采用双色口布，一大一小。

❖骨碟、汤碗、汤勺采用各类古陶色异型盘，古朴典雅，每套餐具均有不同，以便于顾客清晰地辨认出自己的餐具。

❖玻璃杯选用同一款式、统一尺寸的杯子，酒杯以透色为主，要能够从外看到酒水的纯度，故选用透光度极好的光生杯。

❖牙签，采用异型小陶瓷罐，按位摆放，牙签粗细、长短不一，以方便女士和男士根据不同需要使用。

❖筷子，采用毛笔象形筷。

❖筷架，采用笔架，以支撑筷子。

❖烟灰缸，选用鱼篓状器皿。

❖主体插花，采用桃花、小菊花、红掌、枝梅、满天星等。造型桃园，中间设置象形鱼池，池内几尾小鲫鱼，姜太公垂钓，头戴斗笠，身披蓑衣。

❖椅子，制作椅背靠垫，垫面写满诗句。

❖菜单，采用卷轴国画，或挂签筒。

### ▶▶▶ 实 训

| 实训项目 | 主题宴会设计 |
|---|---|
| 实训要求 | 掌握主题宴会设计的步骤<br>宴会台型设计<br>宴会台面设计 |
| 实训材料 | 双层台布、椅套、装饰物及餐用具若干 |
| 实训内容与步骤 | 情境导入：邓小姐与王先生在华天酒店预订了 15 桌婚宴，婚宴采用的是传统的中式宴席，他们要求有乐队与舞台，请你为他们进行主题宴会设计<br>• 宴会台型设计<br>任务说明：请把设计结果绘制在下面图框内。<br><br><br><br>• 宴会台面设计<br>任务说明：分组撰写主题台面设计方案，进行现场布置和主题讲解 |

**主题宴会设计考核标准**

| 项目 | 操作程序及标准 | 分值 | 扣分 | 得分 |
|---|---|---|---|---|
| 文案设计<br>（15 分） | 宴会台型设计 | 5 | | |
| | 宴会台面设计方案 | 10 | | |
| 餐巾折花<br>（10 分） | 花型突出主位，符合主题，整体协调 | 10 | | |
| 菜单、花瓶（花篮或其他装饰物）和桌号牌<br>（25 分） | 花瓶（花篮或其他装饰物）摆在台面正中，造型精美，符合主题要求 | 15 | | |
| | 菜单摆放在筷子架右侧，位置一致（两个菜单则分别摆放在正、副主人的筷子架右侧） | 5 | | |
| | 桌号牌摆放在花瓶（花篮或其他装饰物）正前方，面对副主人位 | 5 | | |

续表

| 项目 | 操作程序及标准 | 分值 | 扣分 | 得分 |
|---|---|---|---|---|
| 菜单设计<br>（10分） | 总体要求：选择富有营养，有利于身体健康的食物，菜肴要突出宴会主题；菜单设计与整体宴会主题与氛围协调一致 | 3 | | |
| | 注重绿色食物的选择，有3种以上绿色食物（无污染、安全、优质、营养的食品） | 1 | | |
| | 不以野生动物为原料 | 1 | | |
| | 菜单制作材料选择适当，有创意 | 2 | | |
| | 菜单大小、形状适宜，制作精美 | 2 | | |
| | 字型、字体适当 | 1 | | |
| 主题阐述<br>（15分） | 对餐桌布置进行说明：说明宴会主题、宾客对象、价位标准、主题理念、创新点、亮点 | 10 | | |
| | 对菜单设计进行说明 | 3 | | |
| | 文字通顺，表达清晰 | 2 | | |
| 台面装饰与设计<br>（40分） | 主题突出、鲜明，台面布置自然美观，具有一定的文化性、艺术性、观赏性和实用性 | 10 | | |
| | 餐具、椅套和台面颜色协调 | 5 | | |
| | 立意新颖，创意独特，台面丰富，具有强烈美感 | 5 | | |
| | 餐桌中心装饰烘托宴会的主题，与台面布置整体协调 | 10 | | |
| | 餐饮等用具颜色、规格协调统一，体现文化，烘托氛围 | 5 | | |
| | 整体装饰形态、布局、颜色协调、适当，烘托出良好的氛围 | 5 | | |
| 团队协作<br>（5分） | 组内合作默契，分工明确 | 5 | | |
| 合计： | | | | |

 思考题

**一、填空题**

1. 确定宴会主题，首先应考虑举办宴会的_____。

2. 宴会厅色彩宜采用_____色调。

3. 宴会厅气氛设计的关键是对_____气氛的设计。

4. 多桌宴会时，_____居中，其他桌次通常以_____为据。

5. 主题宴会餐桌安排应做到合理、美观、整齐、大方，其布局的一般顺序是_____。

**二、选择题**

1. 有效使用率最高的宴会厅房形是（　　　）。

A. 多边形　　　　　B. 长方形　　　　　C. 正方形　　　　　D. 正圆形

2. 以绿色为主色调的宴会厅，其体现的气氛是（　　　）。

A. 娇艳　　　　　　B. 清爽　　　　　　C. 青春　　　　　　D. 质朴

3. 为表现餐台的沉稳与牢固，台裙的色彩应该比台布的色彩（　　　）。

A. 浅　　　　　　　B. 深　　　　　　　C. 亮　　　　　　　D. 淡

4. 为美化宴席台面，餐巾的颜色与台布的颜色应（　　　）。

A. 相同　　　　　　B. 相近　　　　　　C. 相似　　　　　　D. 相异

5. 宴会台面的设计既是一方科学，更是一方艺术。台面设计要求做到（　　　）。

A. 高雅　　　　　　　　　　　　　B. 庄重

C. 有创意　　　　　　　　　　　　D. 清洁卫生

E. 突出主题

6. 宴会设计，首先要确定（　　　）。

A. 宴会菜单　　　　　　　　　　　B. 宴会环境

C. 宴会服务　　　　　　　　　　　D. 宴会主题

7. 宴会设计首先要满足的是（　　　）。

A. 酒店需求　　　　　　　　　　　B. 主人需求

C. 主陪需求　　　　　　　　　　　D. 副陪需求

8. 能营造出中国式喜庆气氛的冷餐宴会的主菜台桌形是（　　　）。

A. 五角星形　　　　　　　　　　　B. V 形

C. 串灯笼形　　　　　　　　　　　D. U 形

9. 宴会餐厅设计的内容有台面设计、环境设计和（　　　）。

A. 菜单设计　　　　　　　　　　　B. 菜肴设计

C. 点心设计　　　　　　　　　　　D. 服务设计

10. 宴会台型设计的基本要求有（　　　）。

A. 台型美观　　　　　　　　　　　B. 突出主桌

C. 整齐有序　　　　　　　　　　　D. 方便服务

E. 自由随意

11. 体现宴会厅主色调的固定部分的反映物有（　　　）。

A. 墙面　　　　　　　　　　　　　B. 台饰

C. 窗帘　　　　　　　　　　　　　D. 鲜花

E. 餐巾

**三、简答题**

1. 简述宴会台面设计的要求及步骤。

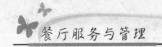

2. 请设计一个欢送宴。

**四、案例分析题**

某西餐厅的晚餐时间，宾朋满座。餐厅中有几位琴师弹钢琴、拉小提琴，奏出美妙的乐曲，使宾客沉浸在温馨的艺术气氛中。服务人员小朱正在巡台，偶然听到正在用餐的一位先生和一位小姐在交谈。这位小姐对那位先生说："我现在特别想听《爱相随》，用钢琴加小提琴协奏，效果棒极了。"小朱听到后随即走到琴师面前说明情况，请他们演奏一曲《爱相随》。即刻钢琴与小提琴协奏响起，一曲优美的《爱相随》飘荡在大厅里。小朱看见那两位客人惊奇地抬起头，那位小姐满脸惊喜地倾听着动人的曲子。小朱微笑着走到两位客人身旁，低下身来悄声向客人说："这首《爱相随》送给小姐您，祝二位今晚好兴致！"两位客人连声道谢，高兴之余又点了许多食品、饮料，又消费了几百元。为客人点曲子本不是小朱份内的事，但当他得知客人的美好愿望后，就积极去做，给客人带来了惊喜与温馨，收到了最佳的服务效果。

**【问题讨论】**

1. 简述宴会时音乐伴奏的作用。

2. 服务人员小朱的服务艺术是如何体现的？

# 项目二  宴会菜单设计

## 一、宴会菜单知识

### （一）宴会菜单基础知识

**1. 定义**

宴会菜单是指全套菜点、点心、酒水（有时不写）果品按上席顺序排列成的完整名单。它是向宾客介绍餐饮经营商品的目录单，同时又是指挥、安排和组织餐饮生产与餐厅服务的计划任务书，是餐饮生产和服务运转的第一环节。

**2. 宴席菜单的设计原则**

指导思想十六字诀：科学合理、整体协调、丰俭适度、确保赢利。

（1）按需配菜，参考制约因素。

"需"指宾主要求，"制约因素"指客观要求，两者需要互相兼顾，忽视任何一方都会影响宴会效果。

编制宴会菜单，一要考虑宾主的愿望，如愿意上什么菜、上多少、何种口味、何时何地开席，只要在条件范围内，都应尽量满足。二需考虑宴席的类型和规模。类别不同，菜品也需变化，如"蟠桃献寿"不可用于丧宴，梨子在婚宴上只会大煞风景；桌次较多的宴席，切忌菜式冗繁、工艺造型复杂。三需考虑货源供应，因料施艺。尽量不配原料不齐的菜品，积存的原料优先使用。四需考虑设备条件，如餐室能承担的宴席桌数、设备设施能否胜任菜点的制作要求、炊具能否满足开席的要求等。五要考虑自身技术力量，水平有限不要承制高级酒宴，厨师不足切勿一次操办过多的宴席等。

（2）随价配菜，讲究品种调配。

按"优质优价"的原则，合理选择宴席菜点。售价是排菜的依据，既要保证酒店的合理收入，又不能使顾客吃亏。调配品种有许多方法：①选用多种原料，适当增加素菜比例；②名菜为主，乡菜为辅；③多用造价低又能烘托席面的高利润菜品；④适当安排造型艳美的菜点；⑤巧用粗料，精细烹制；⑥合理利用边角余料，物尽其用。

（3）因人配菜，迎合宾主嗜好。

根据宾主的国籍、民族、宗教、职业、年龄以及个人嗜好和忌讳，灵活安排菜品。

编制菜单时，注重当地传统风味及宾客指定的菜肴。对汉族人，自古就有"南甜北咸"的口味偏好；即使生活在同一地方，职业、体质不同，饮食习惯也会不同，如体力劳动者喜食肥浓，老人喜软糯，年轻人喜酥脆，孕妇偏酸，病人爱粥。对外籍客人，要先了解其国籍，因为国籍影响其口味和信仰。如日本人喜清淡，嗜生鲜，忌油腻，爱鲜甜；意大利人要求醇、香鲜、原汁、微辣、断生且硬韧；伊斯兰教禁血生、外荤等。

（4）应时配菜，突出名特物产。

首先，要选择应时令的原料，时令原料带有自然的鲜香，最易烹调；其次，按节令变化调配口味，"春多酸、夏多苦、秋多辣、冬多咸"，夏秋偏清淡，冬春趋向醇厚；最后，注意菜肴色泽、质地的变化。

（5）营养均衡，强调经济实惠

饮食是人类赖以生存的重要物质，赴宴除了获得口感和精神上的享受外，主要是借助宴席补充营养，调节人体机能。因此，在宴会菜单设计中必须考虑人体营养平衡，依据宾客的年龄、职业、身体状况等因素进行合理配菜。

**（二）中餐宴会菜单知识**

1. 宴席上菜的一般原则

先冷后热，先咸后甜，先荤后素；先上质优菜肴，后上一般菜肴；先上菜肴，后上面点；先上酒菜，后上饭菜。

2. 中餐宴会菜点的构成

（1）冷菜。宴会席的"前奏曲"。主要包括冷碟、饮品，间或辅以手碟、开席汤。要求开席见喜，小巧精细，诱发食欲，引人入胜。冷碟又称冷盘、冷荤、冷菜或拼盘。

（2）热菜。宴席的"主题歌"，属于宴席的躯干。原则和组配要求：在宴席中突出热菜，在热菜中突出大菜，在大菜中突出头菜。

①热菜：一般安排在冷碟与大菜之间，起承上启下的过渡作用，或是分散跟在大菜之后。

| 特点 | 色艳味美、鲜热爽口 |
|---|---|
| 选料 | 鱼、禽、畜、蛋、果蔬等 |
| 烹调特点 | 旺火热油，兑汁调味，出品脆美爽口 |
| 烹调方法 | 炸、熘、爆、炒等快速烹法 |

②头菜：排在所有大菜之前，统帅全席，是整桌宴席中质量最好、名气最大、价格最贵的菜肴。

| 特点 | 一般讲究造型，名贵菜肴多采用"各客"的形式上席，随带点心、味碟，具有一定的气势 |
|------|------|
| 选料 | 多为山珍海味和其他原料的精华部位，一般是用整件或大件拼装，置于大型餐具之中，菜式丰满、大方、壮观 |
| 烹调特点 | 香酥、爽脆、软烂，在质与量上都超出其他菜品 |
| 烹调方法 | 烧、扒、炖、焖、烤、烩等长时间加热的方式 |

（3）甜菜。甜菜包括甜汤、甜羹在内，泛指宴席中一切甜味的菜品。

①甜菜品种：干稀、冷热、荤素等。

②烹调方法：拔丝、蜜汁、挂霜、糖水、蒸烩、煎炸、冰镇等。

③作用：改善宴席营养，调剂口味，增加滋味，解酒醒目。

（4）素菜。宴席中不可缺少，品种较多，选材多用豆类、菌类、时令蔬菜等。

①通常 2～4 道，上菜的顺序多偏后。

②烹调方法：视原料而异，炒、焖、烧、扒、烩等。

③作用：改善宴席食物的营养结构，调节人体酸碱平衡，去腻解酒，变化口味，增进食欲，促进消化。

（5）席点。

①宴席点心的特色：注重款式和档次，讲究造型和配器，玲珑精巧，观赏价值高。

②点心的安排：一般安排 2～4 道，随大菜、汤品一起编入菜单，品种多样，烹调方法多样。

③上点心顺序：一般穿插于大菜之间上席。

④配置席点要求：一要少而精；二需闻名品；三应请行家制作。

（6）汤菜。种类多，有首汤、二汤、中汤、座汤和饭汤之分，现代宴席常见的有首汤和座汤两种。

①首汤："开席汤"，此菜在冷盘之前上席。

特点：口味清淡，鲜醇香美。

作用：宴席前清口爽喉，开胃提神，刺激食欲。

②座汤："主汤"、"尾汤"，是大菜中最后上的一道菜，也是最好的一道汤。其规格应仅次于头菜，给热菜一个完美的收尾，可用整形的鸡、鱼加名贵的辅料制成清汤或奶汤。

（7）主食。由粮豆制作，能补充以糖类为主的营养素，协助冷菜和热菜，使宴席食品营养结构平衡，全部食品配套成龙。主食通常包括米饭和面食，一般不用粥品。

（8）饭菜。"小菜"，专指饮酒后用以下饭的菜肴。

①作用：清口、解腻、醒酒、佐饭等。

②小菜在座汤后入席，不过有些丰盛的宴席，由于菜肴多，宾客很少用饭，常常被取消；简单的宴席因菜少，可配饭菜作为佐餐小食。

（9）辅佐食品。

①手碟：宴席开始前的配套小食，如水果、蜜饯、瓜子等。

②蛋糕：突出办宴的宗旨，增添喜庆气氛。

③果品：用鲜果等组成。

④茶品也是常用的辅佐食品。

3．中餐宴会菜点的数量

(1) 冷碟：双数 4、6 或 8。

(2) 热炒：双数 2（社会餐馆为 4）。

(3) 大菜：双数 4（烧、炖、焖、蒸菜）。

(4) 素菜：双数 2（一道是素菜，一道是蔬菜）。

(5) 汤菜：单数 1（羹、盅、汤之分）。

(6) 主食：单数 1（最好有一道米、面或粉）。

(7) 点心：双数 2（多为双组 2、4 道）。

(8) 水果：单数 1。

4．中餐宴会菜点的比例

| 宴席档次 | 冷菜 | 热菜 | 饭点蜜果 |
| --- | --- | --- | --- |
| 普通宴席 | 10% | 80% | 10% |
| 中档宴席 | 15% | 70% | 15% |
| 高档宴席 | 20% | 60% | 20% |

### （三）西餐宴会菜单知识

西餐在菜单的安排上与中餐有很大不同。中餐宴会菜肴显得十分丰富。西餐虽然看着有六七道，似乎很烦琐，但每道一般只有一种，但是西餐比较注重酒水搭配，有"红酒配红肉，白酒配白肉"的说法。西餐宴会上菜顺序如下。

1．头盘

西餐的第一道菜是头盘，也称为开胃品。开胃品的内容一般有冷头盘或热头盘之分，常见的品种有鱼子酱、鹅肝酱、熏鲑鱼、鸡尾杯、奶油鸡酥盒、焗蜗牛等。因为是要开胃，所以开胃菜一般都具有特色风味，味道以咸和酸为主，而且数量较少、质量较高。

2．汤

与中餐有极大不同的是，西餐的第二道菜就是汤。西餐的汤大致可分为清汤、奶油汤、蔬菜汤和冷汤 4 类，品种有牛尾清汤、各式奶油汤、海鲜汤、美式蛤蜊周打汤、意式蔬菜汤、俄式罗宋汤、法式焗葱头汤。冷汤的品种较少，有德式冷汤、俄式冷汤等。

3．副菜

鱼类菜肴一般作为西餐的第三道菜，也称为副菜。品种包括各种淡、海水鱼类，贝类及软体动物类。通常水产类菜肴与蛋类、面包、酥盒菜肴品均称为副菜。因为鱼类等菜肴的肉质鲜嫩，比较容易消化，所以放在肉类菜肴的前面，叫法上也和肉类菜肴主菜有区别。西餐吃鱼类菜肴讲究使用专用的调味汁，品种有鞑靼汁、荷兰汁、酒店汁、白奶油汁、大主教汁、美国汁和水手鱼汁等。

### 4. 主菜

肉、禽类菜肴是西餐的第四道菜，也称为主菜。肉类菜肴的原料取自牛、羊、猪等各个部位的肉，其中最有代表性的是牛肉或牛排。牛排按其部位又可分为沙朗牛排（也称西冷牛排）菲利牛排、T骨型牛排、薄牛排等。其烹调方法常用烤、煎、铁扒等。肉类菜肴配用的调味汁主要有西班牙汁、浓烧汁精、蘑菇汁、白尼斯汁等。

禽类菜肴的原料取自鸡、鸭、鹅，通常将兔肉和鹿肉等野味也归入禽类菜肴。禽类菜肴品种最多的是鸡，有山鸡、火鸡、竹鸡等，可煮，可炸，可烤，可焖，主要的调味汁有黄肉汁、咖喱汁、奶油汁等。

### 5. 蔬菜类菜肴

蔬菜类菜肴可以安排在肉类菜肴之后，也可以与肉类菜肴同时上桌，所以可以算作一道菜，或称之为一种配菜。蔬菜类菜肴在西餐中称为沙拉。与主菜同时服务的沙拉，称为生蔬菜沙拉，一般用生菜、西红柿、黄瓜、芦笋等制作。沙拉的主要调味汁有醋油汁、法国汁、千岛汁、奶酪沙拉汁等。

沙拉除了蔬菜之外，还有一类是用鱼、肉、蛋类制作的，这类沙拉一般不加味汁，在进餐顺序上可以做为头盘食用。

还有一些蔬菜是熟食的，如花椰菜、煮菠菜、炸土豆条。熟食的蔬菜通常是与主菜的肉食类菜肴一同摆放在餐盘中上桌，称之为配菜。

### 6. 甜品

西餐的甜品是主菜后食用的，可以算作第六道菜。从真正意义上讲，它包括所有主菜后的食物，如布丁、煎饼、冰淇淋、奶酪、水果等。

### 7. 咖啡、茶

西餐的最后一道是上饮料，咖啡或茶。咖啡一般要加糖和淡奶油，茶一般要加香桃片和糖。

 菜单实例

**中餐生日宴菜单实例**

1080元/席

风味八冷菜

豆豉蒸扇贝王

清蒸鲟鱼

白灼基围虾

贵妃蹄膀

水煮鳝背

铁板牛蛙

蛋黄炒花蟹

糯米蒸仔排

金牌蒜香鸡

茶树菇炒牛柳

白灼芥兰

西湖牛肉羹

神仙老鸭汤

点心：长寿面 寿桃 鲜奶蛋糕

水果拼盘

 **菜单实例**

### 西餐商务宴会菜单实例

688元/位

**头盘  Appetizers**

法式牛柳配油浸鹅肝  French—style Beef & Foie Gras

鱼子酱海鲜拼盘  Caviar & Seafood Platter

勃艮第香草汁焗蜗牛  Bourgogne Vanilla Baked Snails

**汤  Soup**

北欧海鲜浓汤  Nordic Seafood soup

古拉式传统牛肉浓汤配黑麦面包  Traditional Rich Beef Soup with Rye Bread

**沙拉  Salad**

地中海式甜虾沙拉  Mediterranean Style Sweet Shrimp Salad

奥斯陆酸甜三文鱼配蔬菜沙拉  Mediterranean Cream Matsutake with Wild Truffle

法式酸乳酪水果沙拉配新鲜树莓酱  French Yogurt and Fruit Salad with Raspberry Sauce

**主菜  Main Course**

北欧煨焗银鳕鱼  Simmered and Baked Cod Fish

炭烤T骨牛扒配黑椒少司及炒蘑菇  T—Bone Steak with Black Pepper and Fried Mushroom

**主食  Main Food**

海鲜茄汁炒意大利面  Tomato cooked in soy and vinegar with Seafood Sauteed Italian paghetti

香浓咖喱牛肉饭  Sweet Curried Beef with Rice

**甜点  Dessert**

榛子焦糖色蛋糕  Hazelnut caramel cake

什锦冰激凌  Mixed ice cream

提拉米苏  Tiramisu

咖啡、茶  Coffee & Tea

**佐餐酒水  Table Wine**

法国夏布利威廉费尔小夏布利白  Chablis, Petit Chablis, Willia

杜霍酒庄干红葡萄酒2007（度韦）  Chateau Durfort Vivens

金玫瑰酒庄干红（拉露丝）葡萄酒2007  Chateau Gruaud Larose

## 二、菜单设计步骤

宴席菜单设计的过程分为 3 个阶段：设计前的调查研究、菜品设计和菜单设计的检查。

### (一) 宴席菜单设计前的调查研究

根据菜单设计的相关原则，在菜单设计之前，首先应做好与宴席相关的各方面的调查，以保证菜单设计的可行性、有针对性和高质量。调查的越具体，了解的情况越多，越能与顾客的要求相吻合。

调查的主要内容如下。

(1) 宴会的目的性质、宴会主题或名字、主办人或单位。

(2) 宴席的用餐标准。

(3) 出席人数或宴席桌数。

(4) 宴会日期及开席时间。

(5) 宴会类型：即是中式、西式还是中西结合式。

(6) 宴会就餐形式，即是坐式还是站立是共食还是分食。

(7) 宾客的年龄、生活地域、风俗习惯、饮食喜好与忌讳。

### (二) 宴席菜单菜品设计

1. 确定菜单设计的核心目标

宴席菜单设计首先必须明确宴席的核心目标，根据客人的喜好、时节等确定菜单的主题、风味、价格等。

2. 确定宴席菜品的构成模式

宴会菜品的构成模式即宴会菜品格局，宴会的排菜格局以宴会类型、就餐形式、宴席成本及规划菜品的数目为依据，细分出每类菜品的成本和具体数目，在此基础上，根据宴会的主题及风味特色定出关键性菜品，形成宴席菜单的基本构架。通常情况下，冷菜、热菜和饭点蜜果的比例大致是 $10\%\sim20\%$、$60\%\sim80\%$、$10\%\sim20\%$。

3. 选择宴席菜品

一般来说，一要考虑宾主的要求，二要突出最能显现宴会主题的菜点，三要考虑饮食民俗，四要考虑核心菜品，五要发挥主厨特长，六要考虑时令原料，七需考虑货源供应，八需考虑荤素比例，九要考虑汤菜配置，十要考虑菜点协调，菜肴为主，点心为辅。

4. 编排菜单样式

总体原则是醒目分明、字体规范、易于识别、匀称美观。中餐菜单竖排古朴典雅，横排适应现代人的识读习惯，字体大小应合适、整齐、美观。要特别注意字体风格、菜单风格、宴会风格三者的统一。

5. 菜单附加说明

它是对宴席菜单的补充和完善，增强菜单的实用性，发挥其指导作用。附加说明包含以下内容。

(1) 介绍宴席的风味特色、适用季节和场合。

(2) 介绍宴席规格、宴会主体及目的。

(3) 列出所用的烹饪原料及器具，为办宴做准备。

（4）介绍席单出处及相关典故。

（5）介绍特殊菜品的要领及整个宴席的具体要求。

**（三）宴席菜单设计的检查**

1. 设计内容的检查

（1）是否符合宴会主题。

（2）价格标准与档次是否一致。

（3）是否满足了宾客的具体要求。

（4）菜点数量安排是否合理。

（5）风味特色和季节性是否鲜明。

（6）菜品是否体现多样化与合理膳食的要求。

（7）原料能否保障供应。

（8）是否符合当地饮食民俗，体现地方风情。

2. 宴席菜单设计形式的检查

（1）菜目编排顺序是否合理。

（2）是否布局合理、整齐美观、醒目分明。

（3）是否与宴会风格一致。

## ▶▶▶ 实　训

| 实训项目 | 宴会菜单设计 |
|---|---|
| 实训要求 | 掌握菜单基础知识<br>掌握中、西餐宴会菜单基础知识<br>掌握菜单设计方法与步骤 |
| 实训材料 | 草稿纸、笔 |
| 实训内容<br>与步骤 | 一、操作程序<br>1. 宴会冷菜金额计算方法：宴会总金额×冷菜占总金额百分比（热菜、汤、点心等计算方法同冷菜金额计算方法）<br>2. 成本金额计算公式：售价＝成本÷（1－销售毛利率）<br>二、考核规定说明<br>1. 如操作违章或未按操作程序执行操作，将停止考核<br>2. 考核采用百分制，考核项目得分按鉴定比重进行折算<br>3. 考核方式说明：该项目为实际操作，考核过程按评分标准及操作过程进行评分<br>三、考核时限<br>15分钟<br>四、考核情境<br>王先生准备在你所在的酒店餐饮部举行婚宴，他要求这次婚宴的菜式以湘菜和粤菜为主，价格预计每桌1000元左右，已知这次的宾客中有不少儿童和老人，请为他设计宴会菜单，并讲解设计思路<br>五、按照构思完成菜单填写 |

菜　单

| 菜肴种类 | 序号 | 菜肴名称 | 烹调方法 | 味型 | 售价 |
|---|---|---|---|---|---|
| 凉菜 | 1. | | | | |
| | 2. | | | | |
| | 3. | | | | |
| | 4. | | | | |
| | 5. | | | | |
| | 6. | | | | |
| | 7. | | | | |
| | 8. | | | | |
| 热菜 | 1. | | | | |
| | 2. | | | | |
| | 3. | | | | |
| | 4. | | | | |
| | 5. | | | | |
| | 6. | | | | |
| | 7. | | | | |
| | 8. | | | | |
| 汤 | | | | | |
| 主食、点心 | 1. | | | | |
| | 2. | | | | |
| | 3. | | | | |
| 果盘 | | | | | |
| 合计: | | 元 | | | |
| 设计思路 | | | | | |

注意：表格不一定要填满。

菜单设计考核标准

| 序号 | 考核项目 | 评分要素 | 配分 | 评分标准 | 扣分 | 得分 |
|---|---|---|---|---|---|---|
| 1 | 设计思路 | 根据宴会的相关信息确定设计思路 | 5 | 不符合要求扣5分 | | |
| 2 | 计算冷菜金额 | 根据宴会标准和冷菜金额占总金额的百分比计算冷菜金额 | 5 | 不符合要求扣5分 | | |
| 3 | 填写冷菜名称 | 根据上面计算的冷菜金额写出冷菜名称、单价 | 20 | 不符合要求每处扣5分 | | |
| 4 | 计算热菜金额 | 根据宴会标准和热菜金额占总金额的百分比计算热菜金额 | 5 | 不符合要求扣5分 | | |
| 5 | 填写热菜名称、单价 | 根据上面计算的热菜金额写出热菜名称、单价及简单的烹调方法、口味 | 20 | 不符合要求每处扣2分 | | |
| 6 | 计算汤的金额 | 根据宴会的标准和汤占总金额的比例计算汤的金额 | 5 | 不符合要求扣5分 | | |
| 7 | 填写汤的名称、单价 | ①根据计算的汤的金额填写汤的名称<br>②单价 | 5 | ①、②不符合要求每处扣2.5分 | | |
| 8 | 计算点心、水果的名称、单价 | 根据宴会标准和点心、水果占总金额比例计算点心、水果的总金额 | 5 | 方法错误不得分，计算结果错误各扣2.5分 | | |
| 9 | 填写点心、水果的名称、单价 | 根据计算的点心、水果的金额填写两种点心和两种水果的名称、单价 | 10 | 不符合要求每处扣2.5分 | | |
| 10 | 计算总售价以及总成本 | ①按照宴会销售毛利率的规定<br>②计算宴会菜肴的总成本金额<br>③分别求出冷菜、热菜、汤、点心和水果的成本金额<br>④累加总成本金额 | 10 | ①、②、③、④公式用错不给分，计算结果错误一项扣2.5分 | | |
| 11 | 符合客人的风俗习惯 | 开菜单时注意客人对食品的禁忌及特别的饮食习惯 | 5 | 不符合要求不得分 | | |
| 12 | 菜单卷面 | ①字迹工整<br>②卷面清洁 | 5 | ①、②不符合要求各扣2.5分 | | |
| 13 | 考核时限 | 在规定时间内完成 | | 到时间停止操作 | | |

合计：

 思考题

**一、简答题**

1. 宴会菜单设计应该考虑哪些因素？

2. 某年秋季，某演出公司在本市某饭店宴请美国客人，订餐人数6位，用餐标准每位250元（酒水除外），请编制一份美式西餐宴会菜单。

| 主办单位 | | 主客国籍 | 用餐标准 | 人数 | | 季节 | |
|---|---|---|---|---|---|---|---|
| 宴会时间 | 年　月<br>日　时 | 宴会地点 | 接洽人 | 桌数 | | 毛利率% | |
| 序号 | 菜品名称 | 规格 | 烹调方法 | 口味 | 色泽 | 单价 | |
| 1 | | | | | | | |
| 2 | | | | | | | |
| 3 | | | | | | | |
| 4 | | | | | | | |
| 5 | | | | | | | |
| 6 | | | | | | | |
| 7 | | | | | | | |
| 8 | | | | | | | |
| 9 | | | | | | | |
| 10 | | | | | | | |
| 11 | | | | | | | |
| 12 | | | | | | | |
| 13 | | | | | | | |
| 14 | | | | | | | |
| 备注 | | | | | 合计： | | |

**二、案例分析题**

某一四星级酒店，接待一批非洲国家的军事代表团，当晚由某军区首长举行宴会招待这批客人，中外来宾共150人，设宴15桌，酒店对此次接待十分重视，从宴会菜单的制定到员工的分工均有明确要求，菜单中的菜品品种丰富、烹制方法多样。待晚会开始时，大家各司其职，有条不紊，但因军人进食速度快，上菜速度远跟不上客人进餐速度，特别是一道烤鸡，由于烤箱故障，烤箱上层有温度，下层没有温度，造成"烤鸡"上下层成熟度不一致，一面已熟一面夹生，尽管厨师采取了一定的措施，但却耽误了出菜时间，出现

了客人等吃的现象，使主人很没面子，对酒店意见很大。

**【问题讨论】**

1. 造成客人不满的原因有哪些？

2. 由此可以看出在设计菜单时我们应该注意哪些方面？

# 项目三 沟通协调

在现代社会，饭店的规模越来越大，饭店内部所面临的情况也越来越复杂。因此，饭店餐饮部门要有效地开展工作，就必须善于沟通和协调各种关系，使之始终建立在一种和谐的基础上。餐厅服务人员的工作方法与艺术在这种沟通和协调中具有极其重要的功能，发挥着重要作用。

## 一、沟通协调的定义与内容

所谓沟通协调，是指餐厅服务人员与公众之间互通信息、交流观点、寻求一致的行为过程。

### （一）沟通协调饭店内部的公众关系

1. 与上级关系的沟通协调

一个不善于与上级领导沟通的人是无法做好工作的，因为现代工作中的障碍50%以上都是由于沟通不到位产生的。

## 案 例

有一个割草男孩的故事，讲的是一个替人割草的男孩打电话给一位老太太说："您需不需要割草？"老太太回答说："不需要了，我已有了割草工。"男孩又说："我会帮您拔掉花丛中的杂草。"老太太回答："我的割草工也做了。"男孩又说："我会帮您把草与走道的四周割齐。"老太太说："我请的那人也已做了，他做得很好。谢谢你，我不需要新的割草工人。"男孩便挂了电话。此时，男孩的朋友问他："你不是就在老太太那儿割草打工吗？为什么还要打这电话？"男孩说："我只是想知道老太太对我工作的评价！"其实，这个故事的寓意是只有勤与老板或上级沟通，你才有可能知道自己的长处与短处，才能够了解自己的处境。

在与自己的上司进行沟通的时候，既不能无所顾忌，也不能畏手畏脚，要注意以下几点。

（1）要通过沟通真正理解上级领导的真实意图。如果你自己都不理解上级的指示，那么你就无法把这些指示很好地传达给下属员工。

（2）在与上级之间有了误解甚至隔阂的时候，沟通的艺术性就显得更加重要了；适合场所、良好时机、多请示汇报、多做自我批评、察言观色。

2. 与平级关系的沟通协调

餐厅中服务人员众多，在同级之间进行沟通和协调，对于增进了解、加强团结、推动工作，都是很有必要、大有裨益的。

3. 与下级关系的沟通协调

要把组织的奋斗目标、方针、政策、实施办法、工作程序等传达给餐厅员工，从而求得信息畅通，以行为协调、步调一致地去进行工作。

**（二）沟通协调饭店外部的公众关系**

接受和处理客人投诉是公关工作重点之一，也是餐饮部服务人员常面对的问题，因此，要求餐厅服务人员具有良好的公共协调能力，思维灵活，应变能力强，尊重客人，平息事端，化解矛盾，在维护饭店利益的同时又不损害客人利益，对客人的投诉负责到底，及时与客人联系，通报相关信息，避免造成客人的第二次投诉，同时，办事效率要高。

（1）对饭店服务质量的评定，主要来自客人的感受。硬件设施完备、功能齐全是重要条件，但对客人心理乃至生理、生活习惯上的体贴入微与热情周到的服务却是最重要的。

（2）"宾客至上，服务第一"是饭店的永恒主题，故此就要从一般中找出特殊，从特殊中寻求和总结规律，将自己每一细小、具体、稳妥的动作和语言都化作对客人的关心和关怀，用最大的热忱做好服务工作。

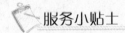 服务小贴士

**【服务中的"五声十字"】**

五声：宾客来到时有迎客声；

遇到客人时有称呼声；

受人帮助时有致谢声；

麻烦客人时有致歉声；

宾客离店时有送客声。

"十字"："对不起"、"您好"、"请"、"谢谢"、"再见"。

## 二、餐厅前后堂协调管理

**（一）餐前的沟通**

在做餐前准备时，后堂应将急推菜、短缺菜、沽清菜、主推菜、必推海鲜菜品等这些比较特殊的情况主动地与前堂的领导沟通定向，与前堂的领导达成推销共识。

（1）前堂领导在得到后堂的菜品推销相关信息后，应根据情况去制订当天的推销策略和计划，为每位餐厅服务人员安排推销任务。

（2）餐厅服务人员要分享推销技巧，例如，对于沽清菜，要如何巧妙地与客人解释做好服务工作。因有前面的与后堂的沟通，服务人员事前知道了哪些是沽清菜，在点菜时就熟悉了今天点菜时要注意的菜品，对上面提到的这些类菜品心中有数，就不会主动向客人推销沽清菜，万一客人点到时可委婉地告诉客人"对不起，刚好卖完"，并给客人推销其他菜品，巧妙地避免为客人服务时遇到的尴尬、难堪、指责等情况，减少不必要的换菜、退菜等使餐厅的声誉受到影响的情形。

 **案 例**

### 餐厅服务人员的应变能力和推销能力

**地点**：某宾馆餐厅。

导引小姐引导几个客人从门口过来。几个客人簇拥着一位爱挑剔的老太太。

服务人员为她斟上红茶，她却生硬地说："还关照你，怎么知道我要红茶，告诉你，我喜欢喝绿茶。"

服务人员不易为人察觉地一愣，客气而又礼貌地说："这是餐厅特意为你们准备的，餐前喝红茶消食开胃，尤其适合老年人，如果您喜欢绿茶，我马上单独为您送来。"

老夫人脸色缓解下来，矜持地点点头，顺手接过菜单，开始点菜。

"喂，水晶虾仁怎么这么贵？"老夫人斜着眼看着服务人员，"有些什么特点吗？"

服务人员面带着微笑，平静地、胸有成竹地解释道："我们进的虾仁都有严格的规定，一斤120粒，水晶虾仁有4个特点，亮度高、透明度强、脆度大、弹性足，其实我们这道菜利润并不高，是用来为饭店创牌子的拳头产品。"

[旁白] 服务人员在客人点菜时，将菜的形象、特点用生动的语言加以形容，使客人对此产生好感，从而引起食欲，达到销售的目的。

[镜头] "有什么蔬菜啊？"老夫人又说了，"现在蔬菜太老了，我不要。"

服务小姐马上顺水推舟："对，现在的蔬菜是咬不动，不过我们餐厅今天有炸得很软的油焖茄子，菜单上没有，是今天的时新菜，您运气正好，尝一尝吧？"服务小姐和颜悦色地说。

"你很会讲话啊。"老夫人动心了。

[旁白] 餐饮服务人员应兼有推销员的职责，既要让客人满意称心，又要给餐厅创造尽可能多的利润，只有这样，才是称职的服务人员。

"请问喝什么饮料？"服务小姐问道。

老夫人犹豫不决地露出沉思状。服务小姐接着说："我们这里有椰汁、粒粒橙、芒果汁、可口可乐……"老夫人打断服务人员的话："来几罐粒粒橙吧"。

[旁白] "如果问客人你要什么饮料"则客人可以要或不要，或沉默考虑。第二种是选择问句，必定选其一。对那种犹豫不决，或不曾有防备的客人效果极佳。在推销的工作中，语言的引导十分重要，用什么样的话才能引起顾客的消费欲望，这是培训工作中不可忽视的重要内容。

**（二）餐中的沟通**

**1. 菜品信息的沟通**

菜品上桌后，顾客的就餐意见，如菜咸、菜淡、不新鲜、菜价贵、分量不足、热度不够、装盘不卫生、成型不佳、退菜、要求回烧、要求加料、要求重做等，以及客人对上菜速度有意见时，前堂服务人员都要及时地将其反馈给厨房后堂部，并第一时间配合客人对其提出的意见和问题进行解决或改善，以免客人不满。

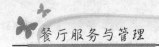

2. 客人退菜或投诉的沟通

在客人退菜或投诉时，服务人员要站在客人的立场急客人所急，为客人解决当下的困难。有时候前堂服务人员一听到客人退菜就会有条件反射，害怕赔钱，然后想当然地把这个问题推到厨房部，从而只是机械地对客人说"帮您换一盘"，但有时候客人并不是真正的只想换一盘菜。当服务人员真端回这盘菜后，客人也并没有满意，而后堂炒这个菜的伙伴也会对当值的服务人员产生误解，从而增加前堂和后堂的矛盾。由此可见，餐中的每一项小事都关系着前堂和后堂双方，双方都不能真正地脱离出来，只有双方紧密配合才能最终让客人满意。

 案 例

## 账单

华东沿海某城的一家餐馆里正一派忙碌气氛，但坐在餐厅正中央一张小方桌前的几位宾客却闷闷不乐。这一切被服务人员小王看在眼里，她估计可能是客人对刚刚递过去的账单有意见。小王微笑着问客人走去，亲切地问道："先生，需要我做些什么吗？"客人见状说出了不愉快的原因，他们原估计今天的就餐价格在 200 元上下，可账单上却写着 503 元，他们不明白是什么原因。小王认真地听完后，先安慰客人让他们别着急，接着到账台上去查询。原来问题出在大盘醋溜黄鱼上，菜单上写明每 50 克 22 元，而客人误以为一盘菜 22 元，那条黄鱼实际上重 750 克，计价 330 元。

[分析]

这是很容易发生的事，客人误读菜谱价格，服务人员服务不周，会影响饭店的声誉，如何随机应变，老练圆满地处理好问题是每个称职的服务人员都必须掌握的本领。此外，从事服务工作，更要学会察颜观色，主动寻找服务对象，而不是消极等候客人提出要求。思考一下，如果你是小王，你该如何做？

### （三）餐后的沟通

每天的餐厅经营，结束一天的工作之前，都要组织餐厅的工作人员一起对当天餐厅经营的所有问题进行一一分析和总结。前堂反馈顾客对菜品的意见、建议、投诉、赞扬、满意度，并根据客人反馈对后堂工作提出建议和意见。而后堂人员对厨房菜品在传菜口走菜的速度和走菜的误差，如一些讲究火候和上桌时间的菜品，要求必须在几分钟内让客人吃到才能保证质量，让大家一起来探讨、提出改善意见。当然，最关键的是要利用这个机会让前堂、后堂人员学会互相感谢，创建和谐融洽的氛围，鼓励大家在第二天的工作中以更好的状态和精神面貌开展工作。

 案 例

## 游水活虾每斤一元

某饭店的餐厅一直很红火，但每天晚上八点以后的就餐客人较少，餐饮部为此专门开

展了一次讨论。餐饮部经理要求大家畅所欲言，为提高餐饮部的经济效益献计献策。餐厅服务人员小虞建议道："我们能否推出几个特价菜来吸引客人的消费？"餐饮部经理听了以后对小虞说："说具体点。"小虞继续道："我们饭店的广东客人较多，他们的用餐时间一般较晚，我们不妨在晚上八点后推出几道他们爱吃的特价菜，如活虾之类。"餐饮部经理接受了小虞的建议。经与厨房研究，数天后，该饭店在大堂外的醒目位置悬挂了横幅，上面写道："晚上八点以后本餐厅推出特价菜，游水活虾每斤一元，烤乳鸽每只一元，欢迎惠顾。"

一周后，餐饮部经理从财务报表中发现：客人的餐饮人均消费与以前基本持平，但总的餐饮营业收入比以前上升了30%，利润额比以前上涨了10%。餐饮部经理为小虞的建议拍手叫好，并给他发了一笔数额不少的奖金。

[分析]

饭店的经济效益的提高需要所有员工的共同努力，而饭店经济效益的提高必将增加员工的收入。因此，本例中的餐饮部经理集思广益，认真听取员工对餐饮经营的意见，而餐厅服务人员小虞充分发扬他的这种主人翁精神，积极为饭店的发展献计献策，他的建议既有效地吸引了饭店的目标市场客源，又使饭店的餐位得以充分利用，从而提高了饭店的经济效益。餐饮部经理对小虞的奖励可谓奖罚分明，这不仅是对小虞的一种激励，也鼓励更多的员工在今后的工作中为提高饭店经济效益而作出各种努力。

### 三、特殊情况下的沟通协调注意事项

#### （一）在服务过程当中客人向自己送礼品的情况

由于我们的热情、有礼、主动、周到的服务深得客人好感，客人为了表示谢意，有时会赠送礼品或小费给服务人员，以表心意。这时，服务人员首先要婉言谢绝，语言要有礼貌，对客人的心意要表示感谢。如果客人坚持要送，实属盛情难却，为了避免失礼，引起客人的误会或不快，服务人员应暂时收下并深表谢意，事后交领导处理，并说明情况。

#### （二）在服务中自己心情欠佳的情况

在工作中，不论自己的心情好坏，对客人均要热情、有礼。

有些人可能在上班前碰到一些事情，以至于心情很不愉快。但不管在什么情况下，都应该忘记自己的私事，把全部精力投入到工作中去，且要经常反问自己，服务中是否做到了面带笑容和给人留下愉快的印象。

只要每时每刻都记住"礼貌"两字，便能够在服务过程中把握好自己的言行，给客人提供优质服务。

#### （三）客人正在谈话，我们有急事找他的情况

客人正谈话，我们有急事要找他时，不应冒失地打断客人的谈话，而应有礼貌地站在客人的旁边，双目注视着要找的客人。这时，客人一般都会意识到你有事找他，便会主动停下谈话，向你询问，这时首先应向其他客人表示歉意："先生（小姐），对不起，打扰你们一下。"然后向所找客人讲述找他的事由。说话时要注意简明扼要，待客人答复后，向其他的客人表示歉意："对不起，打扰你们了。"然后有礼貌地离开。

#### （四）客人对账单有异议的情况

结账工作是我们整个接待工作中的重要一环，应把这一工作做好，让客人们高兴而

来，满意而归，使整个接待工作更加完美。

我们要仔细过目、检查客人账单，发现差错，及时更正。

有时账单上的实际费用会高出客人的预算，当客人表示怀疑时，我们应做耐心解释；若是账单上的费用有错漏，客人提出时，我们应立即诚恳地表示歉意，并到收银台更正。

**（五）走单，在公共场所找到客人的情况**

客人一般都是比较爱面子的，特别是身份较高的客人。因此，当发现走单，在公共场所找客人时首先要考虑到客人爱面子的心理，以"接听电话"、"有人找"等理由先把客人请到一边，然后小声地说并注意运用语言艺术，如："对不起，××先生，因我们工作的疏忽，还有××单据的结算，请您核对一下，现在方便结算吗？"客人付钱后说"对不起，打扰您了，谢谢"。

如果我们不这样做，而是在大庭广众之下，特别是当客人与朋友在一起时，直接对客人说明"还有单据没有付钱"，就会使客人因难堪而产生反感，甚至为了面子对账单不予承认，给收款工作带来困难，同时，这也是有失礼貌的表现。

**（六）客人发脾气骂自己的情况**

服务人员接待宾客是自己的责任，即使挨了客人的骂，也应同样做好接待工作。

当客人发脾气骂自己时，要保持冷静的态度，认真检查自己的工作是否有不足之处，待客人平静后再做婉言解释与道歉，绝对不能与客人争吵或谩骂。

如果客人的脾气尚未平息，应及时向领导汇报。

**（七）客人损坏了饭店的物品的情况**

（1）接到饭店设备或用品被损坏的报告后，应立即赶到现场，请有关人员查看现场，保留现场，核实记录。

（2）经查认是食客所为或其负有责任后，应根据损坏的轻重程度，参照饭店的赔偿价格，向客人提出索赔。

（3）索赔时大堂副理必须由相关部门人员陪同，礼貌地指引客人查看现场，陈述原始状态，尽可能向客人展示有关记录和材料，如果客人外出，必须将现场保留到索赔结束。

（4）如果客人对索赔有异议，无法说服客人，赔偿价格按权限酌减，若赔偿价格超出权限，应向上一级汇报，由上一级管理人员与客人继续商谈。

（5）如果索赔涉及贵宾，必须先报请上一级管理人员，然后将结果转告随行人员或具体接待单位，向他们提出赔偿。

（6）如果客人同意赔偿，应让有关人员立即开出杂项单，让客人或接待人员代客人付款签字。

**（八）遇有伤残人士进餐厅吃饭的情况**

（1）及时带客人到离门口较近、方便入座、方便服务的位置。

（2）提供必要的帮助，如帮助推车、拿物品等。

（3）不要议论客人或投以奇异的目光。

（4）不论客人就座或离席，都要小心协助客人挪动椅子。

**（九）客人带宠物进入饭店的情况**

（1）有礼貌地告诉客人根据饭店规定宠物是不能带入饭店的，建议将宠物交行李部代为看管。

（2）寻找适当的地方寄养。

（3）通知客人喂食或领取宠物时需令其出示房卡，以免宠物被人冒领。

（4）行李部与大堂副理分别做好记录，经常观察，以保障宠物安全、健康。

**（十）客人在酒店公共区域不小心摔倒的情况**

（1）应立即上前扶起客人，并询问其是否受伤，表示关切。

（2）视客人伤情决定是送客到医务室就诊还是请医生到现场处理。

（3）维护好现场秩序。

（4）查清原因。若是宾馆的设施问题，应向客人赔理道歉，并负责支付医药费。

（5）对有问题的设施进行维修，防止再次发生类似事故。

**（十一）客人来就餐但餐厅已经客满的情况**

（1）礼貌地向客人解释餐厅已客满，征询客人是否愿意稍候。

（2）告诉客人需等候的时间，并时常给客人以问候。

（3）迎宾员要做好候餐客人登记，并酌情为其提供茶水服务。

（4）一旦有空位，应按先来后到的原则带客人入座。

（5）如果客人不愿等候，建议客人在本酒店内的其他餐厅用餐。

**（十二）用餐的客人急于赶时间的情况**

（1）将客人安排在靠近餐厅门口的地方，以方便客人离开。

（2）介绍一些制作简单的菜式，并在订单上写上注意事项，要求厨房、传菜配合，请厨师先做。

（3）在各项服务上都应快捷，尽量满足客人要求，及时为客人添加饮料、撤换餐盘。

（4）预先准备好账单，缩短客人结账时间。

**（十三）客人点了菜又因有急事不要的情况**

（1）立即检查该菜单是否已送到厨房，如该菜单尚未开始做，马上取消。

（2）若已做好，迅速用食品盒打包给客人；或者征求客人的意见是否将食品保留，待办完事再吃，但要请客人先把账结掉。

**（十四）两台客人同时需要你的服务的情况**

（1）既要热情、周到又要忙而不乱。

（2）服务人员要给那些等待的客人报以热情、愉快的微笑。

（3）在经过他们的桌子时应打个招呼"我马上就来为您服务"或"对不起，请稍等一会儿"，这样会使客人觉得他们并没有被冷落和怠慢。

**（十五）客人喝醉酒的情况**

（1）客人有喝醉酒的迹象时，服务人员应礼貌地拒绝给客人再添加酒水。

（2）给客人递上热毛巾，并介绍一些不含酒精的饮料，如咖啡、热茶等。

（3）如有呕吐，应及时清理污物，并提醒醉客的朋友给予关照。

（4）如有客人在餐厅酗酒闹事，应报告大堂副理和保安部，以便及时处理。

 思考题

**简答题**

1. 餐厅工作中的沟通协调主要指的是餐厅工作人员与谁的沟通？

2. 餐厅服务人员如何协调与后厨的关系？

3. 餐厅服务人员如何协调与同行的关系？

4. 餐厅服务人员应如何与急躁型、稳重型的顾客进行沟通？

# 附录1　餐厅英语

【酒店餐厅常用英语词汇】

## 一、中餐餐具用品

筷子 Chopsticks　　　　古典杯 Old Fashion Glass　　　筷架 Chopsticks Rack

烈性酒杯 Mao-tai Glass　筷套 Chopsticks Bag　　　　鸡尾酒杯 Cocktail Glass

调味碟 Soy Sauce Dish　　冰桶 Ice Bucket　　　　　　汤碗 Soup Bowl

酒篮 Wine Basket

## 二、中餐常见原料

猪肉 Pork　　　　　　肝 Liver　　　　　　鸡肉 Chicken　　　小虾 Shrimp

凤尾鱼 Long-tailed Anchovy　　　　　　鸽子 Pigeon　　　　蟹 Crab

牛肉 Beef　　　　　　海参 Seaslug　　　　鲈鱼 Perch　　　　乳猪 Suckingpig

石斑鱼 Roach　　　　燕窝 Birdnest　　　　大虾 Prawns　　　龙虾 Lobster

羊肉 Mutton　　　　田鸡 Frog　　　　　鱼翅 Shark's fin　　桂鱼 Mandarinfish

## 三、中餐厅常用酒水

中国白酒 Spirit　　红茶 Black Tea　　花茶 Jasmine Tea　　砖茶 Brick Tea

茅台酒 Mao Tai　　黄酒 Yellow Wine　绍兴酒 Shaoxing Wine　柠檬茶 Lemon Tea

## 四、饭店专业名词

服务人员 Waiter　　安全部 Security Department　女服务人员 Waitress

工程部 Engineering Department　　　　　领班 Captain

财务部 Financial Department　　　　　　收银员 Cashier

客房部 House – Keeping Department　　　调酒师 Bartender

受理预订 Receiving Reservations　　　　问候客人 Greeting guests

请客人等候 Asking the guests to wait

对餐桌不满意 The table is unsuitable

预订的餐桌被其他客人占了 A reserved table has been given away

展示菜单 Presenting the menu　　　　　点菜服务 Taking the guest's order

推荐饮料 Recommending drink

时刻关注客人 Giving continual attention

处理投诉 Handling complaints　　　　　甜品服务 Offering desserts

呈递账单 Presenting the bill

## 【基本常用语】

### 一、问候语

| | |
|---|---|
| 1. 早上好，先生。 | Good morning，Sir. |
| 2. 您好! | Hello，How do you do? |
| 3. 很高兴见到您。 | Glad to meet you. |
| 4. 欢迎到我们酒店来。 | Welcome to our hotel. |
| 5. 愿您在我们酒店过得愉快。 | I hope you'll enjoy your stay with us. |

### 二、祝贺语

| | |
|---|---|
| 6. 祝贺您! | Congratulations! |
| 7. 生日快乐! | Happy birthday! |
| 8. 新年快乐! | Happy New Year! |
| 9. 圣诞快乐! | Merry Christmas! |
| 10. 祝您好运! | Good luck to you! |
| 11. 祝您成功! | Wish you every success! |
| 12. 祝您旅途愉快! | A pleasant journey! |

### 三、答谢和答应语

| | |
|---|---|
| 13. 谢谢您! | Thank you (very much)! |
| 14. 谢谢您的帮助。 | Thank you for your help. |
| 15. 太感谢您了。 | It's very kind of you. |
| 16. 别客气不用谢。 | You're welcome. / Not at all. / Don't mention it. |
| 17. 很高兴为您服务。 | It's my pleasure. |

### 四、道歉语

| | |
|---|---|
| 18. 很抱歉。 | I'm sorry. |
| 19. 对不起。 | Excuse me. |
| 20. 对不起，让您久等了。 | Sorry to have kept you waiting. |
| 21. 我为此道歉。 | I apologize for this. |

### 五、征询语

| | |
|---|---|
| 22. 我能帮您什么吗? | Can I help you? /What can I do for you? |
| 23. 有什么能为您效劳的? | Is there anything I can do for you? |
| 24. 我能借用您的电话吗? | May I use your phone? |
| 25. 我可以知道您的名字吗? | May I have your name，please? |
| 26. 您可以把名字签在这儿吗? | Can you sign here? |
| 27. 先生，您想要点什么? | What would you like，Sir? |

## 六、指路用语

| | |
|---|---|
| 28. 上楼； | Go upstairs; |
| 下楼； | Go downstairs; |
| 在二楼。 | It's on the second floor. |
| 29. 请这边走。 | This way, please. |
| 30. 请往右转。 | Turn right, please. |
| 31. 在大厅靠近大门。 | It's in the lobby near the main entrance. |
| 32. 在走廊尽头。 | It's at the end of the corridor. |

## 七、提醒用语

| | |
|---|---|
| 33. 请走好。 | Mind your step. |
| 34. 请当心。 | Be careful, please. |
| 35. 请别遗忘您的东西。 | Please do not leave anything behind. |
| 36. 请不要在这里抽烟。 | Do not smoke here, please. |

## 八、告别语

| | |
|---|---|
| 37. 等会儿见。 | See you later. |
| 38. 明天见。 | See you tomorrow. |
| 39. 再见，谢谢您的光临。 | Good bye and thank you for your coming. |
| 40. 再见，希望再见到您。 | Good bye and hope to see you again. |
| 41. 祝您旅途愉快! | Have a nice trip! |

## 【专业用语】

### 一、预订

1. Good morning/afternoon/evening. (The name of the restaurant and your name) May I help you?

早上/下午/晚上好，××餐厅，我能为您做些什么？

2. How many people, please?

请问共有多少人用餐？

### 二、迎宾

3. Good morning/afternoon/evening. Welcome to our restaurant.

早上/下午/晚上好．欢迎光临。

4. May I help you, sir/madam?

我能为您做什么，先生/女士？

5. Do you have a reservation, sir/madam?

请问您有预订吗，先生/女士？

6. Would you like to sit here?

您喜欢坐这里吗?

7. Excuse me, would you share the table with that gentleman (lady)?

对不起,您跟那位先生(小姐)合用一张台好吗?

## 三、点菜

8. Are you ready to order now?

请问可以为您点菜了吗?

9. May I take your order now?

请问可以为您点菜了吗?

10. What would you like to start?

请问先给您上些什么?

11. Please wait a minute, I'll arrange it for you.

请稍等,我马上给您安排。

12. Please look at the menu first.

请先看看菜单。

13. What wines would you like to drink? We have…

您喜欢喝点什么酒?我们有……

14. What would you like to eat?

您喜欢吃点什么?

15. Would you like some dessert?

饭后您喜欢吃点甜品吗?

16. All right. I'll make contact with the cook and make you satisfied.

好的,我跟厨师联系一下,会使您满意的。

17. Can I arrange a snack for you if you are pressed for time?

如果您赶时间的话,我给您安排一些快餐饭菜好吗?

18. Sorry, I'll let you know when I make sure.

对不起,我问准确后便马上告诉您。

## 四、征询意见

19. Excuse me, May I take this chair?

对不起,我可以用这张椅子吗?

20. Is everything to your satisfaction?

请问您对一切还满意吗?

21. Is everything all right with your meal?

请问您对用餐还满意吗?

22. Would you care for another drink?

请问您还需要一杯饮料吗?

23. Is it enough?

您的菜够吗?

24. May I take away this dish?

我可以撤掉这个盘了吗?

## 五、致歉

25. I'm terribly sorry for such a mistake.

我为这样的鲁莽向您道歉。

26. I'm terribly sorry, sir/madam. I must apologize. 实在对不起，先生/女士，我很抱歉。

27. Is there anything else I can do?

我还能为您做些什么?

## 六、解决抱怨

28. Do you have any criticism on our service or dishes?

您对我们的服务和菜肴有什么意见吗?

29. I'm sorry. I should have asked if you care for sour food.

真抱歉，我该事先问一问您是否喜欢酸味菜。

30. Would you kindly tell us if there is anything in the dishes and other respects that needs improvement?

请您告诉我们在菜和其他方面是否需要改进?

31. Please do accept our apologies and be assured that we'll do our best to improve our work.

请一定接受我们的歉意。请相信我们将一定尽力改进我们的工作。

32. Thank you for your good words and suggestions. We'll try our best to improve our service.

谢谢您的夸奖和建议。我们将一定尽力改进我们的服务。

33. I'm very sorry, sir. I'll return your…to the chef.

非常对不起，先生。我会把您点的……退回厨房。

34. I'm very sorry, sir. I'll bring you another one/bottle.

非常对不起，先生。我会替您送来另一份（瓶）。

35. I'm very sorry, sir. I'll bring you some more.

非常对不起，先生。我会帮您多取一些来。

36. Is there anything wrong with your order, sir?

您点的菜哪里不对，先生?

37. What would you like me to do?

您要我做些什么?

38. There will be no charge for this. This is the compliments of the manager. This is on the house.

这不用付费。这是经理免费附赠的。这由公司请客。

39. I'm very sorry for my mistake (clumsiness).

我为我的错误（笨拙）道歉。

40. I'm very sorry to have spoilt (ruined) your evening.

我很抱歉破坏（毁坏）了您今晚的兴致。

41. I'd like to apologize for our carelessness. May I clean it up for you?

我为我的粗心道歉。我可以替您清理吗？

42. We're very sorry for the delay. Please enjoy your lunch.

抱歉耽搁了。请享用您的午餐。

### 七、送餐服务

43. Good morning. It's room service here.

早上好，我是送餐部的。

44. Would you like to have something more beside the continental breakfast，sir?

先生，除了大陆式早餐，您还要别的吗？

45. Yours is a very wise choice，sir?

您真会选择，先生。

46. Just feel free to call the Room Service. We're always at you service.

请随时打电话到送餐部。我们乐于为您服务。

47. What's the problem，sir? Can I be of some assistance?

先生，出了什么事？我能替您做点什么？

48. You have to pay twenty percent service charge if you want to have the meal sent to your room.

假如您要送餐进房的话，得付 20% 的服务费。

49. I'd like to have a snack sent up to my room.

我想请人把快餐送进我的房间。

50. Would you bring the supper to my room?

能将晚餐送进我的房间吗？

51. What would you like to have for breakfast?

早餐要点什么？

### 八、宴会服务

52. When would you like your banquet?

请问宴会什么时候举行？

53. How much would you like each table at?

请问每桌标准是多少？

54. May I know what the banquet is for?

请问这个宴会是什么类型的？

55. Is there anything special you'd like to have on the menu?

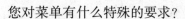

您对菜单有什么特殊的要求?

56. Banquet of two tables for twenty-four at 1500 Yuan a table, drinks and fruit extra，at 6：30 this Saturday evening. Am I correct?

这个星期六晚上 6 点 30 分的两桌宴会，人数 24 人，每桌标准人民币 1500 元，酒水、水果另算，对吗?

57. You have to pay extra fee for a sitting room.

您好，休息室需要额外付费。

58. I hope you'll enjoy it.

希望您会满意。

### 九、失物招领

59. I'm afraid we are closed today.

对不起我们今天关门。

60. We are closed on Sundays and national holidays.

我们星期日和国家规定假日不营业。

61. Where were you sitting?

你们坐在哪儿?

62. Do you remember where you lift it?

您能记得丢失在哪儿了吗?

63. I'm afraid that they were not found in restaurant. Could you call the lost and Found Department on? extension 2157，please?

对不起，餐厅没找到，请打电话到失物招领部好吗? 分机号是 2157。

64. We found your spectacles，but they have been talked to the lost and Found Department. Could you call them on extension 2157，please?

我们已找到了您的眼镜，但已被送到失物招领部，请打分机电话 2157 好吗?

65. They have been transferred to the lost Property Section. Could you come here in 15 minutes，please?

它们已被转交到丢失财务部，您能 15 分钟后来一下吗?

66. If we do find it (them) we will contact you immediately. May I have your forwarding address，please?

假如我们能找到的话，会马上与您取得联系，您能告诉我您以后的地址吗?

### 十、结账

67. Would you like to have the bill now?

请问您是现在结账吗?

68. Would you like to pay cash or by credit card?

请问您是付现金还是用信用卡?

69. Sorry you can't sign the bill here. Cash only，if you please.

对不起，我们这里不可以签单，请付现款吧。

## 十一、送客

70. Thank you, sir/madam. We hope to see you again.

感谢光临，先生/女士，希望再次为您服务。

71. Glad you enjoyed your meal. Goodbye.

很高兴您用餐愉快，再见。

## 【日常对话】

对话一：

A：Good moring. I wonder if I can book a table.

早上好，我想知道我能否订一张餐桌。

B：Certainly. How many of you, please?

当然可以，请问你们有多少人？

A：Six.

6位。

B：Could you tell me the time you'd like to have it?

请问您想预订的时间？

A：Half past seven this evening.

今晚七点半。

B：Thanks for you calling. Looking forward to your visiting.

感谢您电话光临，恭候您的到来。

对话二：

A：Hello! This is Western food restasrant.

您好！这里是西餐厅。

B：I'm going to throw a farewell party for a friend.

我想为一个朋友举行一个告别宴会。

A：When would you like to have the dinner?

您打算什么时候？

B：The day after tomorrow eneving.

后天晚上。

A：How many of you?

一共几位？

B：There are about six.

大约6位。

A：OK. Bye-bye.

好的，再见。

B：Bye.

再见。

**对话三：**

A：Excuse me，waitress，could we have a table over there by the window?

服务人员，请问可以在那张临窗的桌子旁边就餐吗?

B：Oh，Sorry，the table by the windows was reserved. Would you mind sitting over here?

噢，抱歉，靠窗的那张桌子被预订了，你们不介意在这边就座吧?

A：All right，sure.

好吧，就坐这儿。

**对话四：**

A：We'd like a table for two near the windows.

我们想要一张靠窗的两个座的桌子。

B：Sorry，I'm afraid it'll be about 10 minutes before I seat you.

对不起，恐怕要过 10 分钟才能给你们安排座位。

A：OK，let's wait a little while near the bar.

好吧，我们在吧台边上等一会儿。

**对话五：**

A：Good morning，how many?

早上好，几位?

B：Four. And we'd like a non-smoking table，please.

4 位。我们要不吸烟的桌位。

A：Come with me，please.

请跟我来。

B：Thanks.

谢谢。

**对话六：**

A：Have you gotten a table for five?

你们有 5 个人坐的桌子吗?

B：Yes，would you like smoking or non?

有，你们要吸烟区还是非吸烟区?

A：We'd like a smoking table，please.

要吸烟区。

B：No problem. Follow me，please. I'll show you to your table.

没问题，请跟我来。我带你们到吸烟区。

**对话七：**

A：Welcome to restaurant for dinner，sir.

先生，欢迎您到本店就餐。

B：Would you recommend something to me?

你能给我推荐几种菜吗？

A：Then，what sort of food would you like?

可以，你喜欢吃什么风味的菜？

B：I'd like sweet food. Are there any famous dishes about sweet food in your restaurant.

我喜欢吃甜食，你们有甜食方面的名菜吗？

A：Yes，we have. Let me introduce some to you.

有，我给你介绍一下。

**对话八：**

A：Good afternoon，sir. Just three of you?

下午好，先生。只有3位吗？

B：Yes，We'll take this table，OK?

是的，我们就坐这儿，行吗？

A：All right. Have you decided on something，sir?

可以，您决定点什么菜了吗，先生？

B：Please pass me the menu.

请把菜单递给我。

A：Here you are.

给您。

**对话九：**

A：Have you decided on something，sir?

您决定点什么菜了，先生？

B：Well，there is so much good food that I don't know which to choose，let us think about for a while，please?

喔，这么多好吃的食物，我不知道点哪一种好，让我们想一下，好吗？

A：OK，I'll be back in a minute.

好的，我一会儿过来。

**对话十：**

A：Good evening sir，would you like to eat?

晚上好，先生。您想吃点什么？

B：I think our fish will be to your taste.

我想我们的鱼排会适合您的口味。

B：All right，I'll try some.

好，来点试试。

**对话十一：**

A：Is this the dining hall，Miss?

小姐，这里是餐厅吗？

B：Yes，sir. Please come in.

是的，先生，请进。

A：Well，I heard that your Western food is very good.

喔，听说你们的西餐很不错。

B：We have pizza，salad，fried chicken，steak and so on，would you like which one?

我们有比萨饼、沙拉、炸鸡、牛排等，您需要哪一种？

A：I'd like toast bread and salad.

我需要吐司面包和沙拉。

B：OK.

好的。

**对话十二：**

A：Are you ready to order，Miss?

小姐，你们要点菜吗？

B：We'd like to have steaks.

我们要牛排。

A：How would you like your steaks?

牛排要几分熟？

B：I would like medium.

八分熟。

A：OK，wait in a minute.

好的，马上就来。

**对话十三：**

A：Could you tell me the "specials" today?

请问贵店今天的特色菜是什么？

B：The "specials" today is fried chicken. And the beef is good，too.

今天的特色菜是炸鸡。但是牛肉也不错。

A：OK，let's think about it for a minute.

那么，让我们考虑一下。

B：Well，I'll be back in a minute.

好吧，我过一会儿来。

### 对话十四：

A：Waiter，can you come here for several seconds，please?

服务人员，请你过来一下好吗?

B：Yes，is there anything wrong?

好的，有什么事吗?

A：I think you make a mistake. This isn't what I ordered.

我想你搞错了，这菜不是我的。

B：I'm sorry，I must have confused the orders.

对不起，一定是我搞错了。

### 对话十五：

A：Waiter! There's too much salt in the soup.

服务人员，这汤太咸了。

B：I'm sorry，I can change other soup if you would like.

对不起，如果您愿意，我可以给您换成其他的汤。

A：Then，I'd like cream soup.

那么，我要奶油汤。

B：All right，I bring you in no time.

好的，马上给您送来。

### 对话十六：

A：Do you have apple pies，please?

请问有苹果派吗?

B：Yes，we've many kinds of pie and a lemon pudding.

是的，我们有多种派和柠檬布丁。

A：I want a apple pie and a lemon pudding.

我要一份苹果派和一份柠檬布丁。

B：All right，I bring you in no time.

好的，马上给您送来。

### 对话十七：

A：Waiter! Dessert.

服务人员，我们要点甜点。

B：Please wait a minute，I'll bring the dessert trolley.

请稍等一下，我把甜点车推过来。

A：That's very good.

那太好了。

**对话十八：**

A：How do you like the fish，sir？

先生，您感觉那道鱼怎么样？

B：It's wonderful. It's the most delieious of all the dishes.

好极了，这是最可口的一道菜。

A：I'm glad you enjoyed it.

很高兴您能喜欢。

**对话十九：**

A：Do you have any comments on our service or dishes，sir？

先生，您对我们的服务和菜品还有什么意见吗？

B：No，everything is good.

没有，一切都很好。

A：Thanks for your compliment.

谢谢您的赞扬。

**对话二十：**

A：Can I have my bill，please？

请把我的账单拿来好吗？

B：Wouldn't you like anything else？

您不需要其他东西了吗？

A：No，thanks.

不要了，谢谢。

B：All right. Here is your bill.

好的，先生，您的账单。

# 附录2 经典案例

## 一、餐前服务环节案例（预订／准备）

### （一）叫出客人的名字

一位美国客人住进了北京建国饭店。中午在餐厅进餐，接待他的是一位刚上岗不久的男服务人员。这位服务人员一边问候客人一边心中暗暗着急，他怎么也想不起这位客人的名字。他仔细观察，忽然看到客人放在桌边的房间钥匙牌，想出了办法。当他去取热水时，利用这个空隙向总台查询了客人姓名，等回到桌前为客人服务时，就亲切称呼客人名字了。客人十分惊讶，原来他是第一次住进这家饭店。客人得知了服务人员的用心后，非常高兴，倍感亲切和温馨。

### 案例评析

本例中这位新员工想方设法叫出客人的名字，给客人带来惊喜与亲切，是具有强烈服务意识的体现。现代酒店的营销专家十分推崇"姓名辨认"，认为酒店员工如果在第二次或者第三次见到客人时，如能在先生或小姐之前冠以姓氏，将会使客人感到异常亲切，这是一种人情味极浓的服务。

### （二）客人的"预订"

一天中午，一位客人打电话到餐厅消费，并说明要吃一个"T骨牛扒"，希望餐厅能为其预留位置。当时，接电话的预订员正准备去用午餐，考虑到客人要半小时后才能过来，而这段时间餐厅生意都不旺，肯定有空位，且自己用餐时间不用半个小时，于是她在未向其他同事交代的情况下便吃饭去了。大约一刻钟后，客人来到餐厅，询问另一名当值的服务人员，刚才已打电话来预订，午餐是否准备好时，当值的服务人员称没有接到客人电话，不知此事。客人听后非常生气，于是向餐厅经理投诉。

### 案例评析

准确的沟通是酒店服务之魂，没有沟通就没有服务。案例中存在3个方面的问题，需要引起注意。

（1）第一位服务人员对客人的理解有误。客人称半小时后进餐，其实是客人希望餐厅马上准备好食物，待会来餐厅就可以吃到预订的午餐，因为他可能有事情要办而赶时间或是不愿意在餐厅等待，而不是半小时后再来餐厅点菜。

（2）沟通的方式问题。作为餐厅服务人员，要注意客人口头承诺的随意性，比如该客人说半小时后来进餐，却在一刻钟后就来了。所以，无论遇到什么情况，服务人员都要尽快做完自己手中的服务项目，而不要根据客人口头所说来安排自己的工作。脱岗时一定要将工作及时移交同事，以免出现服务真空或盲点。

（3）当值服务人员与客人的沟通问题。在未弄清情况时，餐厅服务人员不能随便对客人说"不"。要知道，把责任推给客人是很容易引起客人不满和投诉的。

**（三）微笑——化解矛盾的润滑剂**

一个阳光普照、风和日丽的星期六，"山房"生意兴隆，人潮涌涌。这时，餐厅迎来了一位西装革履、红光满面、戴墨镜的中年先生。见到这种客人，谁都不敢怠慢，服务人员快步上前，微笑迎宾，问位开茶。可是，这位客人却不领情，一脸不高兴地问道："我两天前就已在这里预订了一桌酒席，怎么看上去你们没什么准备似的？""不会的，如果有预定，我们都会提早准备的，请问是不是搞错了？"服务人员连想都没想就回答了那位客人。可能是酒席的意义重大，客人听了解释后，更是大发雷霆，并跑到营业部与营业员争执起来。营业部经理刘小姐闻讯赶来，刚开口要解释，客人又把她作为泄怒的新目标，指着她出言不逊地呵斥起来。但是，刘小姐头脑非常清醒，她明白，在这种情况下，做任何的解释都是毫无意义的，反而会招惹客人情绪更加激动。于是，她就采取冷处理的办法让他尽情发泄，自己则默默地看着他"洗耳恭听"，脸上则始终保持着一种亲切友好的微笑。一直等到客人把话说完，平静下来后，刘小姐才心平气和地告诉他"山房"的有关预订程序，并对刚才发生的事表示歉意。客人接受了她的劝说，并诚恳地表示："你的微笑和耐心征服了我，我刚才情绪那么冲动，很不应该，希望下次还来到"山房"还能见到你亲切的微笑。"一阵暴风雨过去了，雨过天晴，山房的服务空气也更加清新了。

 **案例评析**

本例的症结在于服务人员质疑客人"如有预订，我们都会提早准备的，请问是不是搞错了"的言语，他应向客人说明"您等等，我去帮您查对一下"。这样做，既可以避免发生客人大发雷霆、与营业员争执起来的尴尬局面，又是一次促销行为，能争取机会为酒店多做生意。在酒店的服务工作中，有许多细枝末节的琐碎事情，然而正是这些事才构成了酒店的服务质量。在整个服务中需要服务人员的细心和周到，容不得任何环节上出现闪失。为确保留下优质服务的好名声，酒店各部门、各岗位都必须竭尽全力演好本角色的"戏"，哪怕只有一句很简单的"台词"，或仅有一个很不起眼的动作，都容不得马虎。微笑是酒店服务中的一项基本内容，但真正要做到却并不容易。世界著名的酒店管理集团如喜来登、希尔顿、假日等都有一条共同的经验，即服务的金钥匙中最重要的一把就是"微笑"。美国著名的麦当劳快餐店老板也认为："笑容是最有价值的商品之一。我们的酒店不仅提供高质量的商品、饮料和高水准的优质服务，还免费提供微笑。"客人离开酒店时的总印象是由在酒店逗留期间的各个细小印象构成的。在酒店里的每个人都必须牢牢把好自身的质量关。微笑服务是酒店服务中永恒的主题，是酒店服务一刻不可放松的必修课，它有着丰富的精神内涵和微妙的情感艺术。

**（四）因粗心触犯了客人禁忌**

某饭店中餐宴会厅，饭店总经理宴请西藏一位高僧。中午11点，一群人簇拥着西藏高僧步入厅堂，两名服务人员上前迎接，引领客人入席，并麻利地做好了餐前服务工作。菜点是预订好的，按照程序依次上菜，一切服务在紧张有序地进行。食之过半，宾客要求上主食，三鲜水饺很快端上了桌面。在大家的建议下，高僧用筷子夹起一个水饺放入口中品尝，但很快就吐了出来，其面色仍旧温和地问："这是什么馅的？"服务人员一听马上意识到问题的严重性，事先忘了确认是否是素食。三鲜水饺虽是清真食品，但仍有虾仁等原料，高僧是不能食用的。忙向高僧道歉："实在对不起，这是我们工作的失误，马上给您换一盘素食水饺。"服务人员马上通知厨房上了一盘素食三鲜水饺。由于是 VIP 客人（重要客人），部门经理也赶来道歉。高僧说："没关系，不知者不为怪。"这次失误虽然很严重，但由于高僧的宽容大度，事情得以顺利解决。但留给服务人员的却是一个深刻的教训。

 **案例评析**

第一，信仰佛教的人和僧侣，他们往往是严格的素食主义者。素食起源于宗教寺庙，供佛教徒、道教徒及忌荤腥者食用，以豆制品、蔬菜、植物油为主要原材料。而清真菜多以牛、羊肉和蔬菜等为主要原材料，烹制成各种适合伊斯兰教的饮食习惯的菜肴。二者是有很大区别的。

第二，由于服务人员工作粗心，忽略了"素食"与"清真食品"的不同，以致为高僧上了有荤腥原料的食品，触犯了客人禁忌，是严重的失礼。这么严重的失误发生在对 VIP 客人的接待中，是个沉痛的教训。

第三，本案例使我们认识到，服务人员必须加强业务知识的学习，准确掌握客人禁忌，不论工作多么繁忙，都要细心地检查每一个环节，认真对待好每一位客人，以避免触犯宾客的忌讳，引起不必要的麻烦。

**（五）30 分钟的送餐服务**

20：00 左右送餐电话响个不停，原来是 2919 房客人要求房内用膳，"先生，您需要用些什么？""一碟绍兴糟鸡，一条红烧鲈鱼，麻辣豆腐，蕃茄蛋汤，外加两碗饭。""好的，先生。"服务人员搁下电话立即通知餐饮部，大约过了 30 分钟，2919 客人又打来一个电话，还未等服务人员开口便一顿骂："想把人饿死吗？还说是五星级，饭到现在还没送来。"服务人员刚要道歉，对方已经将电话挂断，服务人员再次跟催厨房，5 分钟以后晚餐终于送进了 2919 房。

 **案例评析**

酒店的送餐服务是高星级酒店的一项常规服务，它具有严格的时间限制，但也跟客人所点的菜的烹饪时间相关。此案例中客人所点的菜与他跟催的时间显然是不符合的，因为红烧鲈鱼的烹饪时间较长，所以，作为订餐员，首先要对客人所点的菜的一些相关知识进行了解，这样才能给予客人一个明确的答复，当客人订完餐后即告知其一个明确的时间，若某一菜制作较麻烦，应向客人事先说明，以免引起投诉，但无论怎样，酒店给予客人的任何承诺都必须做到、做好，这关系到酒店的声誉。

**（六）"我不知道可不可以给你们吃"**

一天晚上，几名新闻记者来到饭店陪同行。服务人员可能未接到通知，不让他们用餐。记者要求找管理员，但管理员并不招呼这些"内宾"就座，而是拦在门口说："我们没接到通知，我不知道可不可以给你们吃。"记者们愤愤地离去。

### 案例评析

遇重大任务，接待单位会安排好新闻记者的用餐，往往通过饭店的宴会预订部发通知给有关餐厅。但有时通知未及时到位，就会出现此类情况。作为一名餐厅管理员，接待客人的言与行就不能等同于普通的服务人员，更不能说"我不知道可不可以给你们吃"这类过于粗俗的话。正确的接待应是：管理先打招呼，请客人就座，再电话联系宴会预订部，尽快安排记者们用餐。

## 二、餐中服务案例

**（一）同谱真情曲**

一位外籍客人入住某酒店，其妻子是全身瘫痪的残疾人。由于旅途疲劳，也许由于疾病，她心情不好，不肯吃饭，丈夫愁，孩子哭。一位年轻的服务人员走上前，接过饭碗，一遍一遍用英语鼓励、安慰客人，一遍一遍把饭送到客人嘴边。客人终于张开嘴笑了。服务人员代替她的亲人给她喂完了饭，她丈夫感慨地说，只有在中国，让我感到了社会的温暖。

### 案例评析

服务人员只有将客人当作需要精心服侍的亲人与朋友，才能使服务富有情感。有了将心比心的感情换位，服务就不仅仅停留在规范和标准上，才会提高到超常发挥的特色服务的高度。优良的服务离不开"亲"字，高境界的服务需要服务人员真正的投入，要把自己的感情融化在对客服务中，营造一种亲切、温馨的服务氛围。

**（二）补偿服务**

某酒店，几位客人在就餐，餐厅服务人员正在为客人服务。宴请快结束时，服务人员为客人上汤。恰巧张先生突然一回身，将汤碰洒，把张先生的西服弄脏了。他非常生气，质问服务人员怎么把汤往身上洒。服务人员没有争辩，连声道歉："实在对不起，先生，是我不小心把汤洒在您身上，把您的西服弄脏了，请您脱下来，我去给您干洗。另外，我再从新给您换一份汤，耽误各位先生用餐了。请原谅"。随后，服务人员将西服送洗衣房干洗，而后对几位先生的服务十分周到。当客人用餐完毕后，服务人员将洗得干干净净、叠得整整齐齐的衣服双手捧给了张先生。客人们十分满意，张先生也诚恳道歉："是我不小心碰洒了汤，你的服务非常好"。事后，客人主动付了两份汤钱，张先生也给了服务人员小费，而且不久又带着一批客人来饭店就餐。

**案例评析**

本案例中，虽然是客人碰洒了汤，但服务人员应先从自身找原因，如服务人员在上汤前提醒客人，就不会发生这种事情了。服务人员在处理这种问题时应讲究策略，给客人台阶下。发生这种事情后，处理方法一般如下。

（1）服务人员首先向客人道歉，主动承担责任。

（2）如果客人衣服弄脏的程度较轻，应用干净的餐巾擦拭衣服，但应征得客人同意。同性客人，服务人员可为客人擦拭；异性客人，服务人员应将餐巾交给客人由其自己擦拭。

（3）如果客人衣服弄脏程度严重或者客人对此事反应激烈，服务人员应主动提出免费为客人洗涤，洗好及时送还，并要再次致歉。

（4）根据事态发展，服务人员应请示主管适当免费提供一些食品和饮料予以补偿。

### （三）惹祸的打火机

某饭店餐厅实习生正在值台服务，一位先生拿出一盒烟抽出一支正要吸，实习生立即拿出刚领到的打火机走近客人给其点烟，不妙的是打火机一下窜出特大的火苗，差一点烧着客人，吓得客人连忙躲开，实习生赶紧关打火机，更不妙的是，由于打着的火苗特别大，关上的时候还在冒火，实习生担心打火机爆炸，连忙将其扔到地上，并且又用脚踩了两脚。客人看着手忙脚乱的服务人员忍不住笑了，可服务人员却满脸的尴尬。

 **案例评析**

服务人员准备打火机为客人点烟，是项很温馨的服务，但是打火机多为一次性的，质量不稳定，所以首先使用前要检查其能否打着火，火苗大小是否合适。火苗过大会烧着客人，火苗过小则不易点着香烟。火苗的大小要事先调节好，才能给客人使用。另外，服务人员在用打火机给客人点烟时，打着火后应待火苗稳定了再从客人左侧或右侧送上，为客人点烟，这样做一是安全，二是尊重客人。

### （四）不要忽视"上帝"身边的"小皇帝"

某饭店零点餐厅正开午餐，一位老先生带着全家老小来到餐厅用餐。迎宾员将一家人引到服务人员小周负责的区域。上菜时，由于客人人数较多，坐得很稠密，小周看两个孩子之间空位较大，就选择在这个位置上菜。当时女主人就有些不高兴，说了句：你不能从别的地方上菜啊？小周忙说对不起。过了一会儿，传菜员看小周正忙，就直接帮他上菜，无意中又选择了孩子之间。这时女主人可就生气了：不是给你们说了，怎么还在孩子那上菜？烫着孩子你们负责啊？小周知道后马上道歉，说这是自己的过失，马上改为在其他空位上菜，并送给小朋友们小礼物，小朋友很高兴，大人们也就不计较了。

 **案例评析**

孩子是现代家庭的重心，上了年纪的人只要看到儿孙喜悦的笑容，就感到无比幸福，对小辈人更是加倍疼爱，照顾得无微不至。服务人员在服务中要注意到这一现象。服务人员接待带孩子的宾客，要掌握儿童就餐中的特性。儿童好动，看到他喜爱的食物、饮料往往会大喊大叫、手舞足蹈，不高兴又要乱动乱跑，这些都是随时会发生的。在儿童中间上菜，随时会碰翻菜肴汤水，导致烫伤孩子，后果不堪设想。因此，在服务中上菜口要避开儿童，不要忽视"上帝"身边的"小皇帝"。

（五）用心服务

某晚，餐厅包间内一席普通的家宴正在进行，在祥和的用餐气氛中。服务人员小李看到老先生不停地用小勺翻搅着碗中的稀饭，对着鸡、鸭、鱼、肉直摇头。这是怎么回事呢？是我们饭菜做得不合口味？不对呀，其他人不正吃得津津有味吗？小李灵机一动，到后厨为老先生端上了一碟小菜——榨菜丝。当小李将榨菜丝端上桌后，老先生眼前一亮，对着小李不停地称赞："小姑娘，你可真细心，能够看出我对咸菜感兴趣，不简单。"老先生的老伴连忙说："这里的服务跟其他地方就是不一样，我们没说到的小姑娘们都能想到、做到，以后有时间我们要经常到这里来。"

 案例评析

在对宾客服务中，小李为客人提供了满意的服务，给了他们无微不至的关心，让他们在酒店中感到方便。我们需要时时注意客人的用餐情况，把事情做到客人开口之前，为客人提供"满意＋惊喜"的服务，这是持续改进服务质量的根本。

（六）意外的烛光晚餐

一天，餐厅服务人员正在进行服务，突然电灯灭了，房间内一片黑暗，客人议论纷纷。服务人员小杨迅速拿来西餐烛台，并取来了西洋风情画挂在墙上，在窗台放上西式盆景。对大家说：感谢上帝，给我们准备了一个别致的烛光晚餐。一看这温馨浪漫的气氛，客人非常高兴，纷纷赞不绝口。过了一会来电了，小杨想吹灭蜡烛，客人忙拦住，说不要吹灭蜡烛，还是烛光晚餐好。

 案例评析

在饭店中经常会发生各种各样的令人意想不到的事件，因此，服务人员应设法提高自己的应变能力，使自己善于处理各种突发事件。

作为饭店，尤其是高星级饭店，应尽量避免发生停电、停水等事件。如果发生上述事件，服务人员首先应想到的事情是：给客人用餐或在饭店的生活造成了不便，我们应该怎样服务才能方便客人。

本案例中服务人员应变能力较强，引导事件由不良的一面转向好的一面，由停电变成烛光晚餐，让客人享受烛光晚餐不仅停留在语言上，而是落实在行动上，将房间根据当时的情景做了调整和布置，而不是只靠一句漂亮的话来打发客人。

作为饭店，不应只把蜡烛当作停电时的唯一弥补措施，去凑合、应付客人，而是应制定配套的服务方法，使用工具来布置环境，给客人一个惊喜，变坏事为好事。

### (七)"对不起"无效

一天晚上,有一对外国夫妇来就餐,点了几个菜,还要了一瓶红酒,主管写完菜单,服务人员为客人送上了毛巾后,随手上了一碟小食。15 分钟后,服务人员拿来了红酒,给客人验完酒后,便为他们倒酒。又过了半小时,还没有上菜,客人就说:"先生,为什么我们点的菜半天都没上啊? 你让我们就吃这碟小食? 请你帮我催一下吧。"服务人员望一望桌子上,除了红酒,就只有一碟孤零零的小食,立即说:"对不起,先生,请——"这句话还没有说完,客人马上接口说:"别说'对不起'了,我们已'稍等'了好长时间了,快点儿上菜吧!"服务人员尴尬地住了口,立刻跑进了厨房。告诉传菜部主管,请他催一下厨房,先上这桌的菜。很快,客人的菜炒好了,服务人员立即将菜端上,以为这下可以松口气了,谁知问题又出现了,只见客人只看菜却不动餐具,而且满脸不悦。"我们点的不是这个菜",客人答道。这下服务人员可急了,不知如何向他们解释,便立刻把主管找来。服务人员站在主管身旁,由于言语问题,主管只知道客人在向他抱怨、发牢骚,而不知他们具体说什么,服务人员也只好充当临时翻译。主管听了之后,态度诚恳地说:"真的很抱歉,这是我们的失误,假如我是你们的话,也会生气,我马上去把菜给您换了,怎么样?"客人已经气得满脸通红了:"算了,我们的肚子可不能再等了。""那好吧,为表示歉意我们免费送您一份什锦果盘,您看如何?"主管说。客人这时没做任何表示,只是吃他的饭。等客人就餐完毕,埋了单后,主管送他们出餐厅门口,说了一句:"多谢两位光临,请慢走。"

### 案例评析

从这个案例中我们可以得到以下启发。

(1)就餐服务过程中要能随机应变。酒店服务过程中造成客人长时间等菜的主要原因:客人开单后,没能及时巡台,不知客人所点菜的上菜情况,因此没能及时去后台联系、催菜。要避免这种情况的发生,在开单时就要对加工时间较长的菜品做一说明;开单后,要不断巡台、观察并掌握各桌客人点菜、菜肴上桌情况,发现问题及时调整。若有的桌位菜品上得慢,应及时与后台联系、及时催菜。若客人很多,厨房压菜而造成某桌上菜速度慢时,可以采取各桌穿插上菜的办法,使每桌菜都不空台。这样可避免有的桌菜肴一股脑全上,有的桌却干等菜这种不均衡的现象发生。客人就餐时,所点的菜肴上得太慢,肯定会着急、生气,此时仅仅道歉,已不起多大的作用,当务之急是想办法把菜催来,以免激怒客人,发生纠纷或投诉。

(2)要学好英语。导致此次出错的主要原因是主管不懂英语,只靠对照中英文菜牌来点菜,难免会出差错。作为一名酒店管理者,若单凭工作经验而不会用英语与人交流,是不行的,特别是在高档星级酒店,学好英语能在日常工作当中助我们一臂之力。

(3)虚心听取客人的批评。在处理客人批评意见时,一般应该彬彬有礼,认真聆听,让客人把话说完,除非迫不得已的情况,决不打断客人的话。而把客人讲的话记录下来,是一个可取的办法。案例中主管做得比较好的一点是,他能从客人的处境角度去看问题,并能对他们表示理解。

### （八）加点蒜蓉蚝汁吧

这天在花源酒店餐厅靠窗临街的一张桌子前坐着几位香港客人，那位戴眼镜的穿斜条纹西服的中年人，一看便知道是今天做东的主人。值台小姐在客人点完菜后便手托蚝油、姜汁、蒜蓉、醋等调味品到几位香港客人面前。"江先生，加点蒜蓉吧？"她那自信的口吻丝毫不像询问，也不像建议，而像早有所知似的。"好啊！"江先生也没有一点惊奇的样子，似乎这应在情理之中。

但是在座的其他几位客人都不明白，他们入厅之后没向谁报过姓名，这位小姐何以知道主人的姓氏呢？更令人琢磨不透的是她连江先生爱蘸蒜蓉蚝油汁的癖好都知道，岂不成了神机妙算？一位朋友转过头问江先生是否经常来花源酒店吃饭，江先生答道："不常来，大概才两次吧！不过在花源酒店餐厅消费哪怕一次，小姐都能记住你的习惯和爱好，就像家里人一样。我第二次和朋友来这儿吃午餐，小姐已经为我送蒜蓉蚝油汁了。"江先生不无自豪的一席话逗得大家都乐了。饭还未开始，欢快的气氛却早已是浓浓的了。

 **案例评析**

曾获得美国国家技术与标准学会颁发的全美最高、最有权威的国家质量奖——梅尔考姆·贝尔特里奇质量奖的里兹·卡尔顿酒店公司有一套举世闻名的"黄金标准"，其中有一条是这样写的：所有员工都必须把客人的各种特殊需求记录在一本"客人专用手册"上。花源酒店的可贵即在于大胆而又迅速地引进世界最先进的服务。

很多酒店员工对客人的一些因个人爱好需特别添加调味料的要求都会婉言拒绝，因为这样做一怕违反规范，二怕增添麻烦。花源酒店坚持质量第一，突破规范框框，要求服务人员尽量多记一些客人的姓名和爱好，这是个性服务在餐饮方面的体现。搞个性服务必然会超常规，也必然会增加工作难度，但反过来也必然会给酒店带来不可估量的经济效益和社会效益。

### （九）道歉水果

一天中午，明星电脑公司的刘厂长在明华国际酒店的雅间餐厅宴请6位客人。值台服务人员是实习生小黄，她热情地接待了客人。刘厂长了解到该雅间的最低消费标准是1500元之后，依然大方地说："没问题，我们就按最低消费标准点菜吧。"小黄送上菜谱，客人开始点菜。点完菜后，刘厂长问小黄："我们已点菜的总额是多少？"小黄忙用计算器核算一番，然后告诉客人："先生您所点菜的总额是1034元，离最低消费标准还差466元。"客人爽朗地说："那就请你再推荐一些菜式吧。"于是，小黄就提议："再要一只龙虾吧，那就差不多了。"客人说："好吧，就要一只龙虾。"

客人就餐完毕，小黄去收银台取账单，收银员一算共计1750元。小黄大吃一惊，怎么会多了250元呢！于是只好对收银员说："好像不对啊，请你再核对一次吧。"收银员又逐笔再算，告诉小黄说："没错，是1750元。"原来，核算的标准是最低消费再加15%的服务费。小黄拿着账单，心里扑扑的跳。真是一时粗心，带来后患无穷，多出的250元差价，客人会怎么个看法？也许会认为自己用欺诈的手段让人家花钱，觉得这实在像是"宰"客，很可能拒付？但是，又有什么办法。无论如何，都是自己误导客人多点了菜，再加上忘记把服务费合进计算，才造成客人超过预算的。问题出在自己身上，就该自己负责任。小黄做好打算，准备由自己垫付差价了。当她把账单递给刘厂长的时候，坦然地说："真对不起，由于我一时粗心大意，多了250元，这是我该负的责任。所以，请您就按最低消费标准付钱余下的差价部分就由我来付吧。"刘厂长接过账单看了看，说："1750元就1750元吧，没问题，这钱无论如何也不能让你付。不过，下次算账的时候就要细心一点啦！"说罢，刘厂长马上拿出一叠人民币来，交给小黄去埋单。小黄连声道歉："谢谢，让刘厂长您多花钱了。"小黄十分感激客人的宽宏大量，她自己掏钱在酒店要了一个小水果篮，在客人临走的时候送给了刘厂长，并再次表示道歉。刘厂长风趣地说："就算是道歉水果吧。"

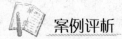 **案例评析**

此案例中，实习生小黄粗心大意地算错了账，误导客人多花了250元，这样的后果是严重的，客人会认为服务人员用欺诈手段令客人多花钱，是"宰"客行为，很可能拒付。这样，麻烦就大了。这样的危害会使客人失去对酒店的信任，使酒店的声誉大打折扣，最终会失去客源。所以，小黄经过一番考虑之后，决定拿勇气来面对现实，做好自己掏钱支付差额的打算。幸好小黄遇上了通情达理的客人，否则就只好自己掏钱了。

当然，小黄也是个不错的服务人员，出于对客人的感谢，她自己掏钱给客人送上了一个小水果篮，以表道歉的心意，希望以此来平衡客人的心理，小黄解决问题的态度还是积极的，小黄的用心与出发点是良好的。

此案例告诉我们，服务人员工作中粗心大意危害极大。作为餐厅服务人员，工作马虎不得，应处处细心。现在有些餐厅的雅间对客人的消费有个基数要求，即最低的消费标准，这是对客人就餐消费的引导，也是提高一个餐厅营业收入的措施。根据酒店的硬件水准与软件水平，各个酒店的最低消费标准不同。由于酒店业普遍采取这样方式，所以客人也能接受。虽然有最低消费标准，但还要灵活掌握，如客人所点的菜品价格接近最低消费标准，就不应死板地要求客人必须点到一分不差。那样会让客人反感，让餐厅服务没有人情味。

（十）个性化服务

这天傍晚，一位住店的老先生来中餐厅吃饭，在他第二次来吃饭的时候，服务人员主动提到他非常喜欢吃的一种味料——辣椒圈，他点的其他菜都没吃完，唯独那辣椒圈，送上来他就津津有味地吃，并用它来下饭。于是，服务人员走过去问他："先生，要不要我再给你来一碟辣椒圈啊？"他听后，连忙高兴地说："好啊，这个好送饭，开胃，我每天和人家吃饭时餐餐是鱼、肉，很腻，这个好！"他指着辣椒圈说。第三天也差不多是这个时间，老先生又来吃饭了。服务人员主动走过去招待他，并送去关切的问候，在他的菜送上后，服务人员主动装了一小碗辣椒圈送到他的前面，他开心地连声道谢。走时老先生还拍着服务人员的肩膀说："小伙子，你的服务真到家，说真的，以前我在其他地方谈生意，天天都陪人家出去吃饭，大鱼大肉的，吃得自己都没胃口了，但人老了不按时吃饭不行啊，你们的辣椒圈真是太好吃了，开胃得很。"服务人员对他说："欢迎您以后再来，我们一定尽力让您老尽兴而来，满意而归！"

### 案例评析

酒店是一个为客人提供饮食、娱乐、住宿的场所，在当今生活节奏快、人们消费水平比较高的情况下，一个星级酒店，不仅要有一流的设施，更要有为客人提供个性化、人情化的服务质量，要能让客人在酒店消费过程中更加满意，所以个性化服务是任重而道远。

酒店的服务程序在很多情况下都应灵活运用，来酒店消费的客人形形色色，作为一名餐厅服务人员，首先要学习认真地去听和看，然后再去和客人沟通。沟通是一种心理上的活动，服务人员应始终坚信"真诚、微笑的服务"一定能感化客人这一真理。作为一个星级酒店，其提供的有形产品和无形产品，两者同样重要。

#### （十一）领位服务

马格丽特是亚特兰大某饭店咖啡厅的领位员。咖啡厅最近比较繁忙。这天午饭期间，马格丽特刚带几位客人入座回来，就见一位先生走了进来。

"中午好，先生。请问您贵姓？"马格丽特微笑着问道。

"你好，小姐。你不必知道我的名字，我就住在你们饭店。"这位先生漫不经心地回答。

"欢迎您光顾这里。不知您愿意坐在吸烟区还是非吸烟区？"马格丽特礼貌地问道。

"我不吸烟。不知你们这里的头盘和大盆菜有些什么？"先生问道。

"我们的头盘有一些沙律、肉碟、熏鱼等，大盆菜有猪排、牛扒、鸡、鸭、海鲜等。您要感兴趣可以坐下看看菜单。您现在是否准备入座了？如果准备好了，请跟我去找一个餐位。"马格丽特说道。

这位先生看着马格丽特的情影和整洁、漂亮的衣饰，欣然同意，跟随她走向餐桌。

"不，不，我不想坐在这里。我想坐在靠窗的座位，这样可以欣赏街景。"先生指着窗口的座位对马格丽特说。

"请您先在这里坐一下。等窗口有空位了我再请您过去，好吗？"马格丽特征求他的意见。

在征得这位先生的同意后，马格丽特又问他要不要些开胃品。这位先生点头表示赞同。马格丽特对一位服务人员交代了几句，便离开了这里。

当马格丽特再次出现在先生面前告诉他窗口有空位时，先生正与同桌的一位年轻女士聊得热火朝天，并示意不换座位，要赶紧点菜。马格丽特微笑着走开了。

### 案例评析

迎宾和领位程序由主动接触客人、引客入座两部分组成，两者相辅相成、相互呼应。这种服务需要职业道德意识作为其运行的基础。这种职业思想反映在程序中的具体规范就是礼貌服务、友好服务、超值服务等。

#### （十二）客人不埋单

晚上八点钟左右，某餐厅来了20多位客人。根据服务人员多年的经验和熟客的资料，服务人员马上得出两个判断：一是有几位是她们熟悉的 128 体育城的台湾老板；二是应该马上准备两席。因此，服务人员迅速将客人带入设有 2 个席台的黄海厅。当客人进入厅房落座后，领班小刘马上上前为他们热情地服务。一系列的服务完毕后，客人要求点菜，这时，领班小刘即刻上前，双手捧菜谱递给一位姓王的老板，请他点菜。经过小刘的介绍，客人点了八菜一汤。当时小刘想：12 个人，八菜一汤如果按例上显然不够吃，因此，她将汤定成大盘，菜定为中盘。过不多久，汤菜陆续上来了。

经过一番觥筹交错，客人酒足饭饱，凭感觉他们还是吃得比较满意的。9 点半左右，王老板要求埋单，小刘立即把准备好的账单交给他，他看了一下金额，显得很惊讶。王老板仔细地看了账单，立即叫了起来："我们没有叫菜按中盘上，为什么给我们上中盘？不埋单！"一听这话，领班小刘马上走上前跟他说："因为你们人多，而你只叫了 8 个菜，所以我就给你们把菜按中盘上，这样才够吃。"然而客人说道："为什么事先不问过我？"张口结舌的小刘只好把经理请来，又是道歉，又是打折送水果，最后客人才埋单悻悻地离去。此时空荡荡的厅房里只剩下心有余悸的小刘。

## 案例评析

从以上的实例中，我们可以看出，这是一种典型的"好心办坏事"的案例。有时，这会给自己带来意想不到的麻烦。

在服务过程中，服务人员不能凭自己的主观臆断想当然地处理某些事。如上述实例，领班小刘不能将菜定为中盘而不经过客人的同意。其次，不能认为是以前的熟客，便可以以老朋友的身份，给客人越俎代庖，替客做主，而疏忽正常的工作程序。

领班小刘在事件发生后，没有及时向客人道歉，而是满怀委屈地为自己辩解，这违反了酒店业的常规律条——"客人永远是对的"。

服务人员在工作中，必须精益求精，在客人消费时，应细致征求客人的意见，而不是凭自己的主观推测来擅自替客人做主。只有这样，才能使客人满意，从而提高酒店的美誉度。

### （十三）热情周到≠服务质量好

5 月的一天晚上，三星级深圳桃园酒店的餐厅来了 4 位熟客，看得出来他们是久未相见的老朋友，在点菜时，实习服务人员小李很热心地向客人推荐餐厅特色茶花鸡，客人欣然接受。当茶花鸡上桌时，小李又热情地向客人介绍本餐厅其他特色食品，在座的客人非常满意小李的服务。

在客人们津津有味地品尝茶花鸡时，小李看到客人的骨碟已满，就走近一位年轻人说："对不起，先生，给您换一下骨碟好吗？"此时客人右手正拿着一只鸡翅，见状忙侧身让开，为避免碰到小李，客人还把右手举过了肩膀，小李发现骨碟中还有一只鸡脚时，便提醒客人："先生，还有一只鸡脚呢！"客人又连忙用左手拿起那一只鸡脚，手拿鸡脚和鸡翅的客人为不影响小李更换骨碟而双手高举作投降状，一旁的年老客人看到后便打趣说："怎么，是不是喝不下酒向我投降啊？"客人一听，连忙自嘲说："我是向漂亮的服务小姐投降，要说到喝酒，我哪会怕您。等小姐换好碟，我好好与你喝几杯。"等到小李换好骨碟，两位客人果真要比拼喝酒。当两人干完第一杯酒后正凑在一起说话时，小李过来说："对不起，先生，给您倒酒。"两位客人不约而同地向两边闪，小李麻利地为两人斟满酒，两人又干了一杯，然后又凑在一起说话，小李这时又上前说："对不起，先生，给您斟酒。"此时的年轻客人突然对着小李大声怒吼道："没看到我们正说着话呢吗？你烦不烦啊。"服务人员小李一脸的茫然，不知道该怎么办才好。

 **案例评析**

随着社会的不断进步，人们的生活质量提高，顾客对服务质量的要求也越来越挑剔。中国服务行业近几年来也不断地思考着如何提高服务质量，以吸引更多的国内外客人。大多数酒店的餐厅制定了一系列的服务规程和规范来确保酒店服务质量。例如，大多数酒店的餐厅服务规程明确规定：当客人餐碟中的菜骨杂物超过 1/3 时必须及时撤换；当客人杯中酒水不足 1/3 时应及时添到八分满；当桌上的烟灰缸里有两个烟蒂时必须更换等。这些规定对保证酒店的服务质量有一定的作用，但关键是酒店服务应以不打扰客人为原则，否则服务规程就显得毫无意义。有的酒店和服务人员在执行规程的过程中一味追求执行规程的规范性，而忽视了酒店服务的基本原则，更加没有顾及客人的个性需求和在一些特殊情况下服务的灵活性。

本案例中的小李严格按照酒店的服务规程为客人提供服务，最终却导致客人的怒吼，应该引起所有酒店从业人员的深思。不可否认，案例的服务人员小李的服务态度和服务礼仪、服务规范都做得不错，但她的错误就在于其服务非但没有给客人们带来舒适和享受的感觉，反而使客人生气。其实，服务人员小李在第一次换餐碟而听到客人的玩笑话中有话时，就应该注意到自己服务中的不足，在此后的斟酒服务时，应该等待客人谈话告一段落后再倒酒，这样才会使客人满意。本案例充分说明酒店在提供规范化服务的同时，更应该顾及客人的个性需要，要求服务人员灵活应变。

## 三、餐后服务案例

### （一）罚款的艺术

某饭店，餐厅服务人员正在为一批香港客人服务。酒至半酣，客人吴先生见餐桌上的银质餐具非常精美，便顺手拿起一把银匙塞进自己西装内侧衣兜里。服务人员看到后没有揭露客人，而是在宴请快结束时，手拿一套精致的带有饭店店徽的餐具递给吴先生："先生，您好。听说您非常喜欢我店的银餐具，我们经理很高兴，送给您一套，已经在您的账单上记下了。"客人一愣，马上反应过来，就着台阶下来："谢谢你们的关照，今天喝酒较多，有失礼的地方请多包涵。"就这样，服务人员巧妙地让客人买了一套小件银餐具，而且事先将与客人装入衣袋的那件相同的抽出来了。服务人员以自己高超的服务技巧，在不伤客人情面的情况下，巧妙地保护了饭店利益。

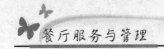

 **案例评析**

在饭店常会发生客人拿取饭店物品的情况，服务人员应正确区分客人所取物品的性质。饭店物品分3类：一类是餐厅或客房的免费用品；一类是客房或餐厅的补给品，客人可以使用但不可以带走；一类是计费用品。服务人员应根据客人所拿物品的类别采取相应措施。

如果客人确实偷拿饭店物品，服务人员必须追回，但要注意方式和分寸。注意尽量不在大庭广众之下索回，在语言上不采用过激言辞。当然，对于情节恶劣的、所拿物品比较贵重的，应处以罚款。

本案例中服务人员处理方法得当，用词婉转，讲究服务语言艺术。但让客人买下餐具的办法要慎用，防止发生冲突。

### （二）礼貌送客

一个深秋的晚上，3位客人在南方某城市一家饭店的中餐厅用餐。他们在此已坐了两个多小时，仍没有去意。服务人员心里很着急，到他们身边站了好几次，想催他们赶快结账，但一直没有说出口。最后，她终于忍不住对客人说："先生，能不能赶快结账？如想继续聊天请到酒吧或咖啡厅。""什么？！你想赶我们走？我们现在还不想结账呢。"一位客人听了她的话非常生气，表示不愿离开。另一位客人看了看表，连忙劝同伴马上结账。那位生气的客人没好气地让服务人员把账单拿过来。看过账单，他指出有一道菜没点过，但却算进了账单，请服务人员去更正。这位服务人员忙回答客人，账单肯定没错，菜已经上过了。几位客人却辩解说，没有要这道菜。服务人员又仔细回忆了一下，觉得可能是自己错了，忙到收银员那里去改账。

当她把改过的账单交给客人时，客人对她讲："餐费我可以付，但你服务的态度却让我们不能接受。请你马上把餐厅经理叫过来。"这位服务人员听了客人的话感到非常委屈。其实，她在客人点菜和进餐的服务过程中并没有什么过错，只是想催客人早一些结账。

"先生，我在服务中有什么过错的话，我向你们道歉了，请还是不要找我们经理了。"服务人员用恳求的口气说道。"不行，我们就是要找你们经理。客人并不妥协。服务人员见事情无可挽回，只好将餐厅经理找来。客人告诉经理他们对服务人员催促他们结账的做法很生气。另外，服务人员把账多算了，这些都说明服务人员的态度有问题。""这些确实是我们工作上的失误，我向大家表示歉意。几位先生愿意什么时候结账都行，结完账也欢迎你们继续在这里休息。"经理边说边让那位服务人员赶快给客人倒茶。在经理和服务人员的一再道歉下，客人们终于不再说什么了，但他们虽付了钱，仍面含余怒地离去了。

 **案例评析**

送客是礼貌服务的具体体现，表示餐饮部门对宾客的尊重、关心、欢迎和爱护，这在星级饭店的餐饮服务中是不可或缺的项目。在送客过程中，服务人员应做到礼貌、耐心、细致、周全，使客人满意。其要点如下。

（1）宾客不想离开时绝不能催促，也不要做出催促宾客离开的错误举动。

（2）客人离开前，如愿意将剩余食品打包带走，应积极为之服务，绝不要轻视他们，不要给宾客留下遗憾。

（3）宾客结账后起身离开时，应主动为其拉开座椅，礼貌地询问他们是否满意。

（4）要帮助客人穿戴外衣、提携东西，提醒他们不要遗忘物品。

（5）要礼貌地向客人道谢，欢迎他们再来。

（6）要面带微笑地注视客人离开，或亲自陪送宾客到餐厅门口。

（7）领位员应礼貌地欢送宾客，并欢迎他们再来。

（8）遇特殊天气，处于饭店之外的餐厅应有专人安排客人离店。如亲自将宾客送到饭店门口、下雨时为没带雨具的宾客打伞、扶老携幼、帮助客人叫出租车等，直至宾客安全离开。

（9）对大餐饮活动的欢送要隆重、热烈，服务人员应穿戴规范，列队欢送，使宾客真正感受到服务的真诚和温暖。

### （三）签了空房房账

在北京某四星级饭店餐厅，正是午餐时间，实习生小丽接待了两位客人，共消费了400多元，客人要求签房账，小丽就让客人签上房号，因为小丽所在三层餐厅上午没有收银员，服务人员得到二层餐厅去收银，所以小丽拿了两位客人签的单去二层收银台结账，收银员拿着签的房账与总台联系、核对该房号的客人情况，并将账入前台，可是总台说那个房间是空的。实习生小丽急忙回餐厅找两位客人，客人已经走了。领班立即与小丽去客房找两位客人，她们按客人所签房号敲开了房门，门开了，正是那两位客人。经询问，原来这房间是饭店的王总经理为他们订的，还没有到前台登记。这件事总算是有惊无险，实习生小丽这才放下了心。

 案例评析

酒店对住店客人在交纳了一定数额的备用金后，允许其在店的其他消费签房账，这是方便客人的结账方式。但在签房账时，一定要认真核对客人的房卡，这样就可以避免客人错签房号而导致客人账务混乱。一旦客人误签房账，那引起的麻烦是很大的，很可能导致客人投诉。另外，客人要求签房账，服务人员一定要验客人房卡，这样才能避免跑单。

本案例中实习生小丽就是疏忽了验看客人房卡的重要程序，让没有在总台登记的客人签房账，差点出了大错，后果是可怕的。

所以，在服务中，要严格遵守各项程序和手续制度，千万不能忽略规定的程序，这样才能避免事故的发生。

### （四）笔迹不符

1995年3月上旬，宁波市最繁华地段中山路东因市政府建设封路，明都大酒店的营业受到一定影响。针对这一困难，陈总经理向全店员工强调，要同心协力渡过难关，如果客人在这种情况下仍然肯光顾酒店，那是出于对酒店的信任，因此更要努力提高服务质量。

这天中餐将结束时，整个餐厅只剩下一位客人，早已喝得半醉了。此刻，他回过头去朝服务人员示意结账，并慢慢地从西装口袋中抽出长城卡，只见他在签购单上龙飞凤舞大笔一挥，签上名字后便交给服务人员。后者将签购单送到账台上一检验，发现单上的签名与长城卡不一样，且有多个明显不符之处。服务员又回到餐桌，请客人重新签名。

不知这位客人真的是醉了还是无理取闹，他大声呵斥酒店不懂与国际接轨，连信用卡付款都不敢收。他拒绝重签，还气势汹汹地走到账台，说他身上有的是钱，100元不过是"毛毛雨"，但酒店账台必须放块牌子：明都大酒店拒收长城卡。

账台收银员和服务人员耐心地向客人解释酒店的财务制度，并诚恳地说明，即使他们收下了，到了银行还是会有麻烦的，客人一听此话，犹如火上浇油，扔下卡，拎起包就朝门口走去，一边走一边嚷道："你们马上到银行去，看他是不是跟你们一样不懂世面？哼，你们明天9点之前必须给我把卡送回到××公司。"

酒店会计接到这张卡，旋即赶往银行。不出所料，因笔迹不符，银行拒收。会计请银行查明长城卡主人的家庭地址和电话。原来，此卡是这位客人的朋友借给他的。晚上，酒店便与客人联系上了，客人恰好不在家，酒店便向其家属讲明原因，并希望客人本人有空到酒店餐厅账台补办手续。

第二天上午8点40分，客人给明都大酒店陈总来电，态度生硬地要求酒店9点以前把卡送到他的单位。其时正下着飘泼大雨，从大酒店到该单位有好几千米路。尽管如此，陈总考虑到酒店的声誉和客人的利益，还是决定由餐厅派人冒雨把卡送到客人手里。9点整，客人收到长城卡，他那强硬的态度终于软了下来，不无羞愧地用现金支付了昨天的餐费。

 **案例评析**

用信用卡支付在酒店的费用已越来越普遍，由此而引发的问题也逐渐增多。各大酒店严格把关，采取种种防御措施是极有必要的。本例中明都大酒店严格遵守财务制度，既未"得罪"客人，又使酒店维护了合法收益，表现了大酒店员工的良好素质。客人两次提出9点以前把卡送到他的公司，实际上事情的是非曲直已经十分清楚，但酒店还是坚持"客人总是对的"这一原则，在倾盆大雨和路途较远的困难条件下把长城卡准时送回客人手里。在这种情况下，客人很难找到理由为自己的错误开脱。所以说，酒店要在处理技巧上动脑筋，用满腔热情感化冰冷的心，这是酒店的最佳选择。

### （五）误收假钞

夏季的一天，大概是10点半，天气非常炎热，人们都懒得出来吃饭，所以新世界大酒店西餐厅里一个客人都没有，只有餐厅老板坐在那里喝茶，餐厅经理和其他服务人员做好开市工作后，都闲散得没有什么工作可做，大家便站在一边听经理讲一些有关餐饮的趣事。稍候经理刚想叫服务人员去用餐，这个时候，电话响了，原来是901号客房的一位台湾商人要送餐服务，讲明是现金付款。于是经理就叫男实习生阿昌去开单，大概10分钟以后，客人所点的食物做出来了，阿昌就送餐去901号房。送餐回来后，实习生阿昌交给收银员一张100元的人民币，说是客人给的餐费，收银员接过钞票想放到验钞机上验一下真伪，可巧收银台的验钞机坏了，于是收银员只得用手摸了一下，感觉钞票没问题，就把钞票放进抽屉里并把应找给客人的零钱交给男服务员送还给客人了。之后，服务人员都去用工作餐了。然而，当阿昌用餐回来以后，收银员告诉他刚才收的钞票经验证是假币，要阿昌退还给刚才的客人，可是当阿昌到 901 号房与客人交涉的时候，客人断然否认自己持假币消费，并反唇相讥道："你在事隔一个多小时后才告诉我这张是假币，肯定是你在这段时间里将我的真币换成你以前收过的假币了，这张钞票不是我的。如果你再这样纠缠下去，我将到你们总经理那儿去投诉。"一听这话，阿昌顿觉得语塞口短，讲不清道不明，只怪自己当时没有认真地检查一下钞票的真假。无奈中阿昌只能拿着原来那张钞票回到餐厅，问经理如何处理，经过餐厅经理与收银主管共同协商，最终由实习生阿昌与收银员两个人一人一半赔上 100 元了事。

 **案例评析**

目前，确实有一些客人置金融法规于不顾，非法使用假钞，这些非法流通的假钞不但扰乱了国家的金融秩序，也会使酒店蒙受不可挽回的损失。对酒店来说，赚钱是最重要的目标，而收银员是与钞票打交道最多的员工，只要有一些小小的失误，都会使酒店蒙受经济上的损失，同时，个人也会受到经济上的损失。因此，酒店的所有收银员都要时时刻刻树立防范意识，避免收进假钞。钱币的真假鉴别常识是酒店收银员岗前培训的重要内容之一。另外，酒店应尽量给每个营业点的收款处配备验钞机，因为这样既能减少因收进假币给服务人员或酒店带来的损失，也可最大限度地避免收银员因钱币的真假与客人闹纠纷，甚至由此引起客人投诉的现象发生。有些收银员在收到假币之后，为了使自己逃避受罚，往往想方设法把假币找回给客人，这种不可取的做法一旦被客人发觉，就会给酒店的声誉带来巨大的损失。

本案例中酒店收银的验钞机坏了而没有及时修复或更换，使收银员不能当场识别假币，而本案的收银员也没有及时去其他地方验证一下钞票的真假，她的处理方法是不正确的。她应该第一时间去其他部门验证一下钞票的真假，这样可以省去不少的麻烦，同时这也说明该酒店在设施配备和服务人员培训上都有不够完善之处。

（六）英镑≠人民币

春季的一天，在珠海君悦西餐厅，由于受台风天气的影响，西餐厅没有一个客人，冷清清的，部长愈小姐叫服务人员准备打烊。突然，电话响了，愈部长接听电话，她听了半天，却不知对方在说什么。原来对方是外宾，讲的是英语，可是她听不懂客人在说什么，她只知道该电话是从酒店的客房里打过来的，是要求送餐的，客人是在 706 房间，随后，愈部长拿着中英文菜牌到 706 房间。给客人点菜，客人点完菜后，愈部长就落单。厨房将菜做好后，愈部长要收银员小韩把余出的钱找出，以方便客人找零。这样愈部长就把客人所点的菜肴和账单及 3 元余款给了客人。客人结账给得是英镑，可是愈部长从来没有看到过这种钱，钱表面写得全部是英语，她看不懂，只是看到"100"这个阿拉伯数字，于是就把刚才拿得余钱 3 元给客人，客人摇头，说了一些她听不懂的话，她以为客人给她小费，连声说了几句不标准的英语"Thank you"后就出来了。当她拿着钱到西餐部的收银处结账时，收银员小韩也不知这是哪个国家的钱，就把钱拿到前台去问，才得知是英镑，愈部长把钱给收银员小韩后就下班了，而收银员小韩也是一样，也不问清楚，也不当回事，就入账到计算机里（后来得知，她入账的时候不是入的英镑，而是入的人民币）下班回家了。

到了第二天，客人跑到总经理办公室投诉西餐厅……总经理经过调查后得知收银员小韩将100英镑兑换成100元人民币入账，并私自拿走了英镑，这严重违反了酒店的规章制度，损害了酒店的形象，经总经理办决定：开除收银员小韩，并且把她的奖金和工资全部扣掉，给部长愈小姐签红单（处罚150元）。

## 案例评析

很显然，事件的起因在于收银员小韩贪小利，加上部长愈小姐对工作没有责任心。

该酒店员工专业知识不够，作为一名西餐厅员工，竟然连英镑都不认识，如何能为客人提供高质量的服务？！中国加入WTO以后，许多外国人来中国投资，在服务行业，肯定每天都要接触不少外国客人，其他货币可能在中国流通，作为一名西餐厅员工，如果不懂得识别其他国家的货币，是不能为客人服务好的。

部长愈小姐对工作不负责任，没有工作责任心，不把事情解决，就急着下班。在她给客人埋单时，如果懂得英镑可以兑换成几倍的人民币，要求收银员找准余钱，就不会导致收银员私自兑换外币的情况，也不至于遭到客人的投诉。西餐厅是外国人在中国吃饭的主要场所，接触的外国人也比较多，作为一名西餐厅的部长，要懂得几种外语（起码要懂得英语），否则很难为客人提供优质服务。

## 案例评析

一是要加强员工专业知识的培训，使员工对自己工作范围内的专业知识有所了解，使基层管理人员具有系统的旅游知识，并掌握酒店管理知识，掌握熟练的服务技巧；二是要求酒店基层管理人员能坚持原则，敢于负责，作风正派，办事公道，具有一定的组织指挥能力，能够充分利用基层的人、财、物等资源，带领全体员工共同完成各项任务，实现目标，取得最佳效益；三是要加强对基层管理人员的专业英语培训，入世后中国酒店员工若不懂基础英语，则服务质量将大打折扣。

### （七）100元的小费

在深圳香格里拉大酒店送餐部工作的实习生服务人员小孟去为1310房的客人送餐。小孟进房间为客人服务完毕后，将账单递交给客人，请客人签房账。客人签单后，实习生小孟礼貌地向客人道别，转身离房。谁知小孟刚走到门口，客人又叫住了他，给了服务人员小孟100元现金，当时小孟他也没有多想，就误把客人给的现金当作小费收下了，他收下100元，道了谢，装入口袋，离开了客人房间。

几天后，1310客房的客人离店，来到总台结账。他很细心地查阅了自己在店消费的明细账目，发现客房送餐又加了一笔86元送餐的账。客人立即提出质疑："那次送餐当时我付了100元现金给服务人员，为什么还有签房账？一次送餐怎么算两份钱？"总台服务人员感到其中必有问题，立即打电话到送餐部查询此事，送餐部主管找到当天送餐服务的实习生小孟询问当时情况，实习生小孟一下子回忆起当天送餐的情景，他才恍然大悟，原来自己误将客人付的餐费当小费收了。于是他急急忙忙赶到总台，向客人道歉说："对不起，先生，我忘了找您钱。"他立即将 100 元现金交给 1310 房的客人，客人这才很不满意地将账结了。事后，酒店领导因小孟是实习生，且已将多收现金如数退还给客人，才对其免予了开除的处分，只是给予其处罚。

 案例评析

在深圳香格里拉大酒店里，前台服务人员是允许收小费的。酒店对小费有严格的管理制度，酒店规定，服务人员根据当值班次的不同，每人每班按不同规定定额上交一部分小费，而不论服务人员是否收到小费。但由于香格里拉的客源层次很高，且绝大部分客源是外宾，所以服务人员只要服务得好都会收到不同数量的小费。

酒店送餐部给住店客人提供送餐服务时，客人付款方式有两种：一种是由客人签单，即付房账，即住店客人除交房费外还存有备用金的，可以签单；另一种方式是付现金，即住店客人只交有房费而没有备用金的，客人要当场付现金。

在给可签房账的客人送餐时，若客人签了单，再给现金时，一般可以视为小费。这是一般情况，但也有例外，正如此案例中实习生服务人员小孟经历的这种情况。

这位实习生小孟没有考虑到，客人可能是第一次入住香格里拉，对酒店关于送餐的规定还不清楚，所以既签了账单，又付了现金，也就是等于付了双份餐费。此外，这位实习生小孟在接到客人给付的 100 元现金后，没有用心分析。客人花费餐费是 86 元，与所给的 100 元现金金额相近，此时服务人员就应该考虑到客人要改为现金付款。而这位实习生服务人员没有考虑到可能发生的以上两种情况，而自认为客人很清楚饭店规定，误将餐费当小费收了。

实习生小孟误将餐费当小费收下并最终被惩罚的教训告诉我们，每位服务人员遇到此种情况时都要用心思考，应本着对客人负责的态度，要详细给客人讲明在店消费的不同的付账方式，以提醒客人，使客人准确选择付账方式，避免出现账目差错。

总之，把立足点放到客人角度，进行换位思考，许多事故是可以避免的。

### （八）打包给错了

圣诞节，在一家五星级酒店里，实习生小红收到 8 号台客人的投诉："打包给错了。"接到客人的投诉，小红回忆起当时的情景。8 号台和 10 号台同时要求打包，一个打包的是锦绣师斑鱼和粽子，一个打包松鼠鲤鱼和虾饺。小红正在分别打包，这时候，12 号台的客人叫服务人员要求服务。小红暂且把正在打包的食品放下，去为 12 号客人服务，服务完后，小红马上回来把这两份包打好，分别交给了 8 号和 10 号台的客人。结果打包给错了，因而被客人投诉。

**案例评析**

"打包"就是服务人员为就餐客人把吃不完的菜点包装好，方便客人带回家的一项服务。这项服务既为客人节约又方便周到。

本例中的小红由于粗心大意，将为 8 号台与 10 号台打的包调了包，结果使两桌客人都带走了别人吃剩下的食品。8 号台客人投诉了，10 号台客人自认倒霉。这给错的食品，都会被客人扔掉，造成很大的浪费，给客人带来损失，还破坏了客人节日里的欢乐心情。小红这个打包服务反而给客人找了麻烦。这种事发生在五星级酒店，是很严重的问题，势必会影响酒店的声誉。

就餐客人多，工作繁忙，12 号台客人要求服务，小红立即前去服务，同时热情为客人打包都是服务意识较强的表现。如果小红在为其他客人服务完后，再仔细地查看一下为两个台的打包给得是否正确，就不会在打包这件小事上捅大漏子了。可见，认真细致的工作作风对服务人员来说是多么重要。

### （九）打包盒

位于上海东北角的某宾馆餐厅内，宾客甚众。第 18 桌有 3 位客人，其中两位是钟医生夫妇，还有一位是钟医生 20 年未遇的老同学许经理。故人相逢，谈得投机，不知不觉两个小时过去了。

毕竟都是年近半百的中年人，胃口大大不如学生年代。钟医生为尽地主之谊，一口气点了七八个菜，两道点心，再加上四小碟冷菜和相应的饮料，3 人都进入"饱和"状态。钟医生夫妇眼看桌上还剩有不少好菜，不免有点惋惜。

负责这个区的服务小姐接待很得体，自始至终都挂着甜甜的微笑，出言吐语、行为举止，处处流露出受过正规训练的素质。此刻她见 3 位客人已有离席之意，便准备好账单，随时听候招呼。果然，钟医生向她招手了。账很快便结清了，服务小姐转身送来找回的钱时手里多了一样东西：一个精美的盒子，里面有若干食品袋。钟医生夫妇不解此意，正要开口询问，服务小姐已经轻声细语地说道："请问，剩下的菜是否要装在袋中带走？" 3 位客人感到十分新鲜，不觉接过盒子端起来。方方正正的盒子，不大不小，两只拎带仿佛鸟儿的一对翅膀，只见盒子上面还有两行工整挺拔的题字："拎走剩余饭菜，留下勤俭美德。"这优美的书法，配以餐厅的装潢布置，给客人以一种高雅文化的享受。钟医生便问服务小姐，是谁写得这手好字，小姐告诉他们，这是饭店总经理亲自题的字，总经理是个书法迷，甚有功底，连盒子都是他亲自精心设计的。

"我们不能辜负总经理先生的一片心意。来，把剩菜倒进袋中，明天还能美美吃一顿！"豪爽的钟医生说着便装了起来。

 **案例评析**

"打包"在国外是很平常的事，英美人称之为 doggie bag（狗食袋），就是在酒店把吃不完的饭菜装回家。但是为了体面起见，都说带回家喂狗，其实就是给人吃的，这是人所

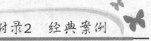

共知的事，doggie bag 已成了"打包"的代名词。

此宾馆服务人员主动向客人提出打包，这在国内星级酒店不多见。通过服务人员道出客人羞于开口的话，这正是宾馆经营者熟谙服务心理的表现。员工能够主动献上这个盒子，反映了宾馆站在客人立场上，提供主动服务的精神。

从另一方面分析，酒店不能只顾经济效益而置社会效益于不顾。此宾馆提倡勤俭美德，其意义决非几元钱所能衡量。

### （十）丢失的手机

一天晚上，我和几个朋友在闽江路一家饭店吃饭，一个女服务人员在收拾饭桌时发现一部手机，就连忙追下楼去。餐厅门口正有三四人在话别，女服务人员就问他们有没有丢失手机，那些人连声说谢谢，收下后就离开了。没想到的是，手机的真正失主此时正在上厕所。后来经过一番理论，餐厅老板只好赔偿了失主1000多元，女服务人员则是哭得眼泪汪汪的。

 案例评析

餐后收拾餐厅卫生时，服务人员应当同样做到细致认真。当捡到客人遗留物品时，餐厅服务人员应按酒店规定恰当处理，而不能冒昧地自行处理，更不可不加分析只凭直觉把物品随便送给别的客人。

### （十一）"热情过度"引起的思考

今年5月初的一天中午，李先生陪一位外宾来到某酒店中餐厅，找了个比较僻静的座位坐下。刚入座，一位女服务人员便热情地为他们服务起来。她先铺好餐巾，摆上碗碟、酒杯，然后给他们斟满茶水，递上热毛巾。当一大盆"西湖牛肉羹"端上来后，她先为他们报了汤名，接着为他们盛汤，盛了一碗又一碗。一开始，外宾以为这是吃中餐的规矩，但当李先生告诉他用餐随客人自愿后，他忙在女服务人员要为他盛第三碗汤时谢绝了。这位女服务人员在服务期间满脸微笑，手疾眼快，一刻也不闲着：上菜后即刻报菜名，见客人杯子空了马上添茶斟酒，见骨碟里的骨刺皮壳多了随即就换，见毛巾用过后即刻换新的，见碗里米饭没了赶紧添上……她站在他们旁边忙上忙下，并时不时用一两句英语礼貌地询问他们还有何需要。

吃了一会，外宾把刀叉放下，从衣服口袋里拿出一盒香烟，抽出一支拿在手上，略显无奈地对李先生说："这里的服务真是太热情了，有点让人觉得……"这位女服务人员似乎并没有察觉到外宾脸上的不悦，她见外宾手里拿着香烟，忙跑到服务台拿了个打火机，走到外宾跟前说："先生，请您抽烟。"说着，熟练地打着火，送到外宾面前，为他点烟。"喔……好！好！好！"外宾忙把烟叼在嘴里迎上去点烟，样子颇显狼狈。烟点燃后，他忙点着头对这位女服务人员说："谢谢！谢谢！"这位女服务人员给外宾点了烟后又用公筷给李先生和外宾碗里夹菜。外宾见状，忙熄灭香烟，用手止住她说："谢谢，还是让我自己来吧。"听到此话，她却说："不用客气，这是我们应该做的。"说着就往他碗里夹菜。李先生和外宾只好连声说："谢谢！谢谢！"见服务人员实在太热情，外宾都有点透不过气来了，李先生只得对外宾说："我们还是赶快吃吧，这里的服务热情得有点过度，让人受不

了。"听到此话，外宾很高兴地说："好吧！"于是，他们匆匆吃了几口，便结账离开了这家酒店。

## 案例评析

在酒店服务工作中，常常发生这种情况，尽管服务人员满腔热情地为客人提供服务，但客人有时不仅不领情，反而流露出厌烦或不满的情绪。这是客人不通情达理吗？当然不是。这里有一个很重要的原因，那就是服务人员未能充分了解客人的需求，实行无干扰服务。所谓无干扰服务，就是在客人不需要的时候感受不到，需要的时候招之即来的服务。在饭店业中，机械的规范服务并不能换取客人百分之百的满意，这是因为服务需求的随意性很大，尽管服务人员已尽心尽责，但客人会因其自尊、情绪、个人癖好、意外情况、即时需求等原因提出服务规范以外的各种要求。这也说明，标准化的规范是死的，而人的需求是活的，饭店服务必须满足客人形形色色的需求，才能上一个新台阶。

就客人的需求而言，"无需求"本身也是一种需求，客人的各种各样的需求中当然也包括"无需求"这种需求。从社会心理学的角度来看，对这种"无需求"的需求提供的服务是为了满足客人个人空间的需求，使酒店的服务达到尽善尽美。因此，允分了解客人的这种"无需求"，有针对性地提供无干扰服务，对于提高饭店服务质量具有十分重要的意义。那么，如何才能把握客人的这种需求，适时地提供无干扰服务呢？下面具体结合本案例来说明。

首先，服务人员要留心观察客人当时的体态表情。本例中，女服务人员并未留心观察客人用餐时的体态表情，在外宾脸上已流露出不悦时，仍然热情地为其提供服务。殊不知，这种热情过度的服务反而易给客人造成拘谨和压抑的感觉。其次，服务人员要注意分析客人的交谈言语或自言自语。古人说得好，"言为心声，语为人境"。客人的自言自语能够反映出客人的需求趋向。本例中，外宾已略显无奈地对李先生说："这里的服务真是太热情了，有点让人觉得……"女服务人员站在旁边服务，听到此交谈话语后，就应该领会客人的意思，站在远处为他们服务。然而这位女服务人员非但不领悟，还继续热情地为客人服务，从而进一步引起了客人的厌烦情绪。最后，服务人员要注意客人所处的场所。一般来讲，选择安静角落就餐的客人，希望服务人员站得远一些，尽量少打扰他们。本例中，李先生和外宾一开始就在一个比较僻静的地方坐下，本来就不希望别人打扰，女服务人员在向李先生和外宾提供服务时，未注意到客人就餐的场所，一味地按酒店规范提供服务，结果适得其反。

## 四、管理案例

### (一) 打造能"随机应变"的服务队伍

5 月 19 日下午 2：30，中餐厅接到上级的紧急通知：晚上 5：30 中国国家羽毛球队在中餐厅摆庆功宴，席设 9 桌。接下来的 3 个小时，整个酒店各部门忙得不可开交，但大家互相协调、团结合作，如愿于 5 点钟部署好全部开宴准备工作。当酒店老总带领中国国家羽毛球队缓步进入中餐厅时，却发生了这样一件怪事：自客人进入中餐厅门口到餐台的一段路中间，由于实习生咨客没有及时带位，使客人中的主客没有坐到主台，而是随便坐到了末席，那些记者和陪员却坐到了主台。此时，服务也出现了小小乱套，许多实习生服务人员站在餐台旁边看着明星而慌乱了手脚，直到客人呼喊才回过神来。在整个宴会期间，整个服务过程都有点凌乱。

 案例评析

这次宴会后，总经理马上召开全体员工大会，就这次宴会存在问题进行了座谈讨论，会中提到了酒店服务存在的几大问题。

（1）客人从门口进来到走到餐台这段路中，竟然没有一位主任或经理出来带位，从而导致客人坐错位置，以致打乱了事前布置的服务计划。

（2）宴会服务前后期间，酒店各部门间合作不够协调，楼杂和堂面工作配合不好，导致了某些事影响了宴会的氛围。

（3）一个成功的餐饮经营，必须具备理想、合适的环境，物有所值的产品和服务，灵活的推广促销手段和完善科学的管理，缺少任一因素都有可能导致酒店经营的失败。在酒店这个大家庭，只有各个部门分工合作、团结协调才能为客人提供良好的服务和产品，进而为酒店创造更多的价值。

**（二）换菜**

有一次，季老板和朋友来到新丽晶酒店吃饭，发生了这样的一件事情。"晚上好，先生！请问吃什么菜？"实习生关颖热情接待。"来个生炒麦菜、椒盐虾、蒸河粉和白粥。"季老板答道。"好的，请稍候，马上给你们送过来。"关颖下单后送到厨房。不一会儿菜上来了，"盐水麦菜，请慢用。""小姐，请等一下，我们没有点这个菜啊，我要的是生炒麦菜，你们弄错了吧。""是吗？我不知道呀，那帮你们换菜吧。"过了没几分钟，送菜服务人员端上了生炒麦菜。"咦，生炒麦菜怎么这么多叶？它的刀工怎么和刚才那个一样？煮得怎么这么烂？"季老板边看边嚷道。"小姐，你这个菜好像只是换汤没换药吧？这像是把刚才那盘菜倒掉汤，然后过一过热锅而已，哪是生炒麦菜呢？算了，你还是给我换个别的菜吧！"季老板的朋友接口说："哎，老季，你今天还是把生炒麦菜这个喜好放弃得了，随便来一个蒜蓉菜心算了。我们这样换来换去，会不会让他们觉得我们很烦啊！我以前听说有的餐厅，如果有某张台的客人太烦的话，那些厨师们会给他们的菜加些'特殊味料'——如唾液、残渣菜汁……我看我们刚才点的那个蒜蓉菜心还是不要吃为妙！"季老板一听朋友这么说，胃口大打折扣，"今天怎么这么倒霉啊！"大家感叹着说。果然，那盘蒜蓉菜心上桌后，季老板和朋友没有谁敢对它下筷子了。

 案例评析

从这件事看来，（1）该酒店对厨房的管理还不够、不得法。厨师不注重菜品质量，因小失大，目光只停留在短利中。企业的发展应从长远利益出发，客人就是企业的生存之本，是员工的衣食父母。厨房管理的好坏直接关系到酒店餐饮部门的兴衰。（2）餐厅的管理也不够。餐厅和厨房的沟通做得不好，对客人的投诉只是一种应付式态度，没有做到真正地解决问题，不重视投诉，是对客人的不尊重。

一家酒店若没有让客人感觉被尊重，这就犯了服务业的大忌。我们应以真诚的态度对待客人，既然问题已发生，就不该回避它，而应积极面对，真诚地向客人道歉，以实际行动来改过。当客人点了另一种菜时，我们可以免费送上客人原先点的那个菜谱，给客人以惊喜，真诚服务的确可以消除客人心中的疑虑，为客人的再次光临奠定基础。酒店餐饮界的同人要想在21世纪使自己经营的酒店餐饮事业继续兴旺下去，就必须抛开陈旧思想，用更新的管理理念去迎接挑战。在21世纪，人们的整体生活水平得到提高，饮食追求的不再是温饱，人们讲究的是一种"享受"。要做到与时俱进，我们就要不断完善自己，改进服务质量，赢得客人的青睐。

### （三）大碗汤

几位客人在某酒店就餐，拿上菜单，有客人特别喜欢的酸菜肚片汤。仔细一看，菜单上的计价单位是"盅"。他们请服务人员改成大碗汤，服务人员说不行。正巧，酒店餐饮总监走过，一看是老熟人，马上答应可以改。几位客人感叹问道：如果是不认识的客人来，是否也能上大碗汤？

## 案例评析

案例反映了酒店服务缺乏营销意识，只是站在酒店的立场上提供服务，客人的要求不符合酒店的规定，因此被拒绝。需要调整的不是客人的需求，而是酒店的服务。也就是说，酒店要根据客人的要求去提供服务产品，而不是把现有的客人并不欢迎的服务强行推销。虽然正确的处理方法是极其简单的，但是要做到这一点却是极其困难的，关键在于立场的转变，也就是从"想我"、"想酒店"转变为"想客人"，并且这种转变要达到自然成习惯的地步，因为立场不同，本能反应是截然相反的。因此，每一位服务人员都必须转换观念，站在客人立场上来为客人提供服务。

### （四）掐了须的龙虾

一天，某酒店的"牡丹"和"玫瑰"两包厢的客人几乎同时到达，而且两批客人都点了龙虾。"牡丹"包厢请客的主人江先生非常细心而有经验，当餐厅服务人员小姐将鲜活的龙虾拿进来让他过目时，江先生顺手掐断了龙虾的须，并很有经验地对同来的朋友说："有一次，我在别的地方吃龙虾，结果被餐厅用死龙虾调了包，所以我现在吃龙虾时都特别谨慎，以免再上当受骗……"

一会儿，两盘龙虾先后端进"牡丹"和"玫瑰"包厢。"牡丹"包厢的江先生在龙虾上桌后的第一件事就是检查龙虾的头，他只看了一眼，就生气地问服务人员小朱："这是一只死龙虾，刚才那只活的肯定被你们调了包。"说完，他扬了一下刚才掐断的两条龙虾的须："刚才那只龙虾的两条须还在我手里，可这只龙虾的须是完整的，你怎么解释？"小朱愣了一下，说："不会吧？先生，我们餐厅从来不卖死龙虾的。"江先生有点激动，以得理不饶人之势对小朱说："你别强词夺理，如果这只龙虾没有被调包，它的须应该是被折断的，而且断口应该与我手中的断口吻合。你说说看，这是怎么回事？"小朱顿了一下，忽然想起了什么，忙对客人说："先生，刚才'玫瑰'包厢的客人也点了一道龙虾，肯定是刚才上菜的时候，把断须的那只错送给他们了……请您相信，我们的龙虾都是活的，我们餐厅不可能干调包这类欺骗消费者的勾当。"但江先生根本不听小朱的解释。当餐厅经理拿着"玫瑰"包厢的点菜单给他看过，江先生还是表示："我不相信。"无奈之下，餐厅为江先生重新换了一只由他作下标记的龙虾。

 **案例评析**

相当一部分到酒店餐厅消费的客人都有特殊的需求，餐厅服务人员必须予以特别关注。只有服从客人，满足其特殊需求，才会给客人留下良好的印象，也才可能提高客人的满意度。

作为一个好的服务人员，他除了要掌握基本技能外，还要细心，要善于观察客人的每一个细小的动作，这样才能更好地为客人服务，使服务过程更顺利。本案例发生的事件主要是由餐厅服务人员小朱没有细心地观察客人的动作，领会客人掐断龙虾须的用意所造成的。实际上，江先生在点菜时即已表现出他的多疑和挑剔，细心的服务人员应马上能察觉出这点，从而使服务工作做得更细致、更周到。如果小朱在当时能迅速地判断出江先生掐断龙虾头上的须的用意的话，在单上注明房号和龙虾的特征，也就不会发生上菜时的错位现象了，也就不会使江先生投诉了。

因此，酒店服务人员在任何时候都应对客人的需求保持高度的敏感，在具体的服务工作中，应密切关注客人，观察客人的消费心理，及时发现并满足客人的需求，从而为酒店创造良好的社会效益和经济效益。现在一些比较大的酒店餐厅里，通常都会带有一个海鲜池，以保持海鲜的鲜活度，客人可以根据自己的要求亲自去海鲜池挑选。由于每一种海鲜的价格都不同，且同一种海鲜由于重量的不同其价格也不同，特别是一些名贵海鲜，因此，海鲜池与餐厅或厅房之间的沟通就变得非常重要，在帮客人下单时就要注明客人的台号或房号、海鲜名称、重量，以免在上菜时发生有的菜不知上到哪间房，或者客人不要所点的菜等现象。特别是同一种海鲜，更容易出现上错菜的现象，所以一些小小的失误都可能造成上错菜等一些问题，最终造成客人不认账，造成酒店本身的经济损失。由此案例也可以看出，海鲜池与餐厅的沟通工作做得并不是那么好，至少还得进一步改进一些细小的环节。

**（五）悬挂国旗必须依法**

3名消费者到某涉外酒店用完餐，准备离开酒店时，突然发现该酒店门前3根旗杆上悬挂的中国国旗、香港特别行政区旗和该酒店的店旗处在同一水平线上。之后，他们发现另外两家涉外酒店也存在这样的问题。3名消费者认定这3家涉外星级酒店的做法严重地违反了《国旗法》，是一种侵权行为。于是他们根据《国旗法》第十五条之规定和《消费者权益保护法》的有关条文，一纸诉状将这3家涉外酒店告上了法庭。

原告认为，国旗作为中华人民共和国的象征理应受到尊重，被告的行为对原告构成侮辱，使原告的感情受到莫大的伤害，损害了消费者的合法权益，被告应根据《消费者权益保护法》第十四条之规定"消费者在购买、使用商品和接受服务时，享有其人格尊严、民族习惯得到尊重的权力"而自觉维护消费者的利益。他们请求：（1）判令被告向 3 名原告及全体市民公开道歉，纠正其违法行为；（2）退还 3 名原告精神损失费 1949.15 元；（3）承担本案诉讼费用。法院已经立案受理。

3 个被告酒店的总经理在得知此事后，均表示将积极配合，做好整改工作。

 ## 案例评析

中华人民共和国《国旗法》第十五条规定："升挂国旗应当将国旗置于显著的位置，国旗与其他旗帜同时升挂时，应当将国旗置于中心，较高或者突出的位置。在外事活动中同时升挂两个以上国家的旗帜时，应当按照外交部的规定或者国际惯例升挂。

3 个酒店的做法显然是违反了《国旗法》的规定，理应整改。3 名消费者在消费的同时，还起到了一个公民监督的作用，这说明人们的法制观念加强了。如果每个公民都有这种意识，那么违法的事情也许就会少一点儿了。

### （六）陈女士的经历

陈女士 12 年前开始效力于 B 城市喜来登饭店。众所周知，喜来登是国际上颇有名望的饭店管理集团，以擅长员工培训、注重人力资源发展著称，陈女士仅用 5 年时间就完成了从一名普通服务人员到一名出色的餐厅经理的历程，掌握了领导、培训员工、沟通与展示、激励下属员工、餐饮管理等技能。几年中，陈女士深知"没有不好的员工，只有不合格的管理者"这个道理，顾客在她和员工们周到而热情的服务下，不断地光顾饭店。

毫无疑问，陈女士是相当成功的，饭店领导也积极地肯定了她的业绩，并开始寻求陈女士的进一步发展机会。

20 世纪 90 年代初，旅游业的发展为她提供了机会，南方 A 市某四星级 G 饭店向陈女士所在的饭店发出了需要管理人员的求助信函，陈女士和另外 4 位其他部门的优秀者成了第一批外派人员，陈女士任 G 饭店中餐厅及多功能餐厅经理。

上任的第一天，当她在人事部经理陪同下走进能容纳 400 人进餐的中餐厅时，面对的情景令她非常吃惊，近 20 个服务人员（也有着黑色西服的领班）在刚刚结束早餐服务的餐厅里尽情享用本该是客人享用的食品，餐厅开餐后的狼藉尽收眼底。陈女士深知这些行为可能是前任经理培训与管理不够所致。在当天的餐厅例会上，陈女士做了 20 分钟的就职演说，她讲得诚恳而有专业性，可以说，初次亮相使员工们对她产生了好感，但是，关于上午餐厅不该出现的事情，陈女士一字未提，这又令员工们产生了疑惑。

陈女士自有方略，在 3 天后的第一次员工培训中，陈女士用培训方式重申了饭店的纪律，但仍然没有对员工做任何批评，她相信员工都是有觉悟的，不必使用强硬的管理手段，惩罚只会伤害员工的自尊心，她想用管理原饭店的方法来处理这些问题。

然而，随着时间的推移，员工不断发生纪律问题及怠慢客人的问题令陈女士越来越失望。于是，她加强了培训的工作，从一周一次更改为一周三次。陈女士具有良好的培训技能，她讲的一切使员工都能认同，每次培训后也能略有成效，但却不能解决根本问题。2个月后，饭店领导终于对陈女士提出了批评，认为她过于软弱，迁就员工，没有达到饭店对其所抱有的期望。面对饭店领导的批评，陈女士开始了反思……

**案例评析**

陈女士在发现员工纪律涣散时，应做以下工作。

（1）检查饭店规章制度和服务标准是否健全，如果制度标准健全，那就要对违反纪律的各种现象进行相应的处罚。当第一次发现员工有错误时，可以通过培训及思想工作向员工讲清楚道理，但相同的错误绝不允许犯第二次。

（2）当陈女士发现现有的制度、标准不健全时，她应建议并协助饭店人事培训部健全餐饮部的各项规章制度，并建议培训部对全店管理人员进行严格执行制度的培训，并在本部门重申奖罚制度的重要性，使饭店各部门的严格管理同步进行。

（3）陈女士应加强现场管理，发现问题应及时纠正和帮助。

（4）陈女士要反省自己的管理方式，调整自己的领导行为，处理好管理中关心与严格、批评与爱护等关系。

**（七）实习生的问题**

装饰典雅的某酒店宴会厅灯火辉煌，一席高档宴会正在有条不紊地进行着，只见身着黑色制服的服务人员步覆轻盈地穿行在餐桌之间。正当客人准备祝酒时，一位服务人员不小心失手打翻了酒杯，将酒水洒在了客人身上。"对不起，对不起。"这边歉声未落，只听那边"哗啦"一声，又一位服务人员摔破了酒杯，顿时客人的脸上露出了愠色。这时，宴会厅的经理走上前向客人道歉后解释说："这些服务人员是实习生……"顿时客人的脸色由愠色变成了愤怒……第二天，客人将投诉电话打到了饭店领导的办公室，愤然表示他们请的一位重要客人对酒店的服务很不满意。

 **案例评析**

（1）作为现场的督导人员，对发生的事情首先应向客人表示真诚的歉意。同时，一定要注意语言得体、解释得当，切不可信口开河随意乱讲。本例中的管理人员由于解释欠妥，表达不够准确，不但没有使客人得到安抚，反而起到了火上浇油的作用。管理者遇到事情时，不能只想着推卸责任，而要心中装着客人，处理问题要有大局观念。

（2）出现问题要按规定程序及时汇报，切忌存在侥幸心理。酒店有些管理人员喜欢报喜不报忧，愿意将问题、投诉压下来，以尽量不使自己管辖范围内的阴暗暴露在上司面前，这是一种掩耳盗铃的做法，往往会错过处理投诉的最佳时机，使事情变得更加复杂，埋下隐患。今后我们的管理人员及员工要具备一种良好意识，客人的每一个投诉、每一项不满均应尽可能快地反映给自己的上司——使饭店领导掌握第一手资料，有利于警示其他人员。

（3）实习生培训未达标就直接为客人服务是某些部门的老问题。培训部及用人部门要将培训落到实处，重视培训效果，做到事事有标准、人人有师傅，让实习生从业务技能到心理素质都得到锻炼。实习生经过考核符合工作要求后，得到部门经理、岗位主管的认可，方可上岗实习。

### (八) 餐饮安全

11月6日宴会厅12号台一客人在用餐过程中无意中发现自己的嘴角被"松子玉米巢"中携带的玻璃碎片划破，当即引起其的强烈投诉，并执意要求前往医院进行检查。事发后，宴会厅领班当即向客人道歉，安抚客人情绪，在客人情绪得不到平缓的情况下，主管按客人要求陪同前往附近医院检查，结果无大碍，客人才安心离店。

 **案例评析**

此事件属出品质量严重过失问题。（1）应追究厨师责任并予以处罚。（2）应加强厨师业务素质及责任心教育，层层严把质量关。（3）传菜员和服务人员在服务过程中也应起到把关的作用，把菜式问题控制在上桌之前。客人到酒店来消费，其中一项需求就是对安全的需求，安全问题并不只体现在消防安全、防盗、隐私保护等方面，食品（卫生）安全也是其中一项重要的内容。酒店只有从细微处入手，防微杜渐，才能加强内部管理，堵塞工作漏洞，提供合格的酒店产品，使客人满意。

# 附录3 实训考核模拟题

### 试题1 中餐宴会摆台

考核要求：

(1) 独立完成10人用餐餐台的摆台操作的全部过程；

(2) 做好摆台前的各项准备工作；

(3) 摆台操作过程中方法正确，动作娴熟优美；

(4) 操作中注意卫生及物品的安全使用；

(5) 要求在10分钟之内完成操作。

### 试题2 中餐斟酒服务

考核要求：

(1) 独立完成黄酒、白酒各10杯的斟酒服务；

(2) 做好斟酒前的准备工作；

(3) 斟酒操作服务方法正确，动作优美；

(4) 斟酒姿势、动作符合规范；

(5) 要求在5分钟之内完成操作。

### 试题3 餐巾折花

考核要求：

(1) 独立完成10种不同形状的餐巾折花（5种动物、5种植物造型）；

(2) 做好折花前的准备工作；

(3) 折叠一次成型，动作娴熟；

(4) 符合卫生要求；

(5) 要求在10分钟之内完成操作。

### 试题4 宴会菜单设计

考核要求：

(1) 菜单设计能突出宴会主题，符合饮食习惯要求；

(2) 菜单书写规范，文字清楚整洁；

(3) 菜肴编制注意营养搭配；

(4) 上菜顺序正确，菜量适度；

(5) 菜肴的品种与口味要搭配合理，突出季节性；

(6) 菜单设计价格合理，单面整洁美观；

(7) 要求在 10 分钟之内完成操作。

### 试题 5　菜单拟订

考核要求：

(1) 菜单拟订能突出题目要求，符合饮食习惯；

(2) 菜单书写规范，文字清楚整洁；

(3) 菜肴编制注意营养搭配；

(4) 上菜顺序正确，菜量适度；

(5) 菜肴的品种与口味要搭配合理，突出季节性；

(6) 菜单拟订价格合理；

(7) 要求在 10 分钟之内完成操作。

### 试题 6　西式正餐摆台

考核要求：

(1) 根据西餐服务的需要，合理安排餐台；

(2) 正确安排宾主座次；

(3) 餐酒用具摆放合理，位置准确、距离均等；

(4) 整体效果协调规范，符合卫生要求，方便宾客用餐，方便服务操作；

(5) 要求在 5 分钟之内完成操作。

### 试题 7　红葡萄酒服务操作

考核要求：

(1) 运用正确的方法进行斟倒酒水的服务；

(2) 从客人餐椅的右侧斟倒；

(3) 红葡萄酒斟倒 1/2 杯；

(4) 斟倒姿势优雅、规范，持瓶手法正确；

(5) 要求在 5 分钟之内完成操作。

### 试题 8　西餐斟酒—白葡萄酒服务

考核要求：

(1) 运用正确的方法进行斟倒酒水的服务；

(2) 从客人餐椅的右侧斟倒；

(3) 白葡萄酒斟倒 2/3 杯；

(4) 斟倒姿势优雅、规范、持瓶手法正确；

(5) 要求在 5 分钟之内完成。

### 试题 9　西式早餐摆台

考核要求：

（1）根据西餐服务的需要，合理安排餐台；

（2）摆放2个餐位的早餐餐具；

（3）先在客人座位正中相距30厘米的两边摆上刀叉，叉在左，刀在右，刀口朝左，刀叉柄离桌边2厘米；

（4）在叉的左边摆上面包碟，碟的底边离桌边2厘米；

（5）牛油刀放在面包碟内右边1/3处，刀口向左，并与餐刀及餐叉平行；

（6）咖啡或茶杯、碟摆在刀的右边，碟底边距桌边5厘米，杯把朝右，茶匙放在杯把右侧；

（7）餐巾花摆在刀、叉中间；

（8）在餐位的正上方摆放花瓶、烟灰缸；

（9）在烟灰缸的左侧摆放盐盅、胡椒盅；

（10）在盐盅、胡椒盅的右侧摆放糖缸和奶壶；

（11）餐具摆放合理，位置准确，距离均等；

（12）整体效果协调规范，符合卫生要求，方便宾客用餐，方便服务操作；

（13）要求在5分钟之内完成操作。

### 试题10　6人西餐宴会摆台

考核要求：

（1）根据西餐服务的需要，合理安排餐台；

（2）正确安排宾主座次；

（3）餐酒用具摆放合理，位置准确、距离均等；

（4）折叠6种不同的餐巾盘花；

（5）整体效果协调规范，符合卫生要求，方便宾客用餐，方便服务操作；

（6）要求在10分钟之内完成。

### 试题11　4人西餐分菜服务操作

考核要求：

（1）根据西餐服务的需要，合理安排餐台；

（2）餐酒用具摆放合理，位置准确、距离均等；

（3）分菜要合理分切；

（4）运用规定的分菜方法，做到分让准确；

（5）整体效果协调规范，符合卫生要求，方便宾客用餐，方便服务操作；

（6）要求在5分钟之内完成操作。

### 试题12　中英互译

（1）Can you sign here, Sir?

（2）Do you have a reservation, sir/madam?

（3）Are you ready to order now?

(4) It's my pleasure.

(5) 欢迎到我们酒店来。

(6) 愿您在我们酒店过得愉快！

(7) 请稍等。

(8) 我可以撤掉这个盘子吗？

### 试题 13　中英互译

(1) May I take your order now?

(2) What would you like to have?

(3) Excuse me，May I take this chair?

(4) Is there anything else I can do?

(5) 请问共有多少人用餐？

(6) 请当心。

(7) 我可以知道您的名字吗？

(8) 对不起，让您久等了。

### 试题 14　中英互译

(1) Glad to meet you.

(2) Good luck to you!

(3) Please look at the menu first.

(4) Sorry，I'll let you know when I make sure.

(5) 非常对不起，先生，我会替您送来另一份（瓶）。

(6) 早上好，我是送餐部的。

(7) 希望您会满意。

(8) 请问您是现在结账吗？

### 试题 15　中英互译

(1) Sorry you can't sign the bill here.

(2) I hope you'll enjoy it.

(3) May I know what the banquet is for?

(4) Be careful，please.

(5) 请走好。

(6) 我能为您做些什么？

(7) 请问您有预订吗，先生？

(8) 您喜欢吃点什么？

### 试题 16　中英互译

(1) Would you care for another drink?

（2）May I take away this dish?

（3）May I help you，sir.

（4）This way，please.

（5）请不要在这里抽烟。

（6）请问可以为您点菜了吗？

（7）请稍等，我马上给您安排。

（8）您的菜够吗？

### 试题 17　中英互译

（1）您可以把名字签在这儿吗？

（2）请问您有预订吗，先生/女士？

（3）请问可以为您点菜了吗？

（4）很高兴为您服务。

（5）Welcome to our hotel.

（6）I hope you'll enjoy your staying with us.

（7）Please wait a minute.

（8）May I take away this dish?

### 试题 18　中英互译

（1）很高兴见到您。

（2）祝您好运。

（3）请先看看菜牌。

（4）对不起，我问准确便马上告诉您。

（5）I'm very sorry, sir. I'll bring you another one/bottle.

（6）Good morning. It's room service here.

（7）I hope you'll enjoy it.

（8）Would you like to have the bill now?

### 试题 19　中英互译

（1）请问可以为您点菜了吗？

（2）您喜欢吃点什么？

（3）对不起，我可以用这张椅子吗？

（4）我还能为您做些什么？

（5）How many people，please?

（6）Be careful，please.

（7）May I have your name please?

（8）Sorry to have kept you waiting.

**试题 20　中英互译**

(1) 对不起，我们这里不可以签单。

(2) 希望您会满意。

(3) 请问这个宴会是什么类型的？

(4) 请当心。

(5) Mind your step.

(6) May I help you?

(7) Do you have a reservation，sir?

(8) What would you like to eat?

**试题 21　中英互译**

(1) 请问您还需要一杯饮料吗？

(2) 我可以撤掉这个盘子吗？

(3) 我能为您做什么，先生？

(4) 请这边走。

(5) Do not smoke here，please.

(6) Are you ready to order now?

(7) Please wait a minute，I'll arrange it for you.

(8) Is it enough?

**试题 22　客人订了宴会，过了时间还未到，服务人员应怎样处理**

考核要求：

(1) 对服务中的个例要进行全面分析，解决问题时注意策略，讲究方法，并能圆满解决；

(2) 语言表达准确、语速适中、语音适量、吐字清晰；

(3) 在 5 分钟之内完成回答。

**试题 23　客人进餐时餐厅突然停电怎样处理**

考核要求：

(1) 对服务中的个例要进行全面分析，解决问题时注意策略，讲究方法，并能圆满解决；

(2) 语言表达准确、语速适中、语音适量、吐字清晰；

(3) 在 5 分钟之内完成回答。

**试题 24　宴会临时加人应怎样处理**

考核要求：

(1) 语言婉转，态度诚恳；

(2) 处理方法圆满；

（3）在 5 分钟之内完成操作。

### 试题 25　客人用餐时突然被食物噎住，服务人员怎样处理

考核要求：

（1）对服务中的个例要进行全面分析，解决问题时注意策略，讲究方法，并能圆满解决；

（2）语言表达准确、语速适中、语音适量、吐字清晰；

（3）在 5 分钟之内完成回答。

### 试题 26　客人用餐后要将餐具拿走，服务人员应如何处理

考核要求：

（1）对服务中的个例要进行全面分析，解决问题时注意策略，讲究方法，并能圆满解决；

（2）语言表达准确、语速适中、语音适量、吐字清晰；

（3）在 5 分钟之内完成回答。

### 试题 27　客人在进餐中要求退菜时，服务人员应怎样处理

考核要求：

（1）对服务中的个例要进行全面分析，解决问题时注意策略，讲究方法，并能圆满解决；

（2）语言表达准确、语速适中、语音适量、吐字清晰；

（3）在 5 分钟之内完成回答。

### 试题 28　客人要点菜单上没有的菜肴时，服务人员应怎样做

考核要求：

（1）对服务中的个例要进行全面分析，解决问题时注意策略，讲究方法，并能圆满解决；

（2）语言表达准确、语速适中、语音适量、吐字清晰；

（3）在 5 分钟之内完成回答。

### 试题 29　服务人员为客人点菜时未听清，上错了菜应怎样处理

考核要求：

（1）对服务中的个例要进行全面分析，解决问题时注意策略，讲究方法，并能圆满解决；

（2）语言表达准确、语速适中、语音适量、吐字清晰；

（3）在 5 分钟之内完成回答。

**试题 30　发现未付账的客人离开餐厅时怎样处理**

考核要求：

(1) 对服务中的个例要进行全面分析，解决问题时注意策略，讲究方法，并能圆满解决；

(2) 语言表达准确、语速适中、语音适量、吐字清晰；

(3) 在 5 分钟之内完成回答。

# 附录4　餐厅服务员国家职业标准

## 一、职业概况

### 1.1　职业名称

餐厅服务员。

### 1.2　职业定义

为顾客安排座位、点配菜点，进行宴会设计、装饰、布置，提供就餐服务的人员。

### 1.3　职业等级

本职业共设五个等级，分别为：初级（国家职业资格五级）中级（国家职业资格四级）高级（国家职业资格三级）技师（国家职业资格二级）高级技师（国家职业资格一级）。

### 1.4　职业环境条件

室内、常温。

### 1.5　职业能力特征

头脑灵活，具有迅速领会和理解外界信息的能力，并具有准确的判断能力，较强的语言表达和理解能力，准确的运算能力，手、脚、肢体动作灵活、协调，视觉敏锐，能准确地完成既定操作。

### 1.6　基本文化程度

初中毕业。

### 1.7　培训要求

#### 1.7.1　培训期限

全日制职业学校教育，根据其培养目标和教学计划而定。晋级培训期限：初级不少于400标准学时；中级不少于350标准学时；高级不少于250标准学时；技师不少于150标准学时；高级技师不少于100标准学时。

#### 1.7.2　培训教师

培训初级或中级餐厅服务人员的培训教师必须具有本职业高级以上职业资格证书或本专业讲师以上专业技术职务；培训高级餐厅服务人员的教师必须具有本职业技师以上职业资格证书或本专业高级讲师以上专业技术职务；培训技师的教师必须具有本职业高级技师职业资格证书或本专业高级讲师以上专业技术职务；培训高级技师的教师应具有本职业高级技师职业资格证书2年以上或具有相关专业高级专业技术职务。

#### 1.7.3　培训场地设备

满足教学需要的标准教室。模拟教学场地布局合理。设备、设施齐全，符合国家有关安全、卫生标准。

1.8　鉴定要求

1.8.1　适用对象

从事或准备从事本职业的人员。

1.8.2　申报条件

——初级（具备以下条件之一者）：

（1）经本职业初级正规培训达规定标准学时数，并取得毕（结）业证书；

（2）在本职业连续见习工作 2 年以上；

（3）本职业学徒期满。

——中级（具备以下条件之一者）：

（1）取得本职业初级职业资格证书后，连续从事本职业工作 3 年以上，经本职业中级正规培训达规定标准学时数，并取得毕（结）业证书；

（2）取得本职业初级职业资格证书后，连续从事本职业工作 5 年以上。

（3）取得经劳动保障行政部门审核认定的，以中级技能为培养目标的中等以上职业学校本职业（专业）毕业证书。

——高级（具备以下条件之一者）：

（1）取得本职业中级职业资格证书后，连续从事本职业工作 4 年以上，经本职业高级正规培训达规定标准学时数，并取得毕（结）业证书；

（2）取得本职业中级职业资格证书后，连续从事本职业工作 7 年以上；

（3）取得高级技工学校或经劳动保障行政部门审核认定的，以高级技能为培养目标的职业学校本职业（专业）毕业证书；

（4）取得本职业中级职业资格证书的大专以上毕业生，连续从事本职业工作 2 年以上。

——技师（具备以下条件之一者）：

（1）取得本职业高级职业资格证书后，连续从事本职业工作 5 年以上，经本职业技师正规培训达规定标准学时数，并取得毕（结）业证书；

（2）取得本职业高级职业资格证书后，连续从事本职业工作 8 年以上；

（3）取得本职业高级职业资格证书的高级技工学校毕业生，连续从事本职业工作 2 年以上。

——高级技师（具备以下条件之一者）：

（1）取得本职业技师职业资格证书后，连续从事本职业工作 3 年以上，经本职业高级技师正规培训达规定标准学时数，并取得毕（结）业证书；

（2）取得本职业技师职业资格证书后，连续从事本职业工作 5 年以上。

1.8.3　鉴定方式

分为理论知识考试（笔试）和技能操作考核。理论知识考试满分为100分，60分以上为合格。理论知识考试合格者参加技能操作考核。技能操作考核分项打分，满分为100分，60分以上为合格。技师、高级技师还须进行综合评审。

1.8.4　考评人员和考生的配比

理论知识考试每个标准考场每30名考生配备2名监考人员；初级、中级技能操作考核每2名考生配备至少1名考评员，高级、技师、高级技师技能操作考核每1名考生配备1名考评员。

1.8.5　鉴定时间

理论知识考试为120分钟；技能操作考核初级30分钟；中级40分钟；高级50分钟；技师、高级技师90分钟。

1.8.6　鉴定场所和设备

理论知识考试在标准教室里进行，技能操作考核场所要求为正规的餐厅或等同于正规餐厅的模拟餐厅。桌椅、工作台等必备物品齐全，设备、设施安全，卫生符合国家规定标准。

## 二、基本要求

2.1　职业道德

2.1.1　职业道德基本知识

2.1.2　职业守则

(1) 热爱本职工作，忠于职守，对消费者高度负责。

(2) 热忱服务，讲究服务质量，自觉钻研业务。紧跟社会发展需要，不断开拓创新。

(3) 树立为人民服务的思想，顾客至上，尊师爱徒。

(4) 讲文明。讲礼貌，遵守国家法律及政策法规。

2.2　基础知识

2.2.1　饮食服务卫生知识

(1) 食品卫生基础知识。

(2) 食品卫生质量的鉴别方法。

(3) 预防食物污染、食物中毒和有关的传染病的知识。

(4) 饮食业食品卫生制度。

(5)《中华人民共和国食品卫生法》。

2.2.2　礼节礼貌知识

略。

2.2.3　饮食风俗与习惯

略。

2.2.4　服务安全知识

略。

## 三、工作要求

本标准对初级、中级、高级、技师、高级技师的技能要求依次递进，高级别包括低级别的要求。

3.1 初级

| 职业功能 | 工作内容 | 技能要求 | 相关知识 |
|---|---|---|---|
| 一、接待服务 | （一）接待 | 能准确、规范地使用文明礼貌用语，热情、规范地接待顾客，微笑服务 | 零餐接待服务知识 |
| | （二）菜肴、食品介绍及服务 | 能耐心向顾客介绍菜肴、食品，并将顾客所选菜肴、食品清楚准确地填入菜单 | |
| 二、餐巾折叠 | （一）餐巾折叠 | 能运用不同的折叠技法将餐巾折叠成 20 种以上不同的花形，花形规范、有型 | 1. 餐巾折叠技艺知识 2. 根据风俗习惯选择餐巾花型的知识 |
| | （二）餐巾花的选择、插放与摆设 | 餐巾花选择、插放、摆设要协调、艺术 | |
| 三、端托服务 | （一）理盘 | 能按卫生要求整理托盘，达到无菌、整洁、美观、安全、方便服务的要求 | 1. 托盘使用知识 2. 端托服务形体训练知识 |
| | （二）装盘 | 能按规范装摆物品，码放整齐、合理，重量分部适宜 | |
| | （三）端托 | 1. 托盘能端托到位，端托平稳 2. 能按所托物品选择适宜的步法 | |
| 四、摆台服务 | （一）选择餐台 | 能根据客人就餐人数选择适宜的餐台 | 1. 摆台的基本知识及操作规范 2. 摆台卫生知识 |
| | （二）铺台布 | 能按规范铺台布 | |
| | （三）摆台 | 1. 能按就餐需要及摆台规范标准摆放餐、酒用具 2. 能做到餐台及餐、酒用具摆放规范，符合客人要求，便于服务操作 | |

续表

| 职业功能 | 工作内容 | 技能要求 | 相关知识 |
|---|---|---|---|
| 五、酒水服务 | （一）选酒（饮料）并开启 | 1. 能准确、及时地向客人提供酒（饮料）单<br>2. 能根据酒（饮料）的种类，选用适当的方法开启酒（饮料）容器 | 1. 酒类基本知识<br>2. 饮料基本知识<br>3. 酒服务知识<br>4. 斟酒形体知识 |
| | （二）斟酒（饮料） | 1. 能准确选择斟酒（饮料）位置，采用标准姿势和正确程序为顾客斟酒（饮料）<br>2. 能做到斟酒（饮料）量恰当，保证斟酒（饮料）服务安全 | |
| 六、上菜服务 | （一）介绍菜名 | 1. 能准确报出菜品名称<br>2. 能介绍菜品特点<br>3. 能介绍特殊菜品的食用方法 | 一般菜肴介绍 |
| | （二）上菜 | 1. 能采用正确的程序和规则上菜<br>2. 能准确选择上菜位置，动作规范、准确<br>3. 上菜能规范摆放，保证操作安全 | 1. 上菜的基本程序和规则<br>2. 上菜的礼节 |
| 七、撤换菜品及餐、酒用具 | （一）撤换餐、酒用具 | 能按礼仪及卫生规范要求，正确、及时地撤换就餐餐、酒用具 | 撤换菜品及餐、酒用具的知识 |
| | （二）撤换菜肴、食品 | 能按进餐速度及时撤换餐台上的残菜 | |
| | （三）撤换餐巾、毛巾、台布 | 1. 能根据客人用餐中餐巾、小毛巾的使用情况及时进行补充、撤换<br>2. 收台后能及时撤换台布 | |
| | （四）餐、酒用具的合理保管 | 能对使用后的餐、酒用具进行妥善保管 | |

3.2　中级

| 职业功能 | 工作内容 | 技能要求 | 相关知识 |
|---|---|---|---|
| 一、接待服务 | （一）接待 | 能主动引客入座，并热情服务 | 1. 名菜、名点的特点<br>2. 零点、团体菜单的编配知识 |
| | （二）点配菜点 | 1. 能主动介绍特色菜点<br>2. 能按顾客需求，编配团体餐菜单 | |
| 二、餐巾折叠 | 折叠餐巾 | 能运用不同技法，折叠30种以上餐巾花型（杯花、盘花），形象逼真 | 餐巾折叠技艺 |
| 三、摆台服务 | （一）餐前准备 | 开餐前能做好菜单、酒水（饮料）、餐具、用具等各项准备工作 | 宴会摆台知识 |
| | （二）中、西餐宴会餐台布局与摆设 | 1. 能根据宴会需要，选择适宜的餐台，合理安排宴会餐台布局及摆设<br>2. 能正确安排宴会的宾主桌次与座次 | |
| 四、酒水服务 | （一）特殊酒水开启 | 能够运用正确方法开启特殊酒水 | 1. 中国酒的分类与特点<br>2. 外国酒的分类与特点<br>3. 特殊酒水的开启、饮用方法 |
| | （二）特殊酒水服务 | 能够运用正确方法进行特殊酒水斟倒服务 | 特殊酒水斟酒服务程序 |
| | （三）酒水保管 | 能够进行酒水日常保管及服务中保管 | 酒水日常保管方法 |

续表

| 职业功能 | 工作内容 | 技能要求 | 相关知识 |
|---|---|---|---|
| 五、分菜服务 | （一）分菜 | 能够运用正确方法进行宴会分菜服务 | 分菜服务的基本原则与方法 |
| | （二）分鱼 | 按鱼的不同品种及烹调方法，能独立完成各式整形鱼的分让服务 | 1. 整形菜拆分原则及操作规范 2. 常见水产品的种类与服务知识 3. 畜、禽类原材料的品种、加工与服务知识 |
| | （三）整（造）型菜拆分 | 能对整鸡、整鸭及整体造型菜肴进行拆分服务，做到手法准确、动作利落、符合卫生要求和操作规范 | 1. 整形菜拆分原则及操作规范 2. 常见水产品的种类与服务知识 3. 畜、禽类原材料的品种、加工与服务知识 |
| 六、餐、酒用具管理 | 餐、酒用具的配备、使用 | 1. 能正确配用餐、酒用具 2. 能按就餐顾客的实际需求配备相应数量的餐、酒用具 | 餐具、酒具、用具的配备、使用与保管知识 |

### 3.3 高级

| 职业功能 | 工作内容 | 技能要求 | 相关知识 |
|---|---|---|---|
| 一、接待服务 | 接待 | 能够运用恰当的语言艺术独立接待中外就餐宾客 | 餐厅服务艺术用语 |
| 二、摆台服务 | （一）中、高档宴会餐厅布置 | 能独立布置宴会厅，达到规范、典雅、方便、适用的要求 | 餐厅的布局、装饰与陈设知识 |
| | （二）中、高档中餐宴会摆台 | 能独立完成中、高档中餐宴会摆台操作 | 中餐宴会摆台知识 |
| | （三）中、高档西餐宴会及甜点摆台 | 能独立完成中、高档西餐宴会及西餐甜点摆台操作 | 1. 西餐宴会摆台知识 2. 西餐甜点摆台知识 |
| | （四）中、西餐宴会餐台插花 | 能独立完成中、西餐宴会餐台插花 | 餐台插花知识 |
| | （五）冷餐会、自助餐、茶话会、酒会摆台 | 能合理布置冷餐会、自助餐、茶话会、酒会餐厅及餐台 | 冷餐会、自助餐、茶话会、酒会摆台知识 |

| 职业功能 | 工作内容 | 技能要求 | 相关知识 |
|---|---|---|---|
| 三、宴会服务 | （一）高档酒水质量鉴别与斟倒服务 | 1. 能运用看、嗅、品的方法对酒品进行鉴别<br>2. 能进行高档酒水和鸡尾酒斟倒服务 | 1. 酒品鉴别基本方法<br>2. 鸡尾酒的种类与特点 |
| | （二）名菜、名点服务 | 能够进行名菜、名点服务 | 1. 特殊加工制作菜肴的特点、加工方法及服务<br>2. 名菜、名点的产地、特点及服务方式 |
| | （三）茶艺服务 | 能够根据菜的不同饮用方法进行茶艺服务 | 1. 茶的种类及特点<br>2. 茶艺服务基本知识 |
| | （四）营养配餐 | 能根据消费者需求拟定符合营养要求的高档宴会菜单 | 1. 营养基本知识<br>2. 宴会菜单的的种类、作用和编制方法 |
| 四、餐酒用具管理 | 高档餐、酒用具的使用、保管 | 能运用正确的方法使用、保管高档餐、酒用具 | 高档玻璃、金银器皿等高档餐酒用具的使用与保管方法 |
| 五、餐厅管理 | （一）经营与销售 | 能够合理安排人力、物力，组织经营销售 | 餐厅服务与管理知识 |
| | （二）沟通与协调 | 1. 能够及时将顾客的消费信息反馈给烹调师及有关人员<br>2. 能够组织协调餐厅服务与其他各个环节的关系 | 1. 市场预测知识<br>2. 服务与消费的关系<br>3. 餐厅服务与厨房制作的关系 |
| | （三）妥善处理问题 | 具有一定的应变能力，能解决顾客提出的服务问题 | 公共关系基本知识 |
| 六、培训指导 | 培训指导 | 能够对初级、中级餐厅服务人员进行指导 | |

### 3.4 技师

| 职业功能 | 工作内容 | 技能要求 | 相关知识 |
|---|---|---|---|
| 一、宴会组织 | （一）特殊宴会的组织 | 能完成普通宴会、高档宴会、主题宴会、素食宴会、清真宴会等不同类型宴会的食品供应，餐、酒用具的配备、人员的配备与落实等宴会组织与实施工作 | 1. 宴会的组织与分工知识<br>2. 餐具、酒具、用具的配备知识 |
| | （二）餐台设计与装饰 | 能够完成餐台台面的设计，并进行合理的装点美化 | 1. 餐台台面设计知识<br>2. 餐厅装饰、布置与宴会设计知识<br>3. 园艺、绿化知识 |
| | （三）餐厅布局与装饰 | 能对餐厅内外设备、设施及陈设与布局进行合理设计、调整，达到美观、实用的要求，并利用花草等植物对餐厅环境进行美化 | 1. 餐台台面设计知识<br>2. 餐厅装饰、布置与宴会设计知识<br>3. 园艺、绿化知识 |
| 二、餐厅管理 | （一）组织管理 | 根据经营销售要求，组织、指挥服务人员完成销售指标 | 市场营销与导餐服务管理知识 |
| | （二）质量管理 | 1. 能适应市场发展需求，运用服务设备、设施，改善与创新服务方式，提高服务质量<br>2. 能按季节、节日调整服务方式及服务供应品种<br>3. 能够鉴别餐饮产品及商品的一般质量 | 1. 服务质量与标准知识<br>2. 食品卫生质量的鉴别方法<br>3. 食品原材料知识 |
| | （三）成本管理 | 1. 能正确制定饮食产品价格<br>2. 能准确计算饮食产品毛利率<br>3. 能准确计算宴会成本 | 饮食业成本核算知识 |
| | （四）设备、设施管理 | 能指导服务人员正确使用及保养餐厅内的设备、设施 | 餐厅设施、设备的配备与管理知识 |
| | （五）协调管理 | 1. 能协调烹饪与服务的关系，开展高效益的经营与销售<br>2. 能反馈消费信息，对菜肴制作提出合理化的改革与创新建议 | 1. 烹饪与饮食服务的关系<br>2. 消费与饮食心理需求知识 |

| 职业功能 | 工作内容 | 技能要求 | 相关知识 |
|---|---|---|---|
| 三、公共关系 | （一）妥善处理服力中的突发事件 | 能够及时、妥善处理服务中的突发事件 | 妥善处理服务中突发事件的知识 |
| | （二）涉外礼仪 | 能运用恰当的方式接待不同国家、不同民族、不同地区的顾客 | 涉外礼仪知识 |
| 四、培训指导 | （一）专业培训 | 能够按培养目标要求，组织实施培训 | 1. 餐厅服务实施与指导 2. 教学法常识 3. 服务心理学知识 4. 餐厅服务与管理 5. 论文写作常识 |
| | （二）日常培训 | 能对所管辖员工的日常工作随时随地进行指导，讲解关键技术要领，亲自示范，言传身教 | |
| | （三）撰写论文 | 能够撰写有一定水平的论文 | |

## 3.5 高级技师

| 职业功能 | 工作内容 | 技能要求 | 相关知识 |
|---|---|---|---|
| 一、餐饮服务的设计与创新 | （一）餐饮服务设计 | 1. 能设计富有时代特色的宴会布置格局 2. 能策划和组织中、西餐大型宴会活动及酒会、自助餐、冷餐会或各种命题的饮宴活动 3. 能进行茶市、舞厅（卡拉OK厅）、酒吧、咖啡厅的布置与整体设计 | 1. 旅游饭店管理知识 2. 餐厅接待服务知识 3. 宴会的组织与服务知识 4. 餐厅的布局、装饰与陈设知识 |
| | （二）服务创新 | 能结合市场需求，开发、设计新的服务内容，以引导服务工作不断创新、发展 | 国外餐饮服务发展趋势 |

续表

| 职业功能 | 工作内容 | 技能要求 | 相关知识 |
|---|---|---|---|
| 二、餐厅管理 | （一）日常管理 | 1. 能合理调配餐厅人员，创造最佳劳动效率<br>2. 能做好部门、人员协调工作<br>3. 设置服务接待大事记，能进行宴会档案管理 | 1. 档案管理常识<br>2. 公共关系常识<br>3. 营销基础知识<br>4. 服务与消费的关系 |
| | （二）解决疑难问题 | 能够处理服务、销售中出现的各种疑难问题及突发事件 | |
| | （三）经营管理 | 1. 能够进行市场需求预测，不断修订、调整经营计划<br>2. 能积极开发新市场，扩大销售量，保证完成经营利润指标<br>3. 能正确运用服务与消费的关系，制定相应营销策略，成功地推动市场 | |
| 三、培训指导 | 培训指导 | 1. 能够编制餐厅服务人员培训讲义<br>2. 能够撰写较高水平的论文 | 教育学、心理学基本知识 |
| 四、外语应用 | 外语应用 | 1. 具有基本的外语会话能力<br>2. 能够借助工具书查阅、翻译本专业资料 | 外语日常用语和基本的专业外语用语 |

## 四、比重表

### 4.1　理论知识

| 项目 | | | 初级（％） | 中级（％） | 高级（％） | 技师（％） | 高级技师（％） |
|---|---|---|---|---|---|---|---|
| 基本要求 | 职业道德 | | 15 | 5 | 5 | 5 | 5 |
| | 基础知识 | 饮食服务卫生知识 | 40 | 30 | 20 | 20 | 10 |
| | | 礼节礼貌知识 | | | | | |
| | | 饮食习俗与习惯 | | | | | |
| | | 服务安全知识 | | | | | |

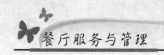

续表

| 项目 | | | 初级<br>（%） | 中级<br>（%） | 高级<br>（%） | 技师<br>（%） | 高级技师<br>（%） |
|---|---|---|---|---|---|---|---|
| 相关知识 | 接待服务 | 餐厅接待服务知识 | 30 | 30 | 20 | — | — |
| | | 酒水、饮料服务知识 | 15 | 15 | 10 | — | — |
| | | 餐厅装饰与布置 | — | 10 | 10 | 5 | — |
| | | 餐、酒用具管理 | — | 10 | 5 | — | — |
| | | 食品营养 | — | — | 10 | 5 | 5 |
| | | 商品原材料知识 | — | — | 5 | 5 | 5 |
| | | 烹饪与制作知识 | — | — | — | 5 | 5 |
| | 宴会服务 | 宴会的组织与服务 | — | — | 5 | 5 | 10 |
| | | 宴会设计 | — | — | — | 10 | 10 |
| | 餐厅管理 | 设备设施管理 | — | — | 5 | 5 | 5 |
| | | 成本核算 | — | — | — | 5 | 5 |
| | | 公共关系与协调 | — | — | — | 5 | 5 |
| | | 市场营销管理 | — | — | — | 5 | 5 |
| | 培训指导 | 心理学知识 | — | — | — | 5 | 5 |
| | | 培训方案 | — | — | — | 10 | 5 |
| | | 培训组织与实施 | — | — | — | 5 | 10 |
| | 外语应用 | 外语应用 | — | — | — | — | 10 |
| 合计： | | | 100 | 100 | 100 | 100 | 100 |

### 4.2 技能操作

| 项目 | | | 初级（%） | 中级（%） | 高级（%） | 技师（%） | 高级技师（%） |
|---|---|---|---|---|---|---|---|
| 技能要求 | 接待服务 | 开餐前准备工作 | 5 | 5 | 5 | — | — |
| | | 点配菜点 | 5 | 10 | — | — | — |
| | 餐巾折叠 | 餐巾花形折叠 | 20 | 15 | 10 | 10 | — |
| | 端托服务 | 托盘端托服务 | 10 | 10 | 5 | — | — |
| | 摆台服务 | 中西餐餐台摆设 | 30 | 20 | 20 | 15 | — |
| | 酒水服务 | 酒水斟倒 | 10 | 10 | 10 | 5 | — |
| | 上菜服务 | 上菜服务 | 10 | | | | |
| | 分菜服务 | 分菜服务 | — | 15 | | | |
| | 撤换菜品及餐、酒用具（餐、酒用具管理） | 餐间撤换菜品及餐酒用具（餐、酒用具管理） | 10 | 5 | | | |
| | 宴会服务（宴会组织） | 餐台设计与布局 | — | 5 | 15 | 20 | 30 |
| | | 设备配备与管理 | — | — | 5 | 10 | 10 |
| | | 菜单编制与拟定 | — | 5 | 10 | 10 | 10 |
| | | 人员组织与配备 | — | — | — | — | 10 |
| | | 餐厅布局设计 | — | — | — | 10 | 20 |
| | | 餐厅插花、绿化 | — | — | 20 | 20 | 20 |
| 合计： | | | 100 | 100 | 100 | 100 | 100 |

# 附录 5　星级标准对餐饮的要求（摘录）

世界上酒店等级的评定多采用星级制，我国是根据《中华人民共和国旅游涉外饭店星级的划分与评定标准》，按一星、二星、三星、四星、五星来划分饭店等级的。饭店星级的高低主要反映不同层次客源的需求，标志着建筑、装潢、设备、设施、服务项目和服务水平与这种需求的一致性和所有宾客的满意程度。而作为饭店重要赢利部门的餐饮部，它的设施条件、设备维修保养状况、餐厅的装潢布局、管理水平和服务质量的高低、服务项目的多寡等诸多因素，成为决定饭店星级评定的必要条件。

5.1　一星级

餐饮

a. 有桌椅、餐具、灯具配套及照明充足的就餐区域；

b. 能够提供早餐服务；

c. 餐饮加工区域及用具保持整洁、卫生。

5.2　二星级

5.2.9　餐饮

a. 有照明充足的就餐区域，桌椅、餐具、灯具配套；

b. 能够提供早餐服务；

c. 应客人要求提供送餐服务；

d. 餐饮制作区域及用具保持干净、整洁、卫生。

5.3　三星级

5.3.11　餐厅及吧室

a. 有餐厅，提供早、中、晚餐服务；

b. 有宴会单间或小宴会厅，能提供宴会服务；

c. 有酒吧或茶室或其他供客人休息交流且提供饮品服务的场所；

d. 餐具无破损，卫生、光洁；

e. 菜单及饮品单美观整洁，出菜率不低于90%。

5.3.12　厨房

a. 位置合理，紧邻餐厅；

b. 墙面满铺瓷砖，用防滑材料满铺地面，有地槽，有吊顶；

c. 冷菜间、面点间独立分隔，有足够的冷气设备。冷菜间温度符合食品卫生标准，内有空气消毒设施；

d. 粗加工间与其他操作间隔离，各操作间温度适宜；

e. 有必要的冷藏、冷冻设施；

f. 洗碗间位置合理，设施充裕；

g. 有专门放置临时垃圾的设施并保持其封闭；

h. 厨房与餐厅之间有起隔音、隔热和隔气味作用的进出分开、自动闭合的弹簧门；

i. 采取有效的消杀蚊蝇、蟑螂等虫害措施。

5.4　四星级

5.4.13　餐厅及吧室

a. 有布局合理、装饰豪华的中餐厅；

b. 有独具特色、格调高雅、位置合理的咖啡厅（或简易西餐厅），能提供自助早餐、西式正餐；

c. 有宴会单间或小宴会厅。能提供宴会服务；

d. 有专门的酒吧或茶室或其他供客人休息交流且提供饮品服务的场所；

e. 餐具按中西餐习惯成套配置，无破损，卫生、光洁；

f. 菜单及饮品单装帧精致，完整清洁，出菜率不低于90%。

5.4.14　厨房

a. 位置合理、布局科学，传菜路线不与其他公共区域交叉；

b. 墙面满铺瓷砖，用防滑材料满铺地面，有地槽，有吊顶；

c. 冷菜间、面点间独立分隔，有足够的冷气设备。冷菜间内有空气消毒设施；

d. 粗加工间与其他操作间隔离，各操作间温度适宜，冷气供给充足；

e. 有必要的冷藏、冷冻设施，生熟食品及半成食品分柜置放。有干货仓库并及时清理过期食品；

f. 洗碗间位置合理，设施充裕；

g. 有专门放置临时垃圾的设施并保持其封闭，排污设施（地槽、抽油烟机和排风口等）保持清洁通畅；

h. 厨房与餐厅之间有起隔音、隔热和隔气味作用的进出分开、自动闭合的弹簧门；

i. 采取有效的消杀蚊蝇、蟑螂等虫害措施。

5.5　五星级

5.5.13　餐厅及吧室

a. 有布局合理、装饰豪华的中餐厅；

b. 有布局合理、装饰豪华、格调高雅的专业外国餐厅，配有专门厨房；

c. 有独具特色、格调高雅、位置合理的咖啡厅（或简易西餐厅），能提供自助早餐、西式正餐。咖啡厅（或有一餐厅）营业时间不少于18小时并有明确的营业时间；

d. 有3个以上宴会单间或小宴会厅，能提供宴会服务；

e. 有专门的酒吧或茶室或其他供客人休息交流且提供饮品服务的场所；

f. 餐具按中外习惯成套配置，材质高档，工艺精致，有特色，无破损磨痕，光洁、卫生；

g. 菜单及饮品单装饰精美，完整清洁，出菜率不低于90%。

5.5.14　厨房

a. 位置合理、布局科学，传菜路线不与其他公共区域交叉；

b. 墙面满铺瓷砖，用防滑材料满铺地面，有地槽，有吊顶；

c. 冷菜间、面点间独立分隔，有足够的冷气设备。冷菜间内有空气消毒设施；

d. 冷菜间有二次更衣场所及设施；

e. 粗加工间与其他操作间隔离，各操作间温度适宜，冷气供应充足；

f. 有必要的冷藏、冷冻设施，生熟食品及半成食品分柜置放。有干货仓库并定期清理过期食品；

g. 洗碗间位置合理，设施充裕；

h. 有专门放置临时垃圾的设施并保持其封闭，排污设施（地槽、抽油烟机和排风口等）保持畅通清洁；

i. 厨房与餐厅之间有起隔音、隔热和隔气味作用的进出分开、自动闭合的弹簧门；

j. 采取有效的消灭蚊蝇、蟑螂等虫害措施。

# 参考文献

［1］曾凤茹．国家职业资格培训教程：餐厅服务员（初级技能、中级技能、高级技能）［M］．北京：中国劳动社会保障出版社，2008.

［2］周静波．餐饮服务实务［M］．上海：上海交通大学出版社，2010.

［3］巩隽，刑夫敏．餐饮服务与管理［M］．北京：冶金工业出版社，2008.

［4］程新造，王文慧．星级饭店餐饮服务案例选析［M］．北京：旅游教育出版社，2005.

［5］姜文宏．餐厅服务技能综合实训［M］．北京：高等教育出版社，2009.

［6］国家旅游局人事教育司．餐饮服务与管理［M］．北京：旅游教育出版社，2004.

［7］沈建龙．餐饮管理实务［M］．重庆：重庆大学出版社，2007.